基礎編
人事の赤本
JINJI no AKABON

人事担当者が知っておきたい、⑩の基礎知識。⑧つの心構え。

第2版 労務行政研究所 編

労務行政

は し が き

　デジタル社会の進展やグローバル競争の拡大、少子高齢化、労働力人口の減少など、企業や労働者を取り巻く環境は大きく変化しています。

　一方、企業においては、雇用形態や働き方の多様化、メンタルヘルス不調者の増加、人材の流動化と人材不足の慢性化、人的資本経営の推進など、内的・外的な構造変化によって変革を迫られています。

　こうした中で、経営と現場をつなぐ人事部門は、最も重要な経営"資本"である「ヒト」を管掌し、採用から退職までのプロセスをトータルにサポートする役割だけにとどまりません。仕組みや制度を整えることで社員一人ひとりが能力・スキルを高め成長できる環境を整えたり、経営層や部門責任者のパートナーとして企業や事業の成長に向けて人事戦略の策定や人事課題の解決を推進したりする重要な役割も担っています。

　顧客起点で価値を創造できる「ヒト」を、いかに採用・育成・活用していけるかが企業経営において重要なポイントになっています。それだけに人事部に課せられたミッションは大きいといえます。差し迫る多くの課題は、より複雑さを増してきており、課題解決の難易度も高まっていますが、いまこそ人事部門が、組織に活力を与える存在として活躍することが期待されています。

　本シリーズは、人事の仕事に携わる方を対象にした解説書で、入門編（緑本）、基礎編（赤本）、ステップアップ編（青本）の3冊から成っています。入門編では人事業務の全般を網羅的に紹介し、基礎編は、人事部の役割や人事部の仕事の基本、人事担当者としての心構えの解説とともに、人事部門の課題や人事担当者のスキルを尋ねた調査などで構成します。さらにステップアップ編は、実践的なスキルを身に付けたい方のために、人事部の仕事の応用、人事担当者として専門的な知識を習得していただくための解説等を掲載しています。

　会社によって、組織体制、仕事の進め方や慣行、制度の名称などはさまざまですが、本書ではどの会社にも共通して存在する仕事を中心に取り上げています。人事部門の仕事を深く理解し、人事担当者としての信条を持って行動していくことが、職場で働く人々の"働きがい"を高め、ひいては組織全体の活性化につながると考えます。本書がその一助となれば幸いです。

　2024年11月

労務行政研究所　『労政時報』編集部

Contents

第1章　今、人事部に求められるもの
外部起点志向の人事部とは
石山恒貴　法政大学大学院政策創造研究科 教授

1　日本企業の人事部の特徴 ……………………………………………… 16
集権的な人事部……16　　ウルリッチが示した四つの役割……16
問題提起され続ける「戦略人事」……18
内部志向という課題……19

2　企業を取り巻く環境変化 ……………………………………………… 20
不確実性の増大……20
人口オーナス時代と構造的な人手不足……20

3　人事部を取り巻く変化と対応 ………………………………………… 21
無限定性の縮小……21　　流行人事に陥らない……22
持続可能な社会への移行……23
サステナブルキャリアとサステナブル人的資源管理……24
タレントマネジメントとダイバーシティ……26

4　人事部を変革するための三つの視点〜外部起点志向を軸として〜 … 27
ウルリッチのアウトサイドインアプローチ……27
外部起点志向の CHRO……29　　外部起点志向の HRBP……29

5　今後、人事部として変革すべきこと、守り続けること ……………… 29
変革すべきこと……29　　守り続けること……30

第2章　人事部の仕事（基礎編）
西尾 太　フォー・ノーツ株式会社 代表取締役社長　人事の学校 主宰

1　はじめに　34

1　人事は「つながり」「関連性」を意識する ……………………………… 34
2　人事は会社全体を俯瞰してみる ………………………………………… 35
3　大切なのは"スイッチ"が入ること …………………………………… 35

5

2　人事の全体像　　36

1　人事とは ·· 36
経営理念……36
キャリアビジョン・キャリアプラン、
ライフビジョン・ライフプラン……37
人事部門の顧客……38　　人事の目的と視点……39

2　人事の領域 ·· 39
経営理念……40　　人事制度……41　　人事管理……41
人材フロー……42　　人材育成……43

3　人事の分野 ·· 44
人事・採用……44　　給与・厚生……45　　育成・評価……46

4　人事の職務 ·· 46
戦略……46　　企画……46　　運用・管理……47
オペレーション……47

3　人材フローの基礎　　48

1　人材フローと人事発令 ·· 48
人材フローとは……48　　人事発令……48

2　人員計画 ·· 51
定員計画……51　　要員計画……52
人員計画……52　　代謝（採用）計画……53

3　人員数の把握 ·· 53

4　人件費と生産性の把握 ·· 55

5　人事権 ··· 55

6　人事部門と人事権 ··· 57

7　内示と発令 ··· 58
内示……58　　発令……59　　赴任……59

8　人事異動実務の留意点 ·· 60
異動元と異動先双方の合意……60　　調整～確定……60
内示の際の注意事項……62　　発令・通達・辞令の交付……62

異動実務……62

4　採用計画と実務　64

1　採用実務の際の必要知識　64
必要人材を確保する手段……64
雇用形態の検証（無期雇用と有期雇用）……66
正社員とは何か（正社員採用時の留意点）……66
有期雇用の種類と定義……67
職群（総合職、一般職、技能職など）……68

2　採用実務　70
募集の手段……70　　応募受付……72　　選考管理……73
不採用者への対応……74
選考方法（適性検査、筆記試験、面接など）……74
内定通知……77　　内定から入社までの実務……82

3　採用実務の留意点　83
採用選考において留意すべき事項（差別的言動等）……83
面接評定シートの整理……84　　内定通知書……84

5　人事制度　87

1　人事制度の全体像　87
人事制度とは何か……87　　人事制度の構造……87
自社の社員らしい行動─理念・行動指針……88
階層別・職位者に求められるもの─等級制度・職位制度……89
評価制度……91　　給与制度……92　　人事管理……93
人材育成……93　　目標管理制度……94

2　人事制度運用の実務　97
評価、等級、給与・賞与の実施・改定スケジュール例……97
評価の取りまとめと集計……97

3　人事制度運用実務の留意点　97
評価調整表の留意点……97　　給与への反映実務の留意点……99

6 労働法規と人事関連規程　101

1 労働法規の全体像　101
労働法規は人事管理運用上の絶対ルール……101
人事担当者に求められる姿勢……101

2 就業に関する法律　102
労働基準法の要点……102　　労働契約法の要点……108
改正労働契約法の内容……109

3 その他の法律の要点　110
労働安全衛生法……110　　男女雇用機会均等法……111
最低賃金法……112　　育児・介護休業法……112
障害者雇用促進法……112　　高年齢者雇用安定法……113
労働組合法……114

4 人事関連規程と就業規則の要点　114
人事関連規程の種類と関連……114　　就業規則……115
就業規則の基本的内容と留意点……117

5 人事関連規程に関する留意点　126
就業規則に立ち返る……126　　内規の整備……126

7 勤怠管理・給与と社会保険　127

1 労働時間管理　127
労働時間管理と集計……127
時間外労働、深夜労働、休日労働、振替休日・代休……128
フレックスタイム制、裁量労働制の基礎的知識……131
異常値の把握と報告……131

2 給与　132
給与支払いの原則……132　　所得税・社会保険料等控除……132
年末調整……133　　税額の算定……134

3 社会保険　134
社会保険の加入要件……134　　健康保険……136
厚生年金保険……136　　介護保険……136

4 労働保険 ·· 137

労災保険……137　　雇用保険……137

5 給与・社会保険関連の実務上の留意点 ························ 138

給与・賞与のチェック……138

給与関連でミスしやすいところ……139

入社時・退職時……139　　月間・年間のスケジュール……140

8　福利厚生と安全衛生 142

1 福利厚生とは ·· 142

法定福利と法定外福利……142　　健康診断の要件と実務……142

2 安全衛生 ·· 143

衛生管理者……143　　産業医……143

安全委員会・衛生委員会……143

9　労務管理 145

1 労務トラブルの概要 ·· 145

人事に個別案件はつきものである……145

退職にまつわる問題（自己都合退職）……146

解雇にまつわる問題……147

ハラスメント、不正に関する問題……148

メンタルヘルスに関する問題（うつ病の場合）……150

2 労務管理実務の留意点 ·· 152

人事相談（1次対応）時の留意事項……152

規程・前例を確認する……152

10　人材育成、教育・研修 153

1 人材育成の全体像 ·· 153

人材育成のイメージ……153　　人事制度との関係……154

評価⇒教育⇒評価のサイクル……156

企業内教育の領域……156

スキル（技術）とナレッジ（知識）の関係……159

2　研修実務の留意点 ……161

対象者への通知……161

宿泊を伴う研修の場合の留意点……162

11　人事担当者のキャリア形成　163

大手企業の場合……163　　中堅・中小企業の場合……163

人事担当者としての価値とは……164

人事担当者のキャリアアップ戦略……164

人事担当者の最終目標……165　　師匠を持つこと……166

12　おわりに　167

1　人事は愛である ……167

2　人は分からない ……168

3　公正であること ……168

第3章　人事担当者の仕事に対する心構え・姿勢と基本行動

曽和利光　株式会社人材研究所 代表取締役社長

1　「見立てる力」が人事のコアスキル ……172

人事のコアスキルは人を「見立てる力」……172

「見立て」ができれば方針はおのずと決まる……172

2　人や組織を「見立てる」ことの難しさ ……172

人や組織は「目には見えない」曖昧な世界……172

さまざまな人の意見に引きずられてしまう……173

強い「持論」が正しいわけではない……173

「バイアス」が正しい見立てを阻害する……174

3　主観ではなく「ファクト」ベースで考える ……175

「ファクト」「ロジック」「セオリー」という武器……175

どこまでいっても「完璧」にはならない……177

4 自分の「バイアス」を自覚してコントロールする ································ 178

　　人事担当者には高い「自己認知」が必要……178

　　「他者からのフィードバック」で自己認知を高める……179

　　フィードバックに対して受容的になる……179

　　適性検査の受検や面接の擦り合わせなども有効手段……180

5 語彙を増やして人を見る「解像度」を高める ························· 181

　　「人を表現する言葉」の語彙力を高めて、
　　人への解像度を高める……181

　　解像度が低いと、人事の仕事に飽きてくる……182

　　対象の解像度が粗いと、解決策の解像度も粗い……182

6 人に対して興味・関心を持つ ································· 183

　　「人が好き」ということとの違い……183

　　「何を言っているか」より「何をやっているか」……184

7 最後に ······································· 185

第4章　特別調査　人事パーソンのキャリア、育成、学びに関するアンケート（労務行政研究所）

1 回答者の属性 ··· 190

　　回答者の年齢層と役職、人事業務の経験年数……190

　　役職別に見た年齢構成と人事業務の経験年数……190

　　人事専門部署の有無と所属人数……191

　　人事専門部署の人員充足状況……193

2 担当業務と満足度、やりがい、キャリア ····················· 195

　　現在・過去の担当業務……195

　　現在まで担当した、あるいは担当したことのない業務の中で
　　今後担当したい業務……197

　　現在までの人事業務が今のキャリアに
　　どの程度役立っているか……200

　　現在の仕事や職場に対する満足度……208

人事業務に携わる中でどのような実感を得ているか……208

人事業務のやりがい……210　　今後のキャリアの方向性……216

3　人事分野の関心テーマ ……218

採用・人材確保……218　　人材育成……218　　人事管理……218

評価・処遇……218　　企業風土改革、職場環境整備……219

ダイバーシティ推進……219　　その他……219

4　人事担当者の育成 ……226

人事担当者の育成計画……226

人事担当者の配属パターン……227

人事担当者育成のための研修やセミナー……228

人事担当者の自己啓発を支援する制度等……230

人事初任者の成長を促すために経験させたいこと……231

人事初任者の成長を促すために経験させたい人事以外の職務……233

人事の専門性を身に付けるために重要と考える知識・スキル……233

部下・後輩を育成するために日頃から心掛けていること……236

人事担当者の成長のために「本人がすべきこと」と
「周囲がサポートすべきこと」……238

人事担当者の育成に関する課題……242

5　人事担当者の学び ……243

人事担当者が1週間で自己啓発に費やす時間……243

人事担当者の資格・検定の保有状況……244

具体的な保有資格・検定……246

取得した資格がどの程度仕事で役立っているか……248

人事担当者が書籍やセミナー・講習、研修などで
学んだことがある内容……249

書籍、セミナー・講習、研修などで
今後新たに学んでみたい内容……251

人事担当者としてキャリアを積む部下や後輩に対して、
伝えたい思いやメッセージ……251

第5章　次代を担う人事パーソンへのメッセージ
人事プロフェッショナル5人のインタビュー

MESSAGE 01　前へ進み続ける
人事の役割は「強くて良い人と組織づくり」 ……………… 262
三菱マテリアル株式会社 執行役常務 CHRO　野川 真木子

MESSAGE 02　仕事は楽しくきちんと
人を動かすには、人事自身が動いてこそ ……………… 270
株式会社リコー コーポレート執行役員 CHRO
人事総務部 部長　長久 良子

MESSAGE 03　"コミュニケーション"を"成長"へ
仕事を通じた経験・出会いを糧に ……………… 279
ヤンマーホールディングス株式会社
取締役 エンプロイーサクセス本部長（CHRO）　浜口 憲路

MESSAGE 04　人事は人の一生に関わる仕事 ……………… 290
カゴメ株式会社 常務執行役員
カゴメアクシス株式会社 代表取締役社長　有沢 正人

MESSAGE 05　「人間を知る」ことこそ人事の本質
「人を育み、活かす」ポイントは"つながり、つなげる"こと …………… 300
日揮ホールディングス株式会社 専務執行役員 CHRO　花田 琢也

第6章　人事担当者の年間業務スケジュール
浅川律子　ドリームサポート社会保険労務士法人 社会保険労務士

1　人事業務の全体像 ……………………………………………………… 310
　人事部門……310　　労務部門……310

2　人事部門の業務 ……………………………………………………… 311
　採用……311　　教育・研修……314　　人事評価・異動……314

3　労務部門の業務 ……………………………………………………… 318

4　その他の業務（法改正対応） ……………………………………… 326

5　年間業務スケジュールの留意点 …………………………………… 326
　年間業務スケジュールの把握……326　　人員体制……326

13

第 1 章

今、人事部に求められるもの

外部起点志向の人事部とは

石山恒貴
法政大学大学院政策創造研究科 教授

本章では、まず日本企業の人事部の特徴として内部志向が強いことを説明する。ところが外部環境の変化は、人事部の内部志向とは整合的ではない。そこで、人事部における環境変化を述べた上で、外部起点志向の重要性について言及する。それらを踏まえ、具体的に人事部が外部起点志向へと変わっていくための処方箋を提示する。

1　日本企業の人事部の特徴

1　集権的な人事部

　日本企業の人事部が集権的な特徴を持つことについては、アメリカの経済学者サンフォード・M・ジャコービィの指摘が有名である[1]。ジャコービィの研究は主に 1990 年代から 2000 年代の初頭にかけてのものであり、データとしての古さは否めない。しかし、ジャコービィの指摘は、大枠としては現在でも維持されていると筆者は考える。

　ジャコービィによれば、日本企業の人事部とアメリカ企業の人事部を比較すると、日本のほうが組織志向的であり、集権的であり、強い権力を有している。他方、アメリカの人事部は市場志向的であり、分権的であり、権力はそれほど強くないという。ここでいう「組織志向的」とは、従業員の長期的なキャリア、能力開発、昇進を管理し、企業別組合と交渉し、社内要因に基づく給与制度と福利厚生を管理する、本社人事部の集権的な特徴を意味する。つまり、日本の人事部はアメリカと異なり、外部労働市場への関心が薄く、社内要因に基づく人事管理を行ってきたのである。この点について、ジャコービィは単純に日本がよいとか、アメリカがよいという指摘をしているわけではない。こうした特徴が生じるのは国レベルでの雇用システムの影響もあり、経路依存性もある。ジャコービィは冷静にアメリカの人事部の弱みも指摘しているし、日本の人事部の特徴には一定の評価を与えている。

2　ウルリッチが示した四つの役割

　日本の人事部の特徴は、当然その役割にも影響を与える。人事部の役割に関しては、アメリカの経済学者デイビッド・ウルリッチの論考が有名である[2]。このウルリッチの論考が示されたのは 1996 年であるが、いまだにその重要性

を強調してもしすぎることはないと筆者は考える。

[図表1] にあるように、ウルリッヒは人事部の役割を分類して定義している。企業戦略に基づき人事戦略を進めていく「戦略パートナー」、企業文化などの変革をリードする「変革推進者」、従業員を心理面から支える「従業員チャンピオン」、人事制度の日常的な運用管理を進める「管理エキスパート」の四つである。

組織志向的な日本の人事部には、日常業務としてやるべきことが明確に決まっていて、さらにそのやるべきことが数多くある。加えて、権力が強いがために、その日常業務を淡々と進めていけば、社内的に存在価値を示すことができてしまう。それゆえに、[図表1] の日常業務である下半分の「管理エキスパート」と「従業員チャンピオン」に注力し、将来に向けた取り組みである上半分の「戦略パートナー」と「変革推進者」への注力が弱くなってしまう傾向があるのではないだろうか。

さらに問題なのは、「従業員チャンピオン」の役割さえも弱くなっているのではないか、という懸念だ。「従業員チャンピオン」の役割を担うためには、日常的に職場と密着した取り組みが求められる。しかし、リモート勤務や

図表1 ● 人事部の四つの役割

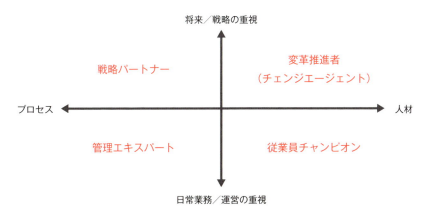

資料出所：Ulrich, D.(1996).Human resource champions: The next agenda for adding value and delivering results. Boston, MA: Harvard Business School Press.(梅津祐良訳『MBAの人材戦略』日本能率協会マネジメントセンター、1997年、34ページ)

HRDX（人事デジタルトランスフォーメーション）の進展にかまけて、職場に足を運ぶことを減らしてしまうと「従業員チャンピオン」の役割を十分に果たせなくなってしまう。結果的に、日本の人事部は「管理エキスパート」の役割しか果たしていないという事態に陥りかねない。

3 問題提起され続ける「戦略人事」

　日本の人事部が「管理エキスパート」だけに注力してしまう傾向は、戦略人事が実現していないという批判に結びつくことになる。[図表2]と[図表3]は、戦略人事に関する調査結果を示している。この調査の回答者には人事部門の担当者が多い。いわば、人事部による自己評価と考えてよいだろう。

　[図表2]にあるとおり、戦略人事が実現しているかどうかに関して、人事部門の自己評価は高くない。「当てはまる」と「どちらかといえば当てはまる」を合計して28.9％である。では、戦略人事が実現（機能）していない原因（複数回答）は何かというと、第1位が「人事部門のリソースの問題」（53.2％）、第2位が「経営陣の問題」（52.7％）、第3位が「人事部門の位置づけの問題」（46.2％）という結果になっている[図表3]。これを解釈すれば、「人事部門のリソースの問題」とは、とにかく日常業務が繁忙なので、それに対応することに精いっぱいで戦略人事まで手が回らない、ということを意味し

図表2 ● 人事部門が「戦略人事」として機能していることへの評価

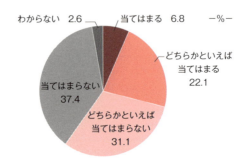

資料出所：HRビジョン『日本の人事部 人事白書2024』15ページ。843社・855人が回答、2024年3月1日〜3月29日調査（[図表3]も同じ）

図表3 ● 戦略人事が機能していない原因

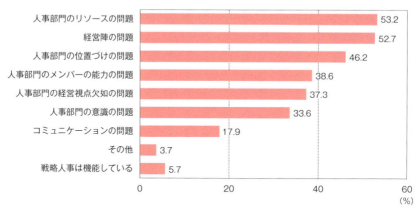

	(%)
人事部門のリソースの問題	53.2
経営陣の問題	52.7
人事部門の位置づけの問題	46.2
人事部門のメンバーの能力の問題	38.6
人事部門の経営視点欠如の問題	37.3
人事部門の意識の問題	33.6
コミュニケーションの問題	17.9
その他	3.7
戦略人事は機能している	5.7

資料出所：HRビジョン『日本の人事部 人事白書2024』21ページ

ているのだろう。そして「経営陣の問題」と「人事部門の位置づけの問題」については、経営陣が人事部門に期待していることは日常業務の遂行（つまり「管理エキスパート」の役割）であり、そのように位置づけられてしまっているために戦略人事が遂行できない、ということになる。言葉を換えれば、経営陣が人事部に戦略人事を期待していない、ということになるだろう。

4 内部志向という課題

　人事部に戦略人事が期待されていないと表現すると、人事部は組織の中で重要視されていなかった、と受け取られてしまうかもしれない。しかし、その理解は必ずしも正確ではないだろう。日本の人事部は組織志向的であり、強い権力があるからこそ、日常業務としてやるべきことが明確に決まっていて、それゆえに社内的に存在価値を示している。経営陣もその存在価値を認識しているからこそ、「日常業務の遂行」に期待しているということになる。

　では、人事部はこのまま社内で日常業務の遂行によって存在価値を示し続ければよいのか。しかしそれを続けるならば、人事部は内部志向の「管理エキスパート」の役割にとどまり、将来志向の「戦略パートナー」と「変革推進者」

の役割に注力することが難しくなってしまうだろう。結論を先取りすれば、人事部は今後、外部起点志向と将来志向の比率を高めていくべきである。その理由を、まず企業を取り巻く環境変化の観点から説明していきたい。

2 企業を取り巻く環境変化

1 不確実性の増大

外部環境の変化の中で、人事部がまず注視すべきは不確実性の増大ではないだろうか。アメリカのジャーナリストのトーマス・フリードマンは、環境変化の速度が人類の適応力を超えてしまったと指摘している[3]。その大きな理由は「ムーアの法則」である。米インテルの共同創業者ゴードン・ムーアは経験則的に、半導体集積回路の性能が飛躍的に向上し続けることを1965年に唱えた。この法則はその後的中し、人類はクラウドコンピューティングを手中に収め、かつては想像もできなかったようなことがインターネット上で実現できるようになった。昨今でいえば、メタバースや生成AIなど革新的な技術が次々と登場している。

こうしたデジタル技術の進化だけでなく、フリードマンは地球環境の変化の激しさも指摘している。地球温暖化による環境変化が代表例である。もちろんコロナ禍も典型的な地球環境の変化の一つだろう。

組織が存続していくためには、不確実性への対応を織り込んでおく必要がある。コロナ禍のような想定外の災厄により、人事部はさまざまな対応と変革を迫られてきたはずだ。外部環境の不確実性の増大は、人事部の外部起点志向を高めずにはおかないだろう。

2 人口オーナス時代と構造的な人手不足

不確実性の増大は、予測ができない環境変化であった。他方、人口オーナス時代と構造的な人手不足は予測可能な環境変化である。人口オーナスについては、既に2010年の段階でエコノミストの小峰隆夫がその課題を指摘している[4]。人口オーナスとは、人口ボーナスの対義語であり、オーナスは負荷を意味する。第2次世界大戦後の日本は、人口ボーナス時代であった。人口が増加する中で、働き手の中核である生産年齢人口（15〜64歳）の比率も増加し、

社会保障費用などの負担は少ない状況で、豊富な労働力が社会の発展を支えた。しかし、日本社会では長寿化と少子高齢化が進展し、人口オーナス時代へと状況は一変することとなった。少子高齢化により人口は減少へと転じ、生産年齢人口の比率も減少し、社会保障費用などの負担が増え、労働力不足が社会の発展を制約する。人口オーナスは、構造的な人手不足をもたらす。リクルートワークス研究所の予測によれば、2040年の日本では、働き手が1100万人不足するという[5]。

この人口に関する構造変化は、いわば確実に訪れる未来である。しかし、社会に与えるその衝撃は大きい。人事部が内部志向にとどまり、人口に関する構造変化に対応できないと、その組織の人事施策は人口ボーナス時代の常識にとらわれたままになり、ひずみをもたらしてしまうだろう。

3 人事部を取り巻く変化と対応

1 無限定性の縮小

外部環境の変化として、不確実性の増大と人口に関する構造変化の二つを説明してきた。予測できないものと予測できるもの、という違いはあるが、いずれも重要な環境変化である。そして、この外部環境の変化がもたらす人事部の変化で、まず指摘しなければいけないのが、無限定性の縮小である。とりわけ、人口オーナスが無限定性を縮小する方向へと影響を与える。

無限定性とは、日本的雇用の特徴と強く結びついた概念である。無限定性が端的に表れるのは、正社員の中の「無限定総合職」という存在だ。無限定総合職には、職種、勤務地、時間という三つの無限定性がある[6]。

職種の無限定性とは、会社の命令によってどのような職種の変更も受け入れることである。通常は人事異動とともに職種の変更が発生する。具体的には、営業、企画、人事、経理など、どのような職種の業務であっても会社に命じられれば担当するということだ。

勤務地の無限定性とは、会社の命令によって全国（場合によっては全世界）への転勤を受け入れるということだ。もちろん、単身赴任も含まれる。

そして、時間の無限定性とは、会社の命令によって休日出勤を含む時間外労働を受け入れるということだ。場合によっては、これが長時間労働につながっ

てしまう。

　三つの無限定性に共通していることは、会社の命令が絶対的な位置づけにあるということだ。基本的には会社の命令を断ることはできない。しかし、このような無限定性の特徴を満たして働くことは容易なことではない。当然ながら私生活に影響するし、それを犠牲にしなければ成立し得ない働き方でもある。加えて、従来の日本には性別役割分業観が強いという特徴があり、仕事は男性の役割、家庭は女性の役割と考えてしまう傾向があった。そのため、結果として無限定総合職は、「日本人男性」という一部のカテゴリーだけによって中心的に担われることになってしまった。

　しかしこうした実態は、人口オーナス時代には持続可能ではないだろう。人口ボーナス時代において、豊富な労働力が存在するという前提があったからこそ、「日本人男性」という一部のカテゴリーと他のカテゴリーに働き方の違いが存在することが可能だったのである。構造的な人手不足が基調となる社会では、多様なカテゴリーに属する人々が、同じ条件で働き手として参入していくことが求められる。

　このことは、急激に日本から無限定総合職が消え去ってしまうことを意味するものではない。無限定総合職は日本的雇用における中核的な働き方であり、今後も一定程度は存続していくだろう。しかし、構造的な人手不足という人口オーナス時代の特徴が顕在化すればするほど、働き方における無限定性は徐々に縮小していくものと筆者は予想する。それは限定性が尊重される社会の到来でもある。私生活への制約を前提とする無限定な働き方は、個人の自由な選択を阻むという欠点を有している。そのような意味でも、社会は限定性を尊重する方向へと変わっていくであろう。人口ボーナス時代の常識にとらわれないということは、無限定な働き方だけを前提としない、ということを意味する。

❷ 流行人事に陥らない

　日本の人事部が内部志向にとどまってしまう一つの原因に、「流行人事」の問題があると筆者は考えている。流行人事とは、大手前大学教授の平野光俊による警鐘を筆者流に表現した言葉である。

　平野教授は日本の人事部の問題点を「人事は流行に従う」ことであると指摘している。日本の人事部は、横並びに流行を取り入れることを歴史的に繰り返

しているとされる。例えば、2000 年前後には成果主義が流行したが、その後は成果主義の見直し、近年ではジョブ型雇用、人的資本経営というキーワードが流行している。

　流行を取り入れることは、一見、外部起点志向のようにも思える。しかし、それは内部志向の裏返しにすぎない。本来的な外部起点志向とは、外部の動向を詳細に把握・予測した上で、自社の経営戦略・内部資源・企業文化などを考慮し、独自の取り組みを進めていくことを意味する。他方、「人事は流行に従う」という意味は、自社独自の外部動向の把握と内部状況に基づく取り組みの立案を手抜きして、流行に基づく一律の施策を進めることにすぎない。

　例えば、限定性を尊重するにしても、それは一律の施策にはならない。各社が独自に外部動向を把握し、内部状況に基づいて取り組みを立案すれば、多様な取り組みが生まれてくるはずである。そのような独自性を追求することは、人事部の業務の醍醐味でもある。日本の人事部においては、流行人事に陥らないということを肝に銘じておくべきであろう。

❸ 持続可能な社会への移行

　人事部が注視すべき外部環境として、持続可能な社会の実現への関心の高まりがあるだろう。この変化の象徴は、2015 年に持続可能な開発目標（SDGs）が、国連サミットで採択されたことにある。先述したように、環境変化の激しさは人類の適応力を超えている側面があり、これを乗り越えていくため、持続可能な社会が求められることになるわけだ。

　持続可能な社会の実現への関心の高まりは、人事施策に大きな影響を与えていくことになった。まず、2018 年に国際標準化機構が ISO30414（人的資本に関する情報開示のガイドライン）を定めた。ISO30414 では、企業の人的資本に関する取り組みの透明性を高めるために、「コンプライアンスと倫理」「多様性」「組織の健康・安全・ウェルビーイング」など開示すべき 11 のコア領域を定めた。企業がこれらのコア領域に取り組むことは、社会の持続可能性を高める。

　その後、ステークホルダー資本主義という考え方が提唱されることになった。これは「ステークホルダーがつくる、持続可能で結束した世界」という 2020 年の世界経済フォーラム（WEF）年次総会（ダボス会議）におけるテー

マに基づく。株主に短期的利益を提供することだけを重視する株主資本主義とは異なり、多様なステークホルダーへの貢献を企業の存在意義とみなす考え方である。ステークホルダーとは利害関係者を指し、具体的には、社会、地域、地球環境、顧客、従業員、取引先などが該当する。

ISO30414 とステークホルダー資本主義は、人的資本経営および人的資本の情報開示にも影響を与えている。人的資本という観点から、企業が社会の持続可能性に資する取り組みを推進しているかどうかについて、開示していくことが求められているのだ。

ただ、人的資本経営と人的資本の情報開示には、二つの側面があることを理解しておく必要があると考える。人的資本という考え方は、もともと企業の中で人材が発揮する価値を計測するツールを精緻化するために発展してきた。言葉を換えれば、投資家が効率的に投資を行うためのツールであり、株主資本主義を支える仕組みである。つまり、人的資本経営と人的資本の情報開示には、株主資本主義に資することと、社会の持続可能性に資することという二つの側面がある。究極的には、社会の持続可能性に資する取り組みは企業の成長性を高め、株主資本主義にも資するから、二つの側面は接続可能だ、という見方もあるだろう。その見方には一理あるが、現実的にはいつもそのような接続が起こっているわけでもない。人的資本経営と人的資本の情報開示に関しては、冷徹にその長所と短所を見極めていく姿勢が人事部には必要だろう。

❹ サステナブルキャリアとサステナブル人的資源管理

持続可能な社会への移行という環境変化に対して、人事部が対応を検討する際に参考とすべきは、サステナブルキャリアとサステナブル人的資源管理という考え方である。サステナブルキャリアに関しては、日本では大手前大学教授の北村雅昭が詳しく紹介している[7]。その定義は「複数の社会空間を越境し、個人の行為主体性に特徴づけられ、個人に意味をもたらす、長期的な時間の経過に伴う多様なパターンを反映したキャリア経験の蓄積」[8] というものである。

「複数の社会空間」とは、仕事のみならず、家庭、友人、余暇などの多様な空間を意味している。つまり、サステナブルキャリアの対象はワークキャリアに限定されることはなく、ライフキャリアを視野に入れている。個人にとっての意義ある経験は、仕事だけに限定されない。社会空間を越境することで、ラ

第1章　今、人事部に求められるもの

イフキャリアの多様な経験を積んでいくことに意義があるのだ。

「行為主体性」は、英語のエージェンシー（agency）の訳語である。これは主体性を持って行為していくことであるが、単に孤立した主体性ではなく、社会に影響を与える行為を成し遂げることができると考える個人の在り方を意味する。加えて「意味」とは、自分がどうありたいのか考えていくことで、自身の持続的なキャリアを意味づけていくことを示している。

このようにサステナブルキャリアとは、自身のキャリアの持続性を強く意識しながら、同時に社会の中に自身をうまく位置づけていくための理論である。つまり、個人がワークキャリアに偏らず、ライフキャリアとしてどうありたいかということに焦点を当てている考え方だ。ワークキャリアに偏りがちな無限定性よりも、ライフキャリアを尊重する限定性と親和性があるキャリア理論といえるだろう。

サステナブルキャリアを企業で実現する概念が、サステナブル人的資源管理である[9]。人事部は、個人がウェルビーイングや成長を通してサステナブルキャリアを実現することと組織の目標達成を両立するための役割を果たしていくようになる。そのための施策こそが、サステナブル人的資源管理である。サステナブル人的資源管理の枠組みは、[図表4] のように ROC モデルと呼ばれる。R は従業員の尊重（Respect）を意味し、企業の内部資源（人材）による模倣困難性につながる。これには従業員の人間性を尊重する倫理性と、それを実践する施策が求められる。O は地球環境への開放性（Openness）を示し、地球環境への配慮、従業員の多様性などを含めた長期的な人事施策の実行を重視することを意味する。C は継続性（Continuity）で、企業にとっての利益を短期ではなく長期の継続性とみなすことを示しており、従業員との長期的な関係性を実現するための施策が求められる。このように ROC モデルは、自組織の内部だけで物事を完結させていくのではなく、従業員（個人）を社会の中に位置づけていくことを明確に意識した人事施策である。まさに人事部の外部起点志向を促していくモデルといえよう。

25

図表4 ● サステナブル人的資源管理の ROC モデル

	People（人々） Respect（尊重）	Planet（地球環境） Openness（開放性）	Profit（利益） Continuity（継続性）
信条	人事施策の中に 人間性を見いだす	外的環境を重視した 人事施策	長期的視野の人事施策
理論	資源ベース理論の再考	戦略の適合性の再考	長期的な成果 長期的雇用 関係性の再考
理論的根拠	倫理的人事	制度理論とステークホルダー理論	
実践内容	タレント、エンゲージメント、権限委譲、健康とウェルビーイング（幸福）、従業員参加	ダイバーシティ、高齢化への対応、ワーク・ライフ・バランス、エコロジー、ステークホルダー、労働市場への配慮	エンプロイアビリティ、キャリア、後継者育成、学習する組織、イノベーションが起こる職場

資料出所：De Prins, P. et al. (2014) "Sustainable HRM: Bridging theory and practice through the 'Respect Openness Continuity（ROC）'-model," Management Revue, Vol. 25, No. 4 の Table 1（266 ページ）を筆者が抜粋して翻訳

⑤ タレントマネジメントとダイバーシティ

　［図表4］の R（Respect）の実践内容には、「タレント」という用語が示されている。タレントとは、個人の中に存在する才能、もしくはそうした才能を有する個人を示す言葉である。さらに、そのような才能ある個人の潜在的な可能性を引き出し、組織の中で活躍してもらうための施策をタレントマネジメントと呼ぶ[10]。

　R に含まれることからも分かるように、本来、タレントマネジメントは個人を尊重することを重視した考え方である。ただし、タレントマネジメントが提唱された初期段階では、タレントを一部の経営幹部のみに限定し、その採用・選抜だけに焦点が当たっていたこともあった。そうなるとタレントとは、無限定性を前提とする存在になってしまう。しかし今日では、タレントとは多様で個性的な才能を有する存在である、とみなす考え方が浸透してきている[11]。つまり、限定性を尊重した上で、多様な個人に組織で活躍してもらう考え方へと変化してきているのだ。

　このような変化に応じて、HRDX の活用が必須となってくる。従来の人事

部は、勘と経験で人材の採用・選抜・育成に対応できていた。それは採用・選抜・育成する対象が無限定総合職に限られていたからこそ可能だったのではないだろうか。無限定総合職は組織に長期にわたって在籍し、長時間の時間外労働（残業）などによって人事部とも同じ釜の飯を食う仲間であった。そのような無限定総合職だけを対象とするなら、人事部の勘と経験は有効に機能するだろう。しかし、限定性を尊重したタレントマネジメントに転換し、多様なタレントを採用・選抜・育成するとなると、人事部の勘と経験には限界がある。タレントマネジメントシステムをはじめとしたHRDXを活用し、効果的に多様なタレントの採用・選抜・育成を進めていくことが望ましい。

このようにタレントマネジメントとHRDXは、ダイバーシティの推進と関係が深い。近年、企業はDE＆Iを掲げ、ダイバーシティ（多様性）、エクイティ（公平・公正）、インクルージョン（包摂・受容）という三つの概念を有機的に組み合わせて、施策として推進していくことが多い。ダイバーシティを推進していく際には、特にインクルージョンを組み合わせることが必須となろう。インクルージョンとは、単に多様性を尊重することにとどまらず、組織の中の多数派と同様に、少数派も組織への意思決定に参画し安全に意思表明できる状態を実現することである。言葉を換えれば、少数派が自身のアイデンティティを保持したまま、その組織を自身の居場所と心から思える状態を実現することだ。

従来の日本企業では、組織における意思決定を無限定総合職が中心となって行ってきたのではないだろうか。限定性を尊重するタレントマネジメントとは、組織における少数派を包摂してDE＆Iが実現している状態であると言い換えることもできるだろう。

❹　人事部を変革するための三つの視点～外部起点志向を軸として～

❶ ウルリッチのアウトサイドインアプローチ

ここまで論じてきた人事部の議論と本質的に共通している考え方を、ウルリッチはアウトサイドインアプローチと名づけている[12]。アウトサイドインとは、まさに外部起点という意味である。すなわち組織内外のステークホルダーである社会、地域、地球環境、顧客、従業員、取引先などに対して、人事部が

価値貢献していくという考え方である。これは地球環境をはじめとしたステークホルダーを重視するサステナブル人的資源管理とも相通じる考え方であろう。

　[図表5]に示したとおり、人事の取り組みは進化を続けてきた。そうした取り組みに「市場価値の創造」「組織とリーダーシップへの貢献」「分析を重視する」という外部起点志向の三つの要素を加えることがアウトサイドインアプローチである。「市場価値の創造」とは、人事部がまさに外部を重視し、それを起点とすることを意味している。「組織とリーダーシップへの貢献」とは、人事部が個人だけに注目するのではなく、組織全体とその文化であるリーダーシップに貢献することを意味する。「分析を重視する」とは、人事部が勘と経験だけに頼ることなく、HRDXを活用しつつ分析を重視することを意味する。

　[図表5]にあるように、外部起点志向とは従来の人事部の取り組みをすべ

図表5 ● 能力の最大発揮に向けた人事の進化

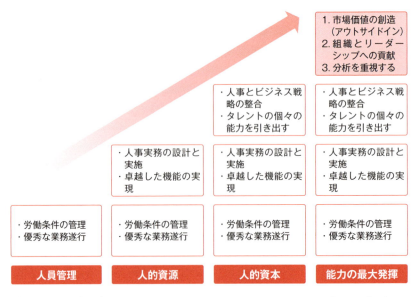

資料出所：Ulrich, D. (2024). Why and how to move HR to an outside-in approach. Human Resource Development International, Vol. 27, No. 2 の Figure 1（162ページ）を筆者が翻訳

て捨て去ることではない。むしろ内部志向で培ってきた人事部の取り組みに外部起点志向の3要素を加え、より一層進化していくことだといえよう。

❷ 外部起点志向の CHRO

CHRO（Chief Human Resource Officer）とは人事を統括する最高人事責任者である。人事部が外部起点志向へと変わっていくためには、CHRO の存在が鍵を握ることになろう。すなわち、HRDX などによる分析を活用しつつ、組織文化として望ましいリーダーシップの実現を目指していくことになる。その起点には、「市場価値の創造」が位置することになる。具体的にいえば、CHRO が接するステークホルダーの種類は増えていくことになるだろう。従来は、主に経営者と従業員（労働組合を含む）との関係構築が重要だった。しかし今後は、例えば人的資本の情報開示の観点からは投資家、市場と対話するためには顧客や取引先、リーダーシップ実現のためには社外取締役など、CHRO は多様なステークホルダーと関係構築していくことが求められるだろう[13]。

❸ 外部起点志向の HRBP

HR（人事）ビジネスパートナー（HRBP）とは、いわば CHRO の分身として、事業部門の現場で活躍する存在である。HRBP は現場に密着した役割を担うため、内部志向にとどまりやすいという点に留意すべきだ。CHRO の分身としての役割が期待されているからこそ、外部環境への関心を絶やさないよう心掛けていくことが求められるだろう。

❺ 今後、人事部として変革すべきこと、守り続けること

❶ 変革すべきこと

本章では、無限定性の縮小を予測し、限定性を尊重する必要性があることを述べてきた。そのためには、多様な労働者に組織で活躍してもらわなければならない。だからこそ、人事部は流行人事と決別する必要がある。また、サステナブルキャリアとサステナブル人的資源管理の ROC モデルに基づきながら、タレントマネジメント、ダイバーシティ、HRDX を進めていく必要もある。

その過程で、CHRO と HRBP の行動を変容させていくことも重要だ。

　こうした取り組みを有機的に推進することで、人事部は外部起点志向へと変わっていくことが望ましい。そして、将来志向の役割を果たしていく必要がある。加えて、人事部のメンバーそれぞれが外部環境への感受性を高めるために、実際に外部の経験を積んでいく越境学習[14]に取り組むことも重要だろう。

❷ 守り続けること

　先述したとおり、外部起点志向とは内部志向の取り組みをすべて捨て去ることではない。今後も日本の人事部の特徴である卓越した人事実務の遂行や従業員の能力開発は進めていくべきだ。さらに、もともとステークホルダー資本主義は、日本企業の得意技であったかもしれない。日本企業の強みは、短期的な株主利益だけにとらわれない長期的視点にあるともいわれてきた。

　しかし、日本企業のステークホルダー重視は、仲間内のステークホルダーへの配慮に偏り、組織内部の理屈だけが幅を利かせるという弱点もあった。日本企業ならではのステークホルダー重視という特徴に外部起点志向を加えると、よりバランスのとれた取り組みに進化できる可能性がある。そのための変革を、ぜひとも人事部が主導していってほしいと筆者は願う。

石山恒貴　いしやま のぶたか

法政大学大学院政策創造研究科 教授

博士（政策学）。NEC、GE、米系ライフサイエンス会社を経て、現職。組織行動論、人的資源管理、越境学習、キャリア形成、タレントマネジメント等が研究領域。日本キャリアデザイン学会副会長、人材育成学会常任理事、Asia Pacific Business Review（Taylor & Francis）Regional Editor、日本女性学習財団理事等。

主な著書として、『定年前と定年後の働き方』（光文社）、『越境学習入門』（共著、日本能率協会マネジメントセンター）、『日本企業のタレントマネジメント』（中央経済社）、『地域とゆるくつながろう！』（編著、静岡新聞社）など。

参考資料

1 Jacoby, S. M.（2005）. The Embedded Corporation: Corporate Governance and Employment Relations in Japan and the United States. Princeton, NJ: Princeton University Press.（鈴木良始・伊藤健市・堀龍二訳『日本の人事部・アメリカの人事部：日米企業のコーポレート・ガバナンスと雇用関係』東洋経済新報社、2005 年）

2 Ulrich, D.（1996）. Human resource champions: The next agenda for adding value and delivering results. Boston, MA: Harvard Business School Press.（梅津祐良訳『MBAの人材戦略』日本能率協会マネジメントセンター、1997 年）

3 Friedman, T. L.（2016）. Thank You for Being Late: An Optimist's Guide to Thriving in the Age of Accelerations. New York, NY: Farrar Straus & Giroux.（伏見威蕃訳『遅刻してくれて、ありがとう：常識が通じない時代の生き方（上）』日本経済新聞出版社、2018 年）

4 小峰隆夫（2010）『人口負荷社会』日本経済新聞出版社

5 古屋星斗・リクルートワークス研究所（2024）『「働き手不足 1100 万人」の衝撃：2040年の日本が直面する危機と "希望"』プレジデント社

6 平野光俊・江夏幾多郎（2018）『人事管理：人と企業、ともに活きるために』有斐閣

7 北村雅昭（2022）『持続可能なキャリア：不確実性の時代を生き抜くヒント』大学教育出版

8 Van der Heijden, B. I. J. M., & De Vos, A.（2015）. Sustainable careers: Introductory chapter. In A. De Vos & B. I. J. M. Van Der Heijden（Eds.）, Handbook of research on sustainable careers（pp. 1-19）. Cheltenham, UK: Edward Elgar Publishing. の 7ページを筆者が翻訳

9 De Prins, P., Van Beirendonck, L., De Vos, A., and Segers, J.（2014）. "Sustainable HRM: Bridging theory and practice through the 'Respect Openness Continuity（ROC）'-model." *Management Revue*, Vol. 25, No. 4, pp.263-284.

10 石山恒貴（2020）『日本企業のタレントマネジメント：適者開発日本型人事管理への変革』中央経済社

11 同前書

12 Ulrich, D.（2024）. Why and how to move HR to an outside-in approach. *Human Resource Development International*, Vol. 27, No. 2, pp.161-168.

13 有沢正人・石山恒貴（2022）『カゴメの人事改革：戦略人事とサステナブル人事によ

る人的資本経営』中央経済社

14 石山恒貴・伊達洋駆（2022）『越境学習入門：組織を強くする冒険人材の育て方』日本能率協会マネジメントセンター

第 2 章

人事部の仕事（基礎編）

西尾 太
フォー・ノーツ株式会社 代表取締役社長
人事の学校 主宰

1 はじめに

❶ 人事は「つながり」「関連性」を意識する

　人事部門の仕事は、会社内における「人」に関わる課題に携わる仕事だ。基礎編では、この仕事に携わる人事担当者に知っておいてほしいこと、意識してほしいこと、持っていてほしい視点・視野について書いていく。

　最も大切なことは、人事部門のそれぞれの仕事と他との「つながり」だ。自分が担当している仕事が過去・現在・未来においてどこにつながっていくのか、他の人事部門の業務とどう関連しているのか、他部門の業務とどう関連するのかなどを意識してほしい［図表1］。

　例えば、給与計算は「どのようにして給与が決定されるのか」という人事制度から導かれる。基本給はどのように決められているのか、手当の意味は何かなどを捉えながら、改善・改定しなければならないことはないのかを考えていき、新たな制度を企画していくことに至る。

　また、評価は給与に関連するだけでなく、人材育成につながっていく。評価とは「求められていること」と「現状」の比較により成り立つ。その比較から

図表1 ● 人事部門の仕事―多様な関連性を意識することが重要

見える乖離を埋めていく施策が教育・研修である。

　各施策はそれぞれ単独で成り立つものではない。採用の後には配置・育成がある。人材をどこに配置し、どのような仕事をしてもらい、どのように成長してほしいのかというイメージを持たなければ採用の判断ができない。

　社員の声を聞く、あるいは人事に関するアンケートや申告をしてもらうことは人事部門にとってとても大切なことだが、その声・結果をどのような施策に展開していくのか。「聞いて終わり」では社員からの信頼を失ってしまう。その後に何をすべきなのかをしっかり捉えていないと、施策が単発で終わってしまい、経営的にも費用・労力も大きなロスを招いてしまう。このようなことは実はとても多い。

2　人事は会社全体を俯瞰してみる

　人事部門における一つひとつの仕事の関連性や影響をイメージできる広い視野を持つ人事担当者が育っていくことは、会社と社員にとってとても重要なことだ。人事担当者は、今行っていることの意義・意味を捉え、各施策が他とどのようにつながるか、またこれからどのような影響をもたらすかを常に意識し、人事領域の全体像を持つことが不可欠となる。それが会社を発展させ、社員の成長を促す重要な鍵になる。

3　大切なのは"スイッチ"が入ること

　「基礎編」では、まずはベースとして知っておかなければならないことを述べていく。「覚えておく」というよりは「知っておく」ことが大切だ。何かの課題があるときに、「あ、これも押さえておかなければいけないな」という意識のスイッチが入ることが大切なのである。詳細はそこから調べればよい。深く覚えることより、さまざまな事象に対して「自分にスイッチを入れる」ことができるよう、頭の中にインデックスを作っていくつもりで、次ページ以降の各テーマを確認していってほしい。

2 人事の全体像

① 人事とは

　会社における人事とは、一言でいえば、経営と社員の方向性を合わせていく仕事といえる。

　人事部門は、経営理念と社員のキャリアビジョンのベクトルをできる限り同一方向にもっていく役割を担う［**図表2**］。

① 経営理念

　経営理念は、次のように分けられる。

ミッション：企業の使命・存在意義

ビジョン：目指すべき方向性。将来あるべき姿。描いた夢が実現した姿

バリュー：企業の価値観。物事を判断する際の基準

　この経営理念の実現に向けて動くのが経営者と社員である。

　この機会に、さまざまな企業の経営理念に注目してみよう。例えば、ソフトバンク株式会社の経営理念は、「情報革命で人々を幸せに」である。ハウス食品株式会社は「食を通じて、家庭の幸せに役立つ」であり、株式会社講談社は「Inspire Impossible Stories＝"おもしろくてためになる"」としている［**図表3**］。

図表2 ● 人事部門の役割

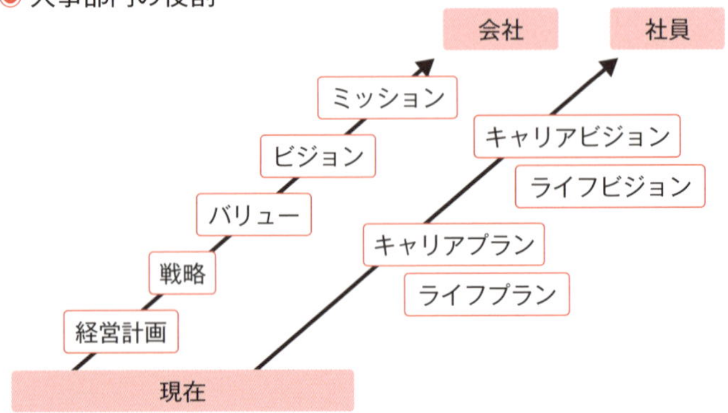

```
                              会社        社員

                    ミッション      キャリアビジョン
               ビジョン            ライフビジョン
          バリュー         キャリアプラン
       戦略            ライフプラン
    経営計画

              現在
```

図表3 ● 大手企業に見る経営理念の例（各社ホームページより抜粋）

	三井物産	本田技研工業
ミッション	世界中の未来をつくる 大切な地球と人びとの、豊かで夢あふれる明日を実現します。	（基本理念） 人間尊重 　　自立　平等　信頼 三つの喜び 　　買う喜び　売る喜び　創る喜び
ビジョン	360° business innovators 一人ひとりの「挑戦と創造」で事業を生み育て、社会課題を解決し、成長を続ける企業グループ。	（社是） わたしたちは、地球的視野に立ち、世界中の顧客の満足のために、質の高い商品を適正な価格で供給することに全力を尽くす。
バリュー	「挑戦と創造」を支える価値観 変革を行動で 多様性を力に 個から成長を 真摯に誠実に	（運営方針） 常に夢と若さを保つこと。 理論とアイディアと時間を尊重すること。 仕事を愛しコミュニケーションを大切にすること。 調和のとれた仕事の流れをつくり上げること。 不断の研究と努力を忘れないこと。

2 キャリアビジョン・キャリアプラン、ライフビジョン・ライフプラン

　社員にとってのキャリアビジョンやキャリアプランは、人事にとって極めて大切なキーワードとなる［図表4］。

①キャリアビジョン：仕事上での将来の目標やゴール。経営者になりたい、人事部長になりたい、独立したい……など

②キャリアプラン：キャリアビジョンを実現するための計画。いつまでにどのような経験をし、どのようにステップアップしていくか

③ライフビジョン：仕事・プライベートを総括した人生における将来の目標やゴール。結婚して子どもを2人持ち、郊外の一戸建てに住みたい。子どもには良い教育を受けさせたい……など

図表4 ● キャリアビジョン・プラン／ライフビジョン・プランとは

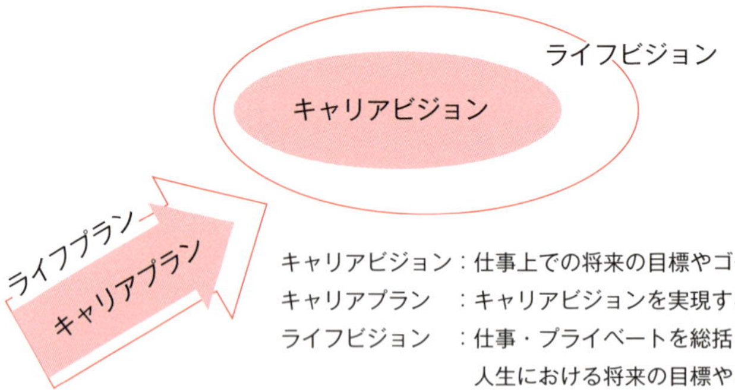

ライフビジョン

キャリアビジョン

ライフプラン

キャリアプラン

キャリアビジョン：仕事上での将来の目標やゴール
キャリアプラン　：キャリアビジョンを実現するための計画
ライフビジョン　：仕事・プライベートを総括した
　　　　　　　　　人生における将来の目標やゴール
ライフプラン　　：ライフビジョンを実現するための計画

④ライフプラン：ライフビジョンを実現するための計画。貯金やローンなども
　含めた、夢の実現のための計画
　会社の方向性と社員の方向性を合致させていく社内の機能が「人事部門」で
ある。人事部門に所属する人事担当者は、業務を遂行する上で常にこれらを意
識してほしい。

3 人事部門の顧客

　人事部門にとって、顧客とは誰だろうか。私たち人事担当者は、誰のために
仕事をしているのだろうか。経営者のためか、それとも社員のためか。
　ここでは、人事部門の顧客は、「会社の、すべてのステークホルダー」と定
義する ［図表5］。つまり、外部にいる会社の顧客であり、株主であり、取引
先である。さらには採用応募者も挙げられる。これら外部のステークホルダー
が顧客だと想定すると、経営者や社員と目線が同じになる。
　その上で、直接的なステークホルダーとして、経営者と社員が挙げられる。
これに職制（ここでいう職制とは、現場で社員に指揮・命令・評価・育成を行
う管理職を指す）も加わる。

図表5 ● 人事部門の顧客＝会社の、すべてのステークホルダー

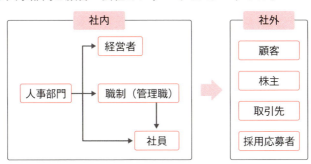

人事部門は経営者や社員と対峙(たいじ)するのではなく、同じ目線で顧客・株主・取引先・採用応募者のほうを向いていると考える

4 人事の目的と視点

　人事は、経営者や社員を通じて、外部のステークホルダーに対してより高い価値を提供する仕事といえる。経営者や社員に対するサービスの目的は、彼らを通じて、社会に対して高い価値を提供することであるため、人事は、以下の視点を常に意識しなければならない。
- どのような人材を採用すれば、より高い価値を社会に提供できるのか
- 社員が、より高い価値を顧客に提供するには、どのような制度が必要なのか
- どのような制度にすれば、社員のモチベーションが維持・向上し、その結果として業績が向上するのか

2　人事の領域

　人事部門の目的を達成するための人事の領域は［図表6］のようになる。経営理念、人事制度、人事管理、人材フロー、人材育成の5領域は、人的資本管理（HCM：Human Capital Management）とも呼ばれている。
　経営理念は、人事担当者が最も拠(よ)り所とすべき根幹の価値観であり、方向性であり、判断基準である。
　人事制度は、「処遇を決定するための根拠となる決まり事」の施策群をいう。

図表6 ● 人事部門の仕事は、5領域（人的資本管理）を中心に展開する

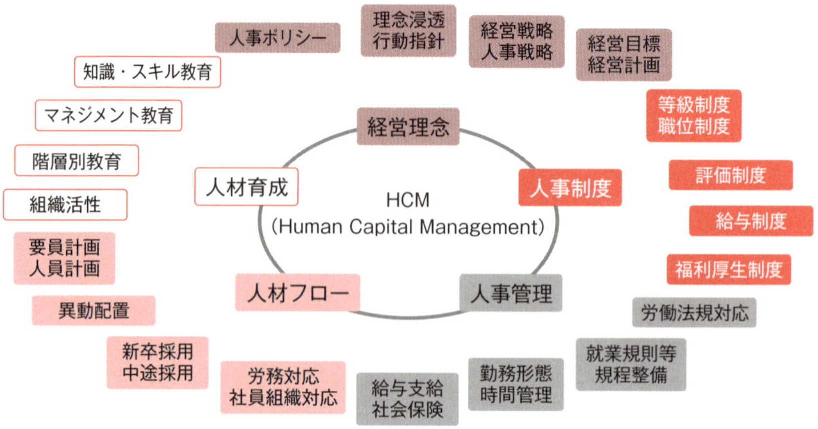

人事ポリシー / 理念浸透 行動指針 / 経営戦略 人事戦略 / 経営目標 経営計画

知識・スキル教育

マネジメント教育

階層別教育

組織活性

等級制度 職位制度

評価制度

給与制度

福利厚生制度

労働法規対応

経営理念

人材育成

HCM
（Human Capital Management）

人事制度

人材フロー

人事管理

要員計画 人員計画

異動配置

新卒採用 中途採用 / 労務対応 社員組織対応 / 給与支給 社会保険 / 勤務形態 時間管理 / 就業規則等 規程整備

また、人材育成の方向性も示す。

人事管理は、「労働法規への対応を根幹とする決まり事」とその運用である。

人材フローは、「入社・異動・退職などの、社内における人の流れ」のことである。

人材育成は、人事部門が行う教育（企業内教育）のことである。

これらの人事の5領域は、先述した社員個々のキャリアビジョン、ライフビジョンに、大変大きな影響を与えることに留意してほしい。なお、5領域はそれぞれが関連し結びついており、一つだけ取り出して考えることはできない。

以下では、それぞれの領域について詳しく見ていこう。

❶ 経営理念

会社は社員のことをどのように考えていくのか、求める人材像や配置・育成、評価の方針、それに基づいたさまざまな人事の施策はどうあるべきなのかは会社ごとに考え方が異なる。

人事部門は、経営者との対話によって、会社や事業への想いを理解し、それをいかに会社全体、社員一人ひとりに浸透させていくのかを常に考えていかなければならない。その方法の一つに「人事ポリシー」の策定がある。

人事ポリシーとは、会社の「社員に対する考え方・価値基準」である。どのような人を採用し、どのように処遇し、どのように育てていくか、そのための評価や給与に関わる人事制度はどうあるべきかといった基本的な考え方である。

人事部門は、最初に、経営理念・経営戦略に基づいた人事ポリシーを明確にしなければならない。

2 人事制度

その人をどのように処遇するかの根拠となるのが人事制度である。育成と評価とは表裏一体の関係にあり、格付け（等級）は職位（役職）への任免と密接に関係している。

人事制度は人事ポリシーに基づいて構築されるべきである。そして人事制度は、通常、以下の制度で構成されている。

①等級制度・職位制度（グレード制度、資格制度などとも呼ばれる）
②評価制度（等級制度に基づく職務行動に関する評価や、業績に関する成果測定の仕組み）
③給与制度（月例給と賞与などの決め方）
④福利厚生制度

さらに人事制度は、就業規則等の各種規程類と関連し、人事管理上の根幹にもなる。

3 人事管理

人事管理というと、極めて広い意味合いを含むが、基本的には「労働法規への対応を根幹とする決まり事」群とその運用である。労働法規とは「人を雇用する際の社会と会社の決まり事」をいう。人事の領域は、経営理念と労働法規の間にあるものともいえる。

労働法規は労使関係に関する法律であり、具体的には労働基準法や労働契約法、労働安全衛生法、労働組合法などである（人事担当者として知っておくべき労働法規は、後掲「6　労働法規と人事関連規程」で触れる）。

経営理念は企業独自のものだが、労働法規は日本全国一律で決まっている。人事の発想の原点は、実は労働法規ベースであるべきだが、いかにこれを守り

41

ながら、一方でどれだけその会社らしさを出して企業業績を最大化していくか——その方策を展開していくのが人事部門の妙といえよう。

人事部門が、経営者や職制に対して牽制を行う際、最も根拠となるのが労働法規とその解釈である。その意味で、社員を守るためにも人事担当者は労働法規の基本的な概念と基礎知識について理解しておかなければならない。

ここで注意すべきなのは、人事担当者は弁護士や社会保険労務士といった専門家と職務領域が違うということだ。人事担当者も専門家のように労働法規を深く理解し、解釈できるに越したことはないが、それよりも、まずは浅くてもよいので幅広い知識を持ち、それらの関連性を想定しながら必要なときに社外の専門家に問い合わせるといった行動の "スイッチ" を自分で入れられることが大切である。

これらの意味で、就業規則をはじめとする人事関連規程は、人事にとって極めて重要である。ここでいう人事関連規程とは、「会社と社員の間の決まり事」である。これらは人事の六法全書のようなもので、あらゆる事象への判断根拠となる。「そこに規定されているか否か」がすべてを決めるといっても過言ではない。規程が整備されていないということは、社内に法律がない、いわゆる「無法地帯」と同じであるため、人事部門は規程を整備しなければならない（立法）。そして、それを基に判断し（司法）、業務を遂行しなければならない（行政）。

労働法規は「社会と会社の決まり事」、人事関連規程は「会社と社員の間の決まり事」。労働法規は逸脱できないが、社内の法律ともいえる規程を作り運営する、これが人事部門の役割である。

④ 人材フロー

人材フロー（人の流れ）をつかさどるのが人事部門である。会社をバスに例えるなら、採用は「誰をバスに乗せるか」を判断する仕事といえる。同じ目的地（会社としての目標）に向かって、誰を乗せる（一緒に仕事をしていく仲間を選ぶ）かは、会社の将来をも左右する重要な仕事である。しかし、採用活動を行うだけでは人事部門の価値はない。

「誰を採用するか」は、経営理念、人事ポリシー、事業戦略から導かれる。また「何人採用するか」は経営計画から導かれる（定員計画、要員計画、人員

計画）。そして採用活動を行う。採用後に配置があり、その配置は会社として
の要員計画と社員のキャリアプランが根拠となる。そのため、人事の仕事は採
用だけでは完結しない。

　なぜ採用するのか、本当に採用するのか、どのような契約形態や雇用形態で
人を確保するのか、社内の配置転換で対応できないのか、採用した後にどうす
るのか、どのように育てるのか、どこに配置するのか、誰をポストに就けるの
か、労務問題にどう対処するのか。そして代謝（退職）に際しての対応はどう
するのか。こうした採用から代謝までの一連の流れを踏まえた上で、最も重要
な経営資源である「人」の活用を通じて、企業業績を最大化していくことが、
人事部門の価値といえる。

5 人材育成

　人事部門が行う教育（企業内教育）は、一過性のものであってはならない。
人材開発部門が人事部門から分離独立している会社で起こりがちな問題は「教
育の独り歩き」である。現場に即していない、人事制度にも即していない、業
務や社員のキャリアプランと乖離しているケースも少なくない。

　企業内教育を、その目的の違いで分けると、以下の三つになる。

①ディベロップメント（気づき）：行動変革型教育（コンピテンシー開発型教
　育）

②トレーニング（練習）：技術・技能習得型教育

③ラーニング（勉強）：知識獲得型教育（ナレッジの習得、共有）

　そして、「会社が社員に求めるものを明確に」しないと「何を教育したらい
いか」分からない。その意味で、人事ポリシー、人事制度との関連性を持たな
ければならない。

　そして人事は、人材育成において、普遍的なものと陳腐化しやすいものの区
別をしなければならない。これらを踏まえて、教育体系を作っていくことにな
る。

③ 人事の分野

　人事部門の分野は、「人事・採用」「給与・厚生」「育成・評価」に大別できる。そして全体の人事戦略があり、各分野に「企画」「運用・管理」「オペレーション」の職務がある　[図表7]。

❶ 人事・採用

　ここでの「人事」とは、狭義における配置・任命などの「人事」である。人をどこに配置し、どのような責任の仕事をしてもらうかをつかさどる。「つかさどる」とは、人事部門がこれを決めるということではない。決めることを経営や職制に働き掛け、必要なタイミングまでに決裁してもらうことである。採用の決裁も同様である。

図表7 ● 人事機能・業務は実のところ、とても広くて多い

		分　　野		
		人事・採用	給与・厚生	育成・評価
職務	戦略 Strategy	理念浸透、人事ポリシー構築 人事制度ポリシー構築、人事制度企画 採用・配置戦略、人材育成戦略 給与・福利厚生戦略		
	企画 Planning	定員計画、要員計画、 人員計画、採用・代謝計画 人件費等計画・精査 人材配置案起案	人事システム企画・導入 人事関連規程起案 給与制度・退職金制度整備 福利厚生企画	等級制度・キャリアパス 設計、評価制度設計 教育体系設計 教育プログラム企画
	運用・管理 Management	採用活動（新卒・中途） 人事異動調整 人件費／要員管理 各種労務案件・リスク対応	規程整備・改定 人事システム運用 給与制度・退職金制度運用 福利厚生運用	等級・評価制度運用 評価調整・確定 昇降格運用 教育プログラム実行
	オペレーション Operation	選考オペレーション 発令業務 各種申請処理 契約更新	給与計算・支給実務 社会保険手続き 福利厚生実務 入退社・異動対応手続き	等級・評価制度運用資料 作成 評価集計 研修オペレーション

44

「採用」は「人事」の一環だが、採用はそれだけ取り出しても対外的に重要な位置づけになるので、ここでは「人事・採用」と呼ぶ。

採用の具体的内容は、後掲「4　採用計画と実務」で述べるが、面接することだけが採用の仕事ではない。面接は、組織に必要な人材として適しているかどうかを判定する行為の一つだが、本来の人事部門の仕事は、組織に必要な人材をなんとしても「探し出し」て、「採用」して、「配置」することである。そもそも人材が必要であるかを見極め、内部調達するか外部調達するかを決め、適したルートを探して人材を見つけ、見極め、配置するのである。

「人事・採用」は、一つひとつが決めを打つ仕事、すなわち、多くの選択肢を検討して決めていく、最終的には曖昧さを残せない仕事であり、その「決め」が間違いだったというケースが最も多い仕事である。人事・採用は極めて難しく、事象がすべて個別的で、経営と、何よりも対象者の人生に大きな影響を与える、責任の重い仕事であると認識していただきたい。

2　給与・厚生

給与・厚生は、文字どおり、給与計算をして給与を支給したり、社会保険手続き・健康診断などの法定福利を滞りなく実行し、必要であれば法定外福利を企画・運用したりする分野である。まさに人事の分野の根幹を担う。

人事部門は、給与を間違いなく支給し、法令を遵守する人事管理を目指していくところからスタートする。どんなにしっかりした制度や教育の仕組みがあっても、支給する給与額を間違えてしまえば、人事部門、ひいては会社に対する社員の信頼は失墜する。すべての人事担当者が、給与計算や社会保険手続きを「必ずしもできなくてもよい」が、「分かっていなくてはならない」。

人事の分野の中で、給与・厚生は最終工程である。間違いが許されない世界であり、幾重にもチェックしなければならない役回りである。給与が人事の基盤であることから、すべての人事担当者は、給与担当者の気持ちと状況を理解しておかなければならない。

3 育成・評価

人材育成の仕組みを作り、運用すること、社員の価値を高めることも、人事部門の重要な役割である。そして、育成と評価は表裏一体の関係にある。評価によって気づきがあり、そこから教育（育成）につなげ、成長を促し、その後また評価していくというサイクルこそが、評価と育成そのものを機能させるといっても過言ではない。それぞれを切り離して考えてはならない。

大企業になると、人事企画に関する独立した組織がある。問題は、この組織が人事制度を作る際に、教育の視点がないケースである。また、教育に関する独立した組織がある場合、人材育成や教育・研修だけを執り行い、評価に関わらないケースもある。

本来的には、育成と評価は表裏一体であるから、一つのユニットで行うほうが効果的である。そうしないと、人事部門に求められている本来の機能は果たせないのではないかと懸念される。

4 人事の職務

前掲［図表7］の中で、あなたがどの分野を担当しているかを確認いただきたい。そして、その分野はどこと強く関連しているかを考えていただきたい。

1 戦略

経営理念に基づき、人事ポリシーを明確化し、人事制度を整え、誰をどのように配置するか、どう育成するか、社員にどう対応していくかを明確にするのが「人事戦略」である。人事のすべての職務・分野は、これらの考え方を反映したものといえる。戦略なき人事部門に価値はない。

2 企画

人事戦略に基づき、さまざまな施策を企画し、計画を立案する。また、職制・社員に対する施策を起案し、経営に対して承認を働き掛けて、実行できる状態にする職務である。

❸ 運用・管理

人事戦略・企画に基づいて、実際に施策を運用し、進捗を管理する。企画だけでは何も生み出さない。運用があって初めて価値を生む。

❹ オペレーション

人事業務の実務である。各種手続き、データ集計、資料作成などの実務が人事部門を支える。

オペレーションは、合理化と常に隣り合わせであり、システム化やアウトソーシングを検討することも必要な職務である。

ただし、RPA（Robotic Process Automation：IT ツールによる定型業務の自動化）を活用したり、派遣社員に担ってもらうとしても、これらの職務が人事のベースであることを忘れてはならない。

繰り返すが、以上の分野と職務は相互に関連するもので、独立して存在し得ない。人事部門内で各担当者が分業している場合でも、一つひとつの仕事の大切さはもとより、そのつながりと広がり、関連性を常に意識することが、有効で意味のある人事業務の遂行につながるものと考えていただきたい。そして、ミスや間違いを減らし、いかにより良くしていくかを常に考えていくことも大切である。

3 人材フローの基礎

1 人材フローと人事発令

1 人材フローとは

　人材フローとは、採用、入社・配置、異動、任免、休職、復職、退職など、社内における人の流れをいう。

　採用活動を経て内定を出し、入社した後についても、当然人事はその社員の戦力化と活用を見据えている。

　ここでは、入社後の社員の動きについて、基礎的なものを中心に確認する。

2 人事発令

　「発令」とは、その社員の動き（入社や配置、異動、または表彰・懲戒など）を正式に決定し、通知することをいう。

　発令時に「辞令」という書式の紙を作成して本人に渡している場合もある。また、発令事項は、社内掲示やイントラネット上の掲示板などで通達される。誰がどう動いたのかを社内に知らせる大事な通達である。

　なお、異動がいつ本人に知らされるかは、会社によって異なる。これを「内示」というが、おおむね発令の2週間前ぐらいには行われる。

　上場企業の部長以上の役職者など主要な人事異動では、新聞報道などで広報される。

　人事異動には、能力や年齢、職位を考え、定期的にバランスよく人員を配置し直すことができる利点がある。異動が全く行われずに、社員が同じ職場に延々と在籍し続けた場合、その業務がマンネリ化することもある。若手の育成も停滞し、会社全体の成長を阻害する要因ともなり得る。社員に高い視点と広い視野を得る機会を与えること、成長のための環境を提供して経験を積ませることなど、人事異動によってもたらされるメリットはとても多い。

　では、人事発令にはどのようなものがあるのだろうか。

■1 入社

　社員として雇用契約を結ぶこと（内定は、雇用契約を結ぶことを相互に確認すること）。入社の辞令交付はよく行われる。「○月○日付で、当社社員とす

る」など。

2 退職

雇用契約を解除すること。社員からの退職の申し入れ（自己都合退職）の場合は、社員から出された退職届を受理し、それを認めた時点で正式に退職が決まる。

3 異動

社員の地位や勤務内容、勤務場所などが変わることをいう。

異動には以下の種類がある。会社によって定義や言葉が違うこともあるが、一般的な概念として理解しておきたい。

①任命・昇進・降職（解任）

特定の職位（役職）に任命する、または特定の職位から外れることをいう。課長が部長になるなど職位が上がることを「昇進」と呼ぶ。逆に部長が課長に格下げになるなど職位が下がることを「降職」と呼ぶ。

②昇格・降格

人事上の格付けである等級（グレードなど）の上昇・下降を行うことをいう。例えば、1等級から2等級へ上がることを「昇格」、5等級から4等級へ下がることを「降格」といって、人事上の格付けが変わる。

なお、職位が変わる「昇進・降職」と、等級が変わる「昇格・降格」は別々に管理されるケースが多い。

③転属

所属部門が変わることをいう。いわゆる狭義の異動である。

④転勤

転属のうち、勤務地の変更を伴うものをいう。

⑤駐在

所属部門は変わらないが、一定期間、勤務地を変更して勤務することをいう。

⑥応援

業務の繁閑に応じて一定期間、所属部門の変更を伴わず、所属部門以外の業務を遂行することをいう。

⑦出向

自社の社員の資格を失うことなく、関係会社または関係団体など他社で勤務

することをいう [図表8]。

　指揮命令は出向先より受け、給与も出向先が負担するのが原則である（状況によって出向元が給与の一部を支給する場合もある）。出向に似た形態として「転籍」がある（転籍については次ページのコラムを参照）。

4 休職

　一定期間、労務の提供を免除することをいう。または解雇猶予期間をいう。

5 復職

　休職事由が消滅し、業務に再び就くことをいう。または出向から戻ることをいう。

　⑤駐在や⑥応援というのは耳慣れないかもしれないが、現実として起こる。人事は、その社員の配置転換が、上記のどれに当たるのかを決定し、それぞれにおいて、人件費の計上部門をどこにするか、評価者は誰になるかなどを規定する。例えば、応援の場合、「人件費計上は所属部門、交通費などの経費計上は応援先」などを決めることが必要になってくる。

　これら異動の種類について理解しておくと、社員が動く際の対応で役に立つ。なお、上記のうち、一般的に人事異動というと③転属、④転勤を指すことが多いので、以降の記述については、「異動」は「転属」と「転勤」を指すものとする。

図表8 ● 出向とは

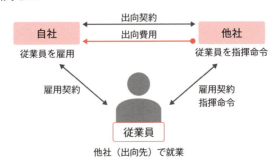

50

図表9 ● 転籍とは

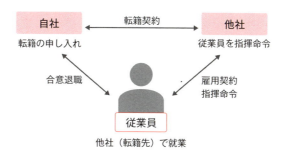

> **Column**
>
> **転籍**
>
> 　転籍は、自社の社員としての身分をなくし、他社へ移ることをいう[図表9]。転籍については社員の同意が必要であり、人事異動の範疇（はんちゅう）に入らないのが一般的である。人事発令においては「退職」扱いとなる。この意味で、人事異動とは、社員の社内における動きといえる。

2 人員計画

　個別の人事（ここでいう人事は、採用、入社・配置、異動、任免、退職を意味する）の前提として、「定員計画」「要員計画」「人員計画」「代謝（採用）計画」がある。これらをひとまとめにして「人員計画」と呼ぶ場合がある[図表10]。

1 定員計画

　定員計画は、経営戦略に基づき年度目標の達成のために必要な人員数を計画として取りまとめるものである。予算策定に必要な人件費の見込みを立てることであり、大企業では経営企画部門が主管する業務といえる。
　人事部門は、計画と現実を擦り合わせるという意味において、現場がどう

図表10 ● 人員計画（広義）の流れ

- 定員計画　目標の達成・業務遂行に本来必要な機能・組織・人員数
- 要員計画　予算、現状に見合う構成員の設定（社員、派遣社員など）
- 人員計画　要員計画に対する人員の配置、期間内の変動予測
- 代謝（採用）計画　要員計画と人員計画のギャップを埋める施策

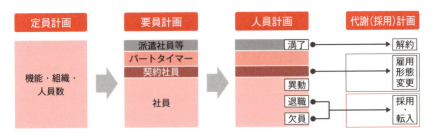

なっていて、どうしたいかを経営企画部門に伝える役割を担う。そして完成した計画に基づいて要員計画を立てる。

2 要員計画

　要員計画は、現状と計画の差を踏まえ、人件費予算も見据えながら、どの雇用形態の人を何人配置するかを計画するものである。ここでは主に、人件費予算の数値に注目する。

　定員計画は、経営計画に基づくトップダウン型の計画から始まるが、現状組織からのアプローチ（現場の状況、現場の要望人数）の反映を経営に働き掛けなければ、定員計画は「絵に描いた餅」になってしまう。また、時に無理な増員・減員が計画される場合があり、その場合は人事部門に一定の発言力が求められる。そして、その発言力は、どれだけ現場の状況が分かっているかにかかっている。したがって、次の期の組織をつくり、予算を編成する際には、人事は事前に職制へのヒアリングを行い、人が足りないのか、余っているのかなど現場の状況を把握しておく必要がある。

3 人員計画

　人員計画は、誰をどこに配置するかという計画である。現状の人員にそのま

ま次の期も今の仕事をしてもらうのか、異動させるのかを想定して策定する。

また、パートタイマーや派遣社員については、その契約期間を確認しながら、継続するのか、雇止め・契約終了するのか、または人を入れ替えるのかを想定する。

こうした人員計画に基づき、人事は異動案を策定する。その際には人事部門は職制とのコミュニケーションを通じて、それぞれの人材を今後どう育てたいのか、今のパフォーマンスはどうかという点についてヒアリングする。

❹ 代謝（採用）計画

代謝（採用）計画とは、要員計画と人員計画の差を埋めるための採用計画・人事異動計画・退職勧奨などについての計画をいう。代謝計画は全社の状況を取りまとめて策定するが、不足数をすべて採用で補うとは限らない。人員が余剰な部門から不足している部門への異動を行うことも、この代謝計画に入る。

❸ 人員数の把握

会社の規模がある程度大きくなると、経営は人事部門に人員数の変化や労働分配率、人件費生産性についての報告を求めてくる。要請があれば人事部門は報告しなければならないし、要請がなくても人員数の把握をするのは当然である。ただし、この把握が実は難しかったりする。

現実には異動や兼務、休職などの要素をどう捉えるか、パートタイマーや派遣社員をどう捉えるかなどの決定ルールが必要になってくる。一定以上の規模になると、その把握が難しくなってくるため、思った以上に人員数の集計と把握には負荷がかかる。

［図表11］は、人員数の把握方法の様式例である。通常、社員は月末退職と月初入社が多いため、月初の人員数と月末の人員数は重要である。中でも人事部門が注目するのが月初人員で、経理部門は人件費発生という観点から月末人員に注目する。

また、各部門が人員を要望している場合についても、月次、場合によっては週次で確認しておかなければならない。採用活動を行うにしても、そのニーズを的確に捉えられているかが大切である ［図表12］。

53

図表11 ● 人員数の把握方法の例

| | 2025年6月 | | | | | | 月中推移(+) | | 月中推移(-) | | | | | | | | | | | 2025年7月 | | | | | | |
	1日人員	1日人員正・契	正社員	契約・嘱託	派遣社員	パートタイマー	採用	異動+	退職	異動-	末日人員	末日人員正・契	正社員	契約・嘱託	派遣社員	パートタイマー	末日退職	異動+	異動-	1日付入社	1日人員	1日人員正・契	正社員	契約・嘱託	派遣社員	パートタイマー
A部	18	18	18	0	0	0					18	18	18	0	0	0					18	18	18	0	0	0
B部	2	2	1	1	0	0					2	2	1	1	0	0					2	2	1	1	0	0
C部	11	7	6	1	4	0					11	7	6	1	4	0					11	7	6	1	4	0
D部	10	9	9	0	1	0					10	9	9	0	1	0				1	11	10	10	0	1	0
E部	7	7	6	1	0	0					7	7	6	1	0	0					7	7	6	1	0	0
F部	28	14	13	1	14	0	1				29	15	14	1	14	0					29	15	14	1	14	0
G部	4	4	3	1	0	0					4	4	3	1	0	0				1	5	4	4	0	1	0
H部	17	8	7	1	8	1					17	8	7	1	8	1					17	8	7	1	8	1
I部	6	5	4	1	1	0					6	5	4	1	1	0					6	5	4	1	1	0
J部	2	2	2	0	0	0					2	2	2	0	0	0					2	2	2	0	0	0
K部	50	47	44	3	3	0					50	47	44	3	3	0			25		25	22	19	3	3	0
L部	6	6	6	0	0	0					6	6	6	0	0	0				1	7	7	6	1	0	0
計	161	128	119	9	32	1	1	0	0	0	162	129	120	9	32	1	1	0	25	3	140	107	97	10	32	1

図表12 ● 必要人材の確保は各部門の人材ニーズの的確な把握がカギ

| 部 | 要望 | | 対応 | | 人材要望申請書 | 備考 | 状況 | 対応備考 |
	増員	欠員補充	採用	異動				
A部		1	1		済	出向者の満了による欠員	採用活動中	スペシャリスト要望のため社内での配転困難
B部		3		3	済	退職予定者の補充	異動候補者選定中	当社での営業経験者希望
C部	3		3		済	部門強化のため	採用活動中 2名内定	スペシャリスト要望のため社内での配転困難
D部		1	1			退職の補充	採用広報準備中	スペシャリスト要望のため社内での配転困難
E部	1	2	2	1		増員1名、退職者の後任	採用広報準備中 異動リスト作成中	スペシャリスト要望のため社内での配転困難
F部		1		1	済	退職者の後任	異動候補者選定が困難 採用方向へ	社内経験者希望
G部		2		2	済	異動出による後任	異動候補者選定済み 現部門打診中	社内○○部門経験者希望
	4	10	7	7				

④ 人件費と生産性の把握

　人員数だけでなく、人件費そのものの額や人件費生産性または労働分配率の把握も求められる。

　人件費生産性（付加価値〔一般的には売上総利益〕÷人件費）や労働分配率（人件費÷付加価値）については、現状の数値だけではなく、その推移を把握することが大切である。

　例として［図表13］を参考に計算し、その推移を見ていくことになる。

　特に労働分配率と人件費生産性、賃金生産性、社員1人当たりの売上高や付加価値額、経常利益額、人件費額の推移については、数字と計算式があればすぐに導き出せるので、少なくとも四半期ごとに集計し、前期や前四半期との比較を行うようにしていきたい。

⑤ 人事権

　人事権とは、広義では、労働契約において、会社が社員の「採用、異動、解雇」の権限を持つという意味で捉えられる（ただし、解雇については、正当とされる理由がない限り、「解雇権の濫用」とされる。とはいえ濫用とされるからには、解雇権は会社にあるという前提であり、むやみに行使してはいけないということである）。

　また、狭義では、社内において「誰がその社員を異動させる権限を持っているか」を指すことが多い。評価権限、任免権限などもこれに入る。

　ここでは狭義の人事権について述べる。例えば、営業本部営業部営業一課のメンバーであるAさんを異動させる権限は誰にあるのか。営業本部長か、営業部長か、営業課長か……。要は決め方の問題である。

　問題になりやすいのは、営業本部長かそれ以上の役員等がAさんの異動を決めてしまった場合で、営業部長も営業課長も「寝耳に水」という事態になることである。そして彼らに「Aさんがいなければ営業一課は成り立たないんだ。どうにかしてくれ」と人事部門は泣きつかれる。

　異動、特に定期的な異動ではない期中の異動については、例えば［図表14］のようなルールを作っておくことが混乱を避ける意味で望ましい。

図表 13 ● 人件費や生産性に関わる指標

①	売上高		
②	外部購入価値（売上原価）		
③	付加価値（売上総利益）		
	人件費 （A＝賃金）	A	役員報酬
		A	給料・諸手当
		A	時間外手当
		A	通勤費
		A	賞与
		A	退職金
			法定福利費
			厚生費
		B	外注者給与
		C	雑給
④—ⅰ	社員人件費（B・C 除く）		
④—ⅱ	総人件費		
	販管費	（人件費除く）	
⑤		総額	
	営業利益		
	営業外収益		
	営業外費用		
⑥	経常利益		
⑦	付加価値率　③÷①		
⑧	労働分配率　④÷③		
⑨	人件費生産性　③÷④		
⑩	賃金生産性　③÷A		
⑪	損益分岐点売上高（⑤÷⑦）		
⑫	売上高損益分岐点比率　⑪÷①		
⑬	経営余裕率　1－⑫		
⑭—ⅰ	売上高営業利益率		
⑭—ⅱ	売上高経常利益率		
⑮	付加価値利益率		
⑯—ⅰ	期末従業員数		
⑯—ⅱ	延べ従業員数（例：4～6月）		
⑰	1人当たり売上高		
⑱	対前年1人当たり売上高伸び率		
⑲	1人当たり付加価値額		
⑳	対前年1人当たり付加価値額伸び率		
㉑	1人当たり人件費（月額）		
㉒	対前年1人当たり人件費伸び率		
㉓	1人当たり賃金（月額）		
㉔	対前年1人当たり賃金伸び率		
㉕	1人当たり経常利益額		
㉖	対前年1人当たり経常利益額伸び率		

図表 14 ● あらかじめ期中の異動ルールを作っておこう

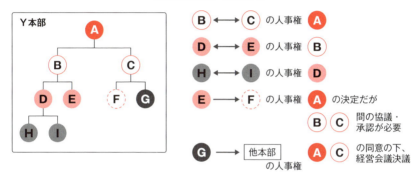

6 人事部門と人事権

　会社にもよるが、全社の人事権が人事部門にあるケースは昨今まれではないかと思われる。人事部門が社員の異動の権限をすべて持っていることは現実的ではないだろう（企業規模にもよるが、社長がすべての人事権を握っているのも非現実的となってくる）。

　人事部門は、各人事権者に対して、適切な情報提供と示唆を行う（場合によっては圧力をかける）ことはあるが、あくまでも決定者は各人事権者であると認識しておいたほうが現実的である。

　ただし、人事権者が異動する場合（特に組織変更時や期の変わり目）については、人事部門は積極的に動かなければならない（この場合も人事部門に人事権はない）。

　例えば、[図表14]のAという本部長が異動する場合、そのポストに就く新任の本部長が人事権を持つことになる。しかし、新任者は詳しい人事情報を

持っていないため、人事部門は前任者と後任者をつなぎながら、適切な情報提供と示唆を行う必要がある。その意味で人事部門は、人事異動をつかさどる有力な機関であり、そうなるような情報を持っていなければならない。

7 内示と発令

1 内示

　異動が確定したら、対象となる社員本人に伝えることになる。原則として、本人に異動を伝えるのは現所属長とする。内示は口頭で行われることが一般的である。内示を告げられた社員は、それが労働契約の範囲内であれば、原則としてこれを断ることはできない。

　内示の内容は、異動先と異動理由を告げることになる。また、本人から新所属長への連絡は、時期を特定しておくのが望ましい。特に定期異動など大規模な異動時には、新所属長に内示が伝わっていない場合があるためである。

打診　　　　　　　　　　　　　　　　　　　　　*Column*

　異動を確定させる前に、異動案の段階で、対象となる社員本人に対し「こういう異動案が出ているが、内示を受けたら異動するか?」という「打診」が行われることがある。人事異動を担当する者にとっては、あまりありがたくない状況でもある。すべての異動でこの打診が行われてしまうと、辞退の多発により異動全体が成り立たなくなる場合もあるからだ。打診はあくまで例外的なものであり、例えば新しい事業所や海外への異動といった想定外の場合に限るなど、その取り扱いには慎重を期すことが求められる。逆にいえば、異動が確定し、内示が行われたら、それはもはや「決定」であることを強く肝に銘じておく必要がある。

第 2 章　人事部の仕事（基礎編）　3　人材フローの基礎

　内示を断って、その異動が「なし」になることもないわけではない。しかしこの場合、その異動が単独で行われるケース以外は、「異動の連鎖」が断たれることを意味する。すなわち、全社の人員計画の遂行に支障を来すことにもなり、計画の練り直しを余儀なくされることにもなる。その意味で、社員にとってみれば、「内示を受けるか」「退職するか」という選択を実質的には迫られることが多く、それが組織行動としては本筋であろう。したがって、異動は非常に重要な案件であり、慎重に行われるべきである。内示についても同様である。

❷ 発令

　何月何日付けで異動になるのかを示し、異動を有効なものとするのが「発令」である。通常、人件費の計上、指示命令系統などは、この発令日において異動先に移る。

人事通達　　　　　　　　　　　　　　　　　　*Column*

　人事通達は、入社、退職、異動、表彰、懲戒などの人事情報を社内に通達するものである。これらの実施を「発令」といい、その実施日を発令日という。発令日に社内へ異動を発表・掲示するのが一般的である。内示の段階で通達してしまうと、実際にその異動が実施できない場合も出てくるため、不都合が多い。

---

❸ 赴任

　業務の引き継ぎなどによって、発令日に「実質的に異動できない」ことも多い。転勤などではなおさらであり、「発令日より 2 週間以内に異動する」といったルールを決めておくとよい。
　この発令と赴任における人件費の計上や交通費の精算方法（交通費については、元所属での引き継ぎであれば、そちらで精算するのが一般的）についても、人事部門はルールを決めておく必要がある。

8 人事異動実務の留意点

1 異動元と異動先双方の合意

人事異動は、人事権者の確認が大切である。「転属」「転勤」の場合、異動元と異動先双方が合意していなければならない。その確認を異動申請書等の書式を作成して必ず行うようにする [図表 15]。

組織変更と人事異動を同時に行ういわゆる「定期異動」の際は、まず留意すべきは、現時点の組織図と新しい組織図との違いをきちんと確認することである。当然のことと思われるかもしれないが、実際は新しい組織図がなかなか決まらないことも多い。

まず、スケジュールを引くことである。調整、確定、内示、発令、赴任のタイミングを、それぞれいつに設定するかを決める。例えば、内示を 3 月 20 日まで、発令を 4 月 1 日、赴任を 4 月 15 日までとするなどである。

流れとしては、新しい組織編制の決定があり、本部長、部長が決まる。その後で調整となるが、この調整期間をどれくらい取るかは、会社の規模によって異なる。

2 調整〜確定

調整に必要な資料には、上司の異動に対するコメント（異動させたい／させたくない）、本人の基本データ（氏名、年齢、性別、入社日、勤続年数、等級、給与、評価）をそろえて、どういう人物なのかが分かる情報を盛り込む。

本人がどの部署に異動したがっているかという自己申告データや、どういう仕事をしてきたかが分かる社内歴といった情報も必要である。これらの情報を人事データベースとして整備しておく。

調整が終われば、確定の段階となる。ここでは、経営者と新所属長に新しい組織図を承認してもらうことを忘れてはならない。内示の段階で「こんなメンバーが配属されるなんて、知らなかったよ」とならないようにするためである。

異動申請書の事項として、下記の項目を盛り込む。

• 本人に関する情報
• 異動元確認

第2章 人事部の仕事（基礎編） 3 人材フローの基礎

図表15 ● 異動申請書の様式例

申請日　　年　月　日					受付No.
		人 事 異 動 申 請 書			

異動者	会社名		現部署	所属コード
	社員番号	役職	氏名	
転出部署	会社名		所属部署	
（所属長）	役職		氏名　　　　　　　　　　　　　印	
転入部署	会社名		所属部署	
（所属長）	役職		氏名　　　　　　　　　　　　　印	

住居移転の有無	□　なし　　□　あり（社宅入居申請：□ 社宅入居希望せず　□ 申請済み）	
単身赴任	□　子供が転校できない為	※赴任期間　□ 定めあり（　年　月～ 年　月）
申請	□　配偶者が転動できない為	□ 定めなし
（理由）		
		※家族移動の予定　□ あり　　□ なし　　□ 未定

※ 会社契約の社宅への入居希望者は、「社宅入居申請書」を事前に申請して下さい

発令日	年　　　　　月　　　　　日	
赴任日	年　　　　　月　　　　　日	
勤務地		
配属先	部　　　　　　　　課	
役職		
職種		
職務内容 （具体的に）		
異動理由		
手当の変更	地域手当 職種手当 単身赴任手当 持家補助	役職手当
人件費予算	予算内 ・ 予算外（予算外の場合は理由明記：　　　　　　　　　　） 予算内訳	
人事部長	承認　　　　　　　　　　　　　　　否認	
人事担当取締役	承認　　　　　　　　　　　　　　　否認	

取締役会決議 （部長職以上決議）	取締役会決議日　年　月　日 可決印　　　否決印	精査者	文書課（通知者）	稟議No.

61

- 異動先確認
- 異動内容（発令日、赴任日、配属先、役職、勤務地、職種、職務内容、異動理由、単身赴任／家族帯同等の情報、手当の変更情報）等

これらが網羅され、また異動決裁者（部長以上の異動の場合や役職への任命等の場合は、経営会議や取締役会、社長の決裁が必要な場合がある）が確認したことを裏づける内容とする。

③ 内示の際の注意事項

異動の申請が決裁された後に、内示が行われる。内示は現所属長から行われるのが通常である。決裁が行われたら、速やかに異動申請書の内容を基に、現所属長からの内示が行われるように進めていく。

内示が行われていないのに、新所属長から連絡が行ったり、本人が知らないのに、所属長以外の周囲のメンバーが知っていたり、さらにはそれを本人に言ってしまったりといった「行き違い」が起こると、会社や人事への信頼が揺らいでしまう。ここの段取りは慎重に行うことが重要である。

④ 発令・通達・辞令の交付

発令では、人事通達（社内通達）用の資料が必要となる。

内示資料も人事通達資料も載せるべき情報は同じで、誰がどこからどこへ異動するのかが分かるようになっている必要がある。氏名、現所属（役職）、新所属（役職）が正しく記載されていることを確認する。所属は、本部、部、課、勤務地が明記されていなければならない。

辞令は、本人の意識づけのために重要である。採用辞令と異動や任命の辞令については交付（手交）したほうがよい ［図表16］。

採用辞令は入社式等で社長から直接本人に手渡ししたい。異動辞令については所属長から、昇進辞令については社長や役員から渡すのも有効である。

⑤ 異動実務

異動に伴い、［図表17］のような各種の手配が必要となるので、漏れのないようにしていただきたい。

人事担当者は、社員が異動する際にはこれらの実務が発生することを想定し

図表 16 ● 採用、異動・任命辞令の例

```
                辞  令

    社員番号  0131
    ○○  ○○  殿


    発令日     20○○年 4 月 1 日
    発  令     ○○職として採用する。
              所属部門  ○○部  ○○課


    特  記

                              ○○株式会社
              代表取締役社長  ○○  ○○
```

```
                辞  令

    社員番号  0131
    ○○  ○○  殿


    発令日     20○○年 4 月 1 日
    発  令     ○○部  ○○課  課長を命ずる
              勤務地：○○




                              ○○株式会社
              代表取締役社長  ○○  ○○
```

図表 17 ● 異動に伴う各種手配

①総務部門への異動決定の通知	・名刺の手配 ・座席・内線番号等の変更 ・入退社管理システムの設定変更　等
②経理部門への異動決定の通知	・人件費計上部門の変更
③システム部門への通知	・社内システムにおける所属部門変更 ・アクセス制限の変更
④社宅の手配	
⑤通勤費の変更	
⑥赴任の説明	・手当・住居に関するルールの説明 ・単身赴任の場合のルールの説明　等
⑦赴任日の確認	
⑧赴任までの人件費計上、交通費等の経費精算の確認	・基本的には発令日をもって新所属へ変更

ておく必要がある。特に注意すべきは、異動に関する資料はミスがないように
何度も確認することだ。なお、社員の中には同姓同名もあり得るため、社員番
号を記載するのが望ましい。

4 採用計画と実務

1 採用実務の際の必要知識

1 必要人材を確保する手段

　企業が経営戦略に基づく事業運営をしていく上で、人材の確保（採用）は重要な戦略の一つである。

　企業が人材を採用する際の契約には、雇用契約のほか、請負契約、委任契約・準委任契約、派遣契約などの種類がある ［図表18］。

図表18● 人材確保時の契約類型

	労働に関する契約の種類			
	雇用契約	（業務委託契約）		派遣契約
		請負契約	委任・準委任契約	
契約の目的	労務を提供する	契約した内容の完成に責任を負う	契約した特定の行為について責任を負う。法律行為の委託が委任、法律行為外が準委任	労務を提供する
労務提供の方法	会社の指揮命令の下、一定の規則に従い、「労働者」として労務を提供する	会社内の指揮命令関係に入らず、「事業主」として独立して仕事を完成させる	会社内の指揮命令関係に入らず、「事業主」として独立して業務を遂行する	会社の指揮命令の下、一定の規則に従い、「労働者」として労務を提供する
労働関係法規	適用。労働基準法、最低賃金法、労災保険法、雇用保険法、健康保険・厚生年金に加入（原則）	適用されない		派遣元において適用。労働基準法、最低賃金法、労災保険法、雇用保険法、健康保険・厚生年金に加入（原則）
判断基準	仕事の依頼、従事業務に関する諾否の自由がない	左記でないこと		雇用契約は派遣元と労働者の間で行われる
	勤務時間・勤務場所が指定されている	結果に責任を負うこと	過程に責任を負うこと	派遣元と派遣先は労働者派遣契約を結ぶ
	業務用器具の自己負担がない			
	報酬は労働自体の対償である			派遣先においては、雇用契約に準ずる

第2章　人事部の仕事（基礎編）　4　採用計画と実務

　外部から人材を募るに当たっては、雇用にするのか、雇用外（請負、委任、派遣）にするのかを検証し、決定する。そのため人事は、会社と個人との契約形態および雇用契約の意味を理解しておく必要がある。

雇用かそれ以外か　　　　　Column

　雇用契約以外の契約は、人事部門が所管しない場合もあるが、雇用にすべきか否かについては検討しなければならないケースも多いので、人事はこれを押さえておかなければならない。

　取締役は委任契約である。使用人兼務役員は、委任契約と雇用契約の双方を契約しているといえる。スペシャリストの活用としての「弁護士」「社会保険労務士」「公認会計士」などは委任契約が一般的である。また、成果物の作成を目的とするならば請負契約が適している。つまり、雇用契約ありきではない。また、直接雇用か、派遣会社との派遣契約とするかも判断する必要がある。各部署から人員の要望があった場合、どの契約が適しているかを人事は確認し、経営に提案しなければならない。

　昨今は「副業人材」の活用も進んでいる。他社で働いている人が副業で業務に携わるケースであり、有用な知見・経験が得られる可能性がある。また同様に、フリーランスの活用も考えられる。必ずしも「雇用契約」にこだわらなくてもよいのだ。ただその際、[図表18]の「雇用契約」の「判断基準」に留意いただきたい。雇用契約以外でこれらの人材を活用する際は、この判断基準は適用できない。例えば、勤務時間、勤務場所の指定はできないし、業務命令もできない。

　さらには、AIやRPAの活用も技術の進歩とともに十分に可能となった。「人」ではなく「機械」の活用も視野に入れておくべきだろう。

65

❷ 雇用形態の検証（無期雇用と有期雇用）

■1 無期雇用

　一般的には正規雇用と呼ばれ、期間の定めのない雇用である。ただし、「期間の定めのない」といっても就業規則等で定める「定年」までの雇用である。

　この雇用形態でフルタイムで働く社員を「正社員」と呼ぶことが多い。また、パートタイマーでも無期雇用の形態をとるケースが存在する（パートタイム正社員）。

■2 有期雇用

　期間の定めのある雇用形態をいい、原則的には1年以内の期間を定めて雇用契約を結ぶ。非正規雇用（この呼称には派遣契約も含まれる）といわれ、契約社員、パートタイマー、アルバイトなどがこれに当たる。

　上記それぞれの雇用形態の違いを［図表19］で確認していただきたい。

❸ 正社員とは何か（正社員採用時の留意点）

　正社員とは、無期雇用の社員である。企業が無期雇用社員を採用する際に覚悟しなければならないのは、よほどのことがない限り、「解雇」できないということだ。

　30歳で中途採用した場合、60歳定年の企業であれば30年、定年後再雇用制

図表 19 ● 無期雇用と有期雇用の違い

		雇用関係がある		雇用関係がない
		期間の定めがない〈広義の正社員〉	期間の定めがある〈広義の契約社員〉	
就業時間・日数	フルタイム	正社員（狭義）	契約社員（狭義）	派遣社員
	フルタイムより短い・少ない	パートタイム正社員	パートタイマー、アルバイト	

度も想定すると30年以上雇用し続けなければならないということである。

30年以上雇用し続けるということは、その間の「変化」を織り込んでおかなければならない。業態変更、事業所変更などが多く想定されるため、「職種」や「役職」「勤務地」を限定しないで採用するべきである。

「地域限定社員（勤務地限定社員）」を導入する企業もあるが、この場合も、事業所の統廃合、撤退などがあった際、その社員の雇用をどう保障するのか想定しておかなければならない。職種についても同様で、採用時の職種で30年間働き続けられるケースは、そう多くはないと想定したほうがよい。

したがって、勤務地や職種は「変わる」ことを前提に、応募者にもそのことをしっかり伝えた上で採用しなければならない。業種や規模にもよるが、「転勤」「異動」は当然あるとしておいたほうがよい。

「この仕事しかしたくない」「この事業所でしか働けない」という場合は、有期雇用が適している。無期雇用にするにしても、職種や事業所の統廃合の際はどうするのかをあらかじめ想定しておくべきである。

また、特定の業務領域で専門性を発揮することを前提に採用する「専門職制度」や「ジョブ型人事制度」を導入する際も、その専門性が長い将来にわたって有為なものなのかについて十分注意が必要である。

4 有期雇用の種類と定義

有期雇用の形態には、契約社員、パートタイマー、アルバイトなどがある。それぞれの定義は下記のとおりである。

1 契約社員

契約社員、準社員などの呼称があるが、「期間の定めをもって、始業時刻から終業時刻まで週5日フルタイムで働く社員」のことを指すのが一般的である。月給制である場合が多い。

企業が契約社員を活用するのは、次のようなケースがある。
①地域・職種が限定されている場合
②人事制度を適用できない特段の事情がある場合（ハイスペックな人材など）
③定年後再雇用の場合（これを「嘱託社員」と呼ぶ場合がある。なお、嘱託社員はフルタイム勤務とは限らない）

2 パートタイマー

期間の定めがある雇用で、正社員よりも所定労働日数や所定労働時間が少ないケースが一般的である。なお、パートタイマーとアルバイトの定義の違いははっきりしていない。企業ごとに定義を確認しておいたほうがよい。

3 アルバイト

学生など「日給制または時給制で働く社員」のことを指すのが一般的である。フルタイムで働く場合もあるが、勤務時間が不定期であるため、日給制・時給制のほうがなじむといえる。

5 職群（総合職、一般職、技能職など）

主に正社員の「職群」として総合職、一般職などがある［図表20］。それぞれの定義は会社ごとに異なる。職群別に等級制度や給与制度を設定することが多い。

図表20 ● 職種・職掌・職群とは

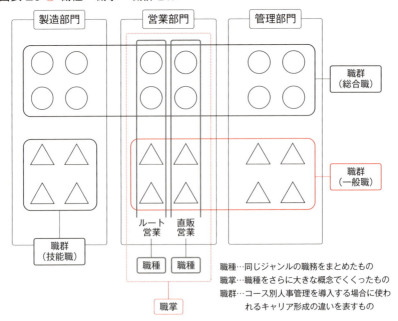

職種…同じジャンルの職務をまとめたもの
職掌…職種をさらに大きな概念でくくったもの
職群…コース別人事管理を導入する場合に使われるキャリア形成の違いを表すもの

◼1 総合職

会社全体の価値増大のために長期的視野で育成する社員で、異動（転勤・職種変更）および管理職への登用を想定する幹部とその候補をいう。同じ総合職といっても会社によって全国的規模の転勤のあるコースや、転居を伴う転勤がない、または一定地域内のみの転勤があるコースなど形態はさまざまである。

◼2 一般職／専任職

主に定型的、補助的な業務に従事し、限定された分野の職務で、転居を伴う異動がない社員を一般職や専任職と呼ぶ。これらは総合職と区分するために使われる用語であって、事務職や補助職という名称と同義である。

◼3 専門職

特定の分野での専門的な知識や経験・熟練を有し、会社に貢献する社員をいう。職種の変更は想定しない。会社によってはこちらのほうを「専任職」と呼ぶケースもある。時代の変化とともに、身に付けた知識・技術が陳腐化することに注意する必要がある。

◼4 事務職

上記の一般職／専任職と同義だが、1980年代後半のバブル期には「事務系総合職」という言葉ができたこともあった。これは技術系とは別に、定型業務のみならず、付加価値の創造を求められる社員のことをいい、定型的な業務に従事する事務職との違いを表していた。

◼5 技術職

技術系の社員。技術系の枠の中において総合職に近い位置づけで、付加価値創造を求められる（事務系総合職は、この技術系の並列として作られた言葉と考えられる）。

◼6 技能職

工場の技能者など主に定型業務に就く社員。ブルーカラーと呼ぶこともある。

※このほか、上記と区別して、営業職、販売職などを職群として別に設け、人事制度を別途策定する場合もある。

> **Column**
>
> **職群の定義は慎重かつ明確に**
>
> 　一般職を管理職に登用しないとしたら、その理由を明確にしておくべきであるし、一般職が総合職と同じ質・量の仕事をしているにもかかわらず、処遇に差があるとすれば、「同一労働同一賃金」の原則と矛盾する。コース別人事制度を導入する場合には、なぜ区分する必要があるのかという点や、異動などの条件をしっかり明示しておかないと、トラブルになる可能性がある。

2 採用実務

1 募集の手段

　新卒採用と中途採用のケースに分けて、その募集から採用・内定までの動きを確認する。

　新卒採用は、建前上は［図表21］のような流れになる。しかし昨今はインターンシップなどにより、学生を早期に囲い込むケースも見られる。

　新卒採用では、求人サイトの活用（募集を広く告知し、応募を待つ形態）、ダイレクトリクルーティング（企業側から学生へ直接アプローチする形態）、新卒人材紹介会社の活用など方法は多彩になってきているため、情報収集の上、自社がどのような人を何人採るのかによって、採用方法を工夫されたい。

　一方、中途採用の募集にも次のようにいくつかの方法があるので、目的とコストを考えて選択する。

①求人サイト・媒体（正社員求人サイト、アルバイト・パート求人サイトなど）

②人材紹介会社

③ヘッドハンター・エグゼクティブサーチ会社

④ハローワーク（公共職業安定所）

⑤派遣会社からの紹介予定派遣

図表 21 ● 新卒採用の流れ（2025 年度の場合）

新卒採用の募集から、入社までのフロー

大学 3 年 6 月〜	自社サイトでの情報提供 インターンシップ募集
	夏〜秋冬インターンシップ実施
大学 3 年 3 月	採用広報活動解禁　エントリー受付 会社説明会等の実施
大学 4 年 6 月	選考活動解禁 書類選考 1 次選考（適性検査、筆記試験、面接などの実施） 2 次・3 次選考 最終選考・内々定
大学 4 年 10 月	内定
入社年 4 月 1 日	入社

　おおむね 30 歳ないしは 35 歳以下の中途採用の場合、求人サイトを使うのが一般的である。一方、35 歳以上またはスペックの高い層のキャリア採用では人材紹介会社を使うケースが多い。

　エグゼクティブ層の採用は、ヘッドハンターやエグゼクティブサーチ会社を活用する場合があるが、極めて高コストで、かつイニシャルコスト（初期費用）を要求される場合もある。

　ハローワークは公共機関で、求人にかかるコストが無料であるため、自分から出向いて手続きをするなど多少不便な面はあるが、活用するほうがよい。

　紹介予定派遣とは、派遣会社が、派遣先に対して派遣社員の紹介を行い、一定の派遣期間を経て、派遣先は直接雇用するか、一方の派遣社員は仕事が自分に合っているかを見定める“お見合い期間”のある職業紹介をいう。事務系職

種の中途採用では、能力やスキルのミスマッチが事前に把握できるという意味で、リスクヘッジの面からも有効といえる。

雇用形態別に見た採用方法の違いは［**図表22**］のようになる。

② 応募受付

採用に当たっては、採用広報活動や会社説明会を行い、応募希望の人に履歴書・職務経歴書等の書類送付を依頼する。書類が届いた時点で応募となる。これらの提出書類は個人情報に該当するので厳正に管理しなければならない。しかし、実際には紛失するケースも少なくない。人事が気を付けていても、面接担当者（例えば、人事部以外の他部門の面接官）に渡した後、そのまま戻ってこないケースがある。原本紛失は最もしてはならないことである。原本は人事部が管理し、面接担当者にはコピーを渡すといった運用が望ましい。ただし、

図表 22 ● 雇用形態によって採用の時期・方法等は異なる

		無期雇用			有期雇用		
		新卒採用	中途採用		スペシャリスト	契約社員	パートタイマーアルバイト
			経験者	未経験者			
採用時期	定期採用	○	△	△			
	随時採用・不定期採用		○	○	○	○	○
	通年採用	○	○	○	○	○	○
採用方法	全社一括採用	○		○			
	事業所別・部門別採用		○	○	○	○	○
	職種別採用	△	○	△	○	○	○
	インターンシップ	○					
募集方法・媒体	求人サイト	○	○	○	○	○	○
	求人媒体	○	△	○	△	○	○
	ダイレクトリクルーティング	○	○		○		
	自社サイト	○	○	○		○	○
	ハローワーク		△	○		○	○
	民間の有料職業紹介機関	△	○		○		
	新聞等の求人広告		○		△		
	折り込み広告					○	○
	大学・専門学校・高校など	○					
	合同会社説明会	○		△			
	駅広告等（地域特化なら有効）		△	○		○	○
	紹介予定派遣		○	○			
	ソーシャルリクルーティング	○	○	○	○		
	知人の紹介（リファラル）	△	○	○	○	○	○

第2章　人事部の仕事（基礎編）　4　採用計画と実務

このコピーも個人情報であり、受け渡しの記録を取るなど慎重に行わなければ
ならない。

③　選考管理

　前掲［図表21］で、募集から入社までの流れを見てみよう。まず、書類選
考があり、それに通った応募者は1次選考へ進む。ここでは面接のほかに適性
検査や筆記試験を行うこともある。会社によって面接回数は異なるが、2次選
考、3次選考、最終選考と進み、採用したい人物には内定が出される。そして
入社となる。これらの過程を適正に管理することを「選考管理」という。

　書類選考で落とした応募者には、速やかに不採用の連絡をしなければいけな
い。逆に、次の面接へ進んでもらうことが決まったら、面接のセッティングを
する。これが意外と煩雑で、応募者と面接官と面接場所（会議室など）という
三者の調整が必要となる。応募者と面接官の予定が合わないことも多い。予定
が合っても、今度は会議室が埋まっていることもある。

　面接が決まったら「選考管理表」を用意して記録していく。この選考管理表
は［図表23］のように簡単で構わない。面接の決まっていない箇所を色で塗っ
ておくなど、一目で分かるように工夫をしておく。

　この選考管理表を日々確認し、面接をセッティングできていないケースや、

図表23 ● 選考管理表の例

職種	氏名	1次面接	面接者	合否	2次面接	面接者	合否	3次面接	面接者	合否	不採用通知
営業	A	3/24 16：00	山田	○	4/4 18：00	山上 田中					
人事	B	3/24 17：00	山中	×							3/25 済
総務	C	3/24 18：00	山田	○	4/6 19：00	山上					
営業	D	3/26 15：00	山上	×		山上 田中					未
技術	E	3/27 19：00	山下	○	4/7 19：00	山上 中田					
営業	F	3/28 10：00	山中	○	未設定	山上 田中					
技術	G	3/29 20：00	山中	×		山上 中田					未

73

応募者への連絡が遅れているケースには、早急に対応をしていかなければならない。

　面接をセッティングできない理由として、まず応募者からの返事が遅れている場合がある。また、面接担当者からの連絡が遅れている場合もある。次に進んでもらうか否かの判断がつかず、保留にしている場合もあり得る。「他の応募者を見てから決めたい」「採用したいが、どうしても処遇の面で条件が合わない」などの事情があるためである。保留するにしても、いつまでに結論を出すかをあらかじめ決めておく必要がある。人事部は、その日時が来たら、決断してもらうように社内の関係者に働き掛けなければならない。

❹ 不採用者への対応

　不採用者への対応は、誠意を持って臨むことが重要である。不誠実な対応はトラブルを招く危険があるので、気を付けて対応したい。

　不採用者には、一般的に書面やメールにて不採用通知を送る。応募への感謝の気持ちを込めて、お礼を忘れずに述べること。相手の立場に立って、丁寧で礼儀正しい文面を心掛けていただきたい。

　その上で、結果については「慎重に選考を重ねました結果、誠に残念ながら今回についてはご期待に添えない結果となりました」と記載するのが、無難だろう。また、最も丁寧なのは、提出された応募書類を同封して送ることである。会社によっては応募書類を返却しないこともある。あらかじめ、自社のルールを確認しておこう。

　ところで、不採用者本人から不採用の理由を尋ねられたら、どうすべきだろうか。確かに、不採用には明確な理由が必要である。だが、本人に不採用理由を答える必要は、基本的にはない。

　どうしても答える必要があると判断した場合は、まず人事部の責任者に確認を取ること。そして、メールや電話は避け、対面で回答すべきだろう。状況によるが、責任者が同席するなど、会社側は複数人で対応したほうがよい。

❺ 選考方法（適性検査、筆記試験、面接など）
❶適性検査

　適性検査は、その人のパーソナリティと知的能力を確認するツールである。

人事部は、適性検査の結果の分析について、ある程度の知見と読解力を持つ必要がある。

適性検査の中で、現在、最も多く活用されているのがSPIである。SPIは職務特性に合わせた個人の適応性を測定できるという点で優れた採用選考ツールだが、対策本が出ているなど、応募者側が一定の予備知識を持って臨んでいる場合があることを考慮すべきである。そのほかにもさまざまな適性検査ツールがあるので、研究を進めるのもよいと思う。そこで大切なことは、以下のように適性検査の使用目的と用途を明確にしておくことである。また、回答方式の違いによる特徴や限界を知っておくことも重要である。

〈使用目的〉

- メンタルヘルスの状況などの予見をしたい場合
- 自社とのマッチングを予見したい場合
- 知的ポテンシャルを予見したい場合
- 対人関係能力を予見したい場合
- モチベーションを予見したい場合

〈用途〉

- 採用に使いたい場合
- 育成に使いたい場合

Column

回答方式の違い

適性検査の回答方式には、大別すると「ノーマティブ方式」と「イプサティブ方式」がある。それぞれにメリット・デメリットがあることを認識しておくことが必要である。

- ノーマティブ方式：一問一答方式。レベルの測定ができるが、意図的な回答をしやすい
- イプサティブ方式：複数の項目による強制選択方式。意図的な回答はしにくく、特徴を相対的に把握できるが、レベルの測定が難しい

②筆記試験

　採用に際して面接を実施しない会社はまずないが、筆記試験を行わない会社は多い。行う場合、新卒採用であれば一般常識を、中途採用であれば募集した業務に関する知識をテーマにした内容の試験が一般的である。作文・小論文を実施するケースもある。いずれにせよ、選考の目的によって試験の形態を使い分ける必要がある。

③面接

　採用における面接の目的は、「会社とのマッチング判定」「ファンづくり」「資源性の評価」「リスク確認」である。選考プロセス（面接のステップ）では、これらの使い分けが重要である。ここでは、「ファンづくり」と「資源性の評価」を解説する。

①ファンづくり

　「ファンづくり」とは、人事担当者自身のファンづくりにほかならない。営業行為と考えてもらうとよいだろう。個人的な人間関係が良好に構築できれば、入社に向けて応募者を強固に意識づけることが可能となる。

　なお、ファンづくりと企業PRは同じではない。企業PRは、あくまでも面接の前段のステップに存在するものである。人事担当者は、自社の事業内容や将来性、社内の雰囲気や課題、求める人材像とその理由等を説明しなければならない。その上で、企業PRに興味を示さない応募者は、その会社に対して応募意欲が形成されていないといえる。企業PR後に、改めて応募意欲があるかを確認し、「ちょっとイメージと違ったようです」という場合は、その時点で選考を終了することになる。興味・関心がある人のみに対して面接を実施していくべきである。

②資源性の評価

　応募者に入社意欲が形成されていれば、面接は「資源性の評価」にウエートを置いたものとなる。資源性というと難しく聞こえるが、要はその人材が自社にとって採用するに値するのか、採用後に重要な戦力として活躍できるのか、成長する可能性があるのかなど、人的資源としての価値評価を行うことをいう。資源性とは主に、エネルギー（頑張ることができるか）、知能（その仕事をするための基礎的能力、知識レベル、応用力等）、行動傾向（周囲と協力できるか、計画的に仕事ができるか等）を判定する。

4 面接評定シート

面接評定シートには、1次選考・2次選考・3次選考の情報を1枚にまとめる形式と、それぞれ1枚ずつ使う形式の2種類がある。

[図表24] は新卒採用者用で、[図表25] は中途採用者用の面接評定シートの例である。いずれにしても、面接評定シートに盛り込む情報は次のものである。

- 応募者氏名・面接日時・面接官氏名などの基礎情報
- 第一印象（第一印象と、面接による判定を分けて行うために設けたほうがよい）
- 履歴書確認欄（学生時代・最初の就職・転職歴やその理由）
- 志望理由・応募動機の確認
- 応募者の将来のキャリアプラン・目標
- 採用の可否を判定するための職種に関する知識・経験・能力に関する情報
- 身上に関する情報（家族・住所・通勤時間・転勤可否等の情報）
- 応募者からの質問に関する情報（どのような質問を行ったか）
- 面接官評価（面接終了後に記入する）
- 自社とのマッチング
- 採用可否判断
- その他選考上の情報
- 希望年収
- 希望勤務形態、希望勤務時間等の情報
- 入社可能性（内定を出した際に入社するかどうかの可能性）
- 家族の同意
- 連絡方法（携帯電話での連絡が可能か、可能な時間帯等）
- その他特記事項

6 内定通知

内定が決まったら、応募者に内定通知書を発行する [図表26、27]。

文面としては、「厳正なる選考の結果、貴殿を採用させていただくことを内定しましたのでご連絡致します」などが一般的だろう。

図表 24 ● 面接評定シート（新卒採用者用）

面接評定シート			面接官氏名	

フリガナ		
氏名		≪1次面接日時≫

		≪学科名≫	

評価項目	着眼ポイント	面接での質問内容	評価 高←4 3 2 1→低
第一印象	・あくまで主観として、よい印象を得られるか？		4 3 2 1 □ □ □ □
1. 自己紹介	・ポイントを絞って明確に話せたか ・理解できたか		□ □ □ □
2. 学生時代に力を入れたこと	・何かをやり遂げたか ・成長の跡があるか	・学生時代に力を入れていることはどのようなことですか？ ・なぜそれをしたのですか？ ・何を得ましたか？	□ □ □ □
3. 理念への共感	・当社の理念に真に共感しているか。自分の言葉でそれを語れるか ・行動指針に関して行動に落とし込めるか	・当社の理念に共感できますか？ ・どういう点が、ですか？ ・ご自身として、どのようにその理念を実現させていきますか？	□ □ □ □
4. 基本的姿勢	納得感のある答えができていればよい	・約束を破ったことはありますか？ ・うそをついたことはありますか？ ・人の役に立ったと実感した経験はありますか？	□ □ □ □
5. 就職活動の考え方	・どのような観点で就職活動を行っているか ・やりたいことが明確か？ 就職活動の仕方に筋が通っているか？	・どのような観点で就職活動を行っていますか？ ・志望する業種・職種の理由はどのようなものですか？ ・就職活動を通じてどのように感じていますか？	□ □ □ □
	志望業種・志望職種等 （筋が通っているか？）		□ □ □ □
	就職活動を通じて感じていること （勉強しているか？ 成長しているか？）		□ □ □ □
6. 質疑	・有効な質問をしてくるか？ それによって関心の高さをうかがえるか？	・質問はありますか？	□ □ □ □
7. 所見			

総合評価	SS （3次へ通過）	S （2次へ通過）	A （良さが見えないが、捨てがたい）	B （良さが見えず、アピールもない）
	最終総合評価確認			

図表 25 ● 面接評定シート（中途採用者用）

面接評定シート					
フリガナ			管理No.		
氏名			面接官氏名		
生年月日			実施年月日		
連絡先TEL			メールアドレス		
想定業務			想定業務		
応募受付日					
応募ルート	媒体（　　　）・紹介会社（　　　）・社員紹介（　　　）・その他（　　　）				
	基準　5：非常に良い　4：良い　3：普通　2：悪い　1：非常に悪い				
第一印象	5・4・3・2・1				
身だしなみ・挨拶	5・4・3・2・1				
当社・業界知識	5・4・3・2・1				
コミュニケーションスキル	5・4・3・2・1				
論理的思考力	5・4・3・2・1				
自律性	5・4・3・2・1				
ストレス耐性	5・4・3・2・1				
マネジメント能力	5・4・3・2・1				
当社への意欲	5・4・3・2・1				
社風との調和	5・4・3・2・1				
PCスキル	Word：　　Excel：　　Powerpoint： その他オフィスツール：				
資質性確認 履歴上のポイント	学生時代に力を入れたこと				
	卒業時の進路についての考え方				
	最初の就職活動における考え方				
	職歴上のポイント				
	その他のポイント				
	将来設計				
転職・退職事由 （1次面接時確認）	転職動機				
	転職結果を振り返ってどうか				
	次の転職に何を望むか				
	今までのキャリアを総括してどうか				
志望動機					
営業力	5・4・3・2・1				
親和性	5・4・3・2・1				
モチベーション リソース	5・4・3・2・1				
身上に関する 事項					
現収入（年）	【　　　　円／月　　　　　円／年（内　年間賞与　　　　円）】				
希望収入（年）	□UPが前提　□維持　□ダウン覚悟【　希望額　　　　円／年】【　最低額　　　　円／年】				
入社可能年月日 家族の同意			他社応募状況		
総合所見					
選考結果	ぜひ採用したい	採用レベル	保留・検討		不採用

図表 26 ● 内定通知書の例①

内 定 通 知 書

様

拝啓
時下ますますご清祥の段、お慶び申し上げます。
さて、先日は弊社にご応募いただき、誠にありがとうございました。慎重にご検討させていただきました結果、
貴殿を採用させていただくことに内定致しましたので、ここにご通知申し上げます。
つきましては同封の内定承諾書に記名捺印の上、当社までご返送くださいますようお願い申し上げます。
○○様のご入社を心よりお待ち申し上げております。

敬具

契 約 事 項	
就業形態	■ 正社員
入社日	
勤務地区	
採用部署	会社名　　　　　　　　　　所属 　　　　　　　　　　　　部署名
所属部署 （出向先）	会社名　　　　　　　　　　所属 　　　　　　　　　　　　部署名
等級／号俸	／　　　　　号俸
役職	
試用期間	
異動・転勤条件	
※契約社員　契約期間	年　　　　月　　　　日 ～　　　　年　　　　月　　　　日
時間外労働	□ 有　　□ 無
休日出勤	□ 有　　□ 無
就業時間	〈一般勤務者〉 始業（9時30分）、終業（18時00分）、休憩時間（12時00分～13時00分） 〈店舗勤務者〉 店舗毎に定める月間の勤務シフト表のとおりとする
休日	〈一般勤務者〉 完全週休2日制、国民の祝日、その他全社の指定する日 〈店舗勤務者〉 店舗毎に定める月間の勤務シフト表のとおりとする

報 酬		
給与項目	規定設定	条件設定
1. 月額給	円	基本給年収（年間）
2. 職種手当		
3.		想定賞与
4.		
合 計	円	

　　　上記手当項目に加え、給与算定に基づき通勤手当と該当者に時間外手当を支給。
　　　ここに記す条件については、提出済みの履歴書・経歴書に基づくもので、その内容に詐称がある場合、
　　　採用及び、条件の見直しを行うものとします。
　　　本通知書に記載のない事項は、当社就業規則に従います。

■■株式会社 代表取締役　　　　　　　　印

　　※①履歴書などの提出書類の記載事項に事実と相違した点があったとき、②入社日までに学校を卒業できなかったとき、
　　　③入社日までに健康状態が悪化して勤務に堪えられないと認められたとき――などは、採用および条件の見直しや、内
　　　定を取り消すことがあります。

第2章　人事部の仕事（基礎編）　4　採用計画と実務

図表 27 ● 内定通知書の例②

内 定 通 知 書

年　　月　　日

＿＿＿＿＿＿＿＿＿＿＿＿様

拝啓

　時下ますますご清祥の段、お慶び申し上げます。

　さて、先日は弊社にご応募いただき、誠にありがとうございました。慎重に
ご検討させていただきました結果、貴殿を採用させていただくことに内定致し
ましたので、ここにご通知申し上げます。

　つきましては同封の内定承諾書に記名捺印の上、弊社までご返送くださいま
すようお願い申し上げます。

敬具

会 社 名

事業主名　　　　　　　　　　　　印

81

入社に当たって必要な提出書類（入社承諾書、誓約書、身元保証書など）と、いつまでに提出すべきかを伝える。

そもそも労働契約は、口頭による合意でも効力が発生し、書面化は法律上の要件ではない（なお、使用者が労働者を雇い入れる際には、賃金や労働時間などの重要な労働条件に関しては書面の交付が必要）。今日では内定をもって労働契約が成立したとみる考え方が通説となっているため、人事部は、「内定」という言葉を発する際には極めて注意する必要がある。

まだ「内定」といえる段階にないときは、「条件が合えば、ぜひ来ていただきたいと思っている」という表現にとどめておくことが賢明である。

内定通知書を発行した後の取り消しは、大きなトラブルを招く。中途採用の際に応募者が他社の選考も進めている場合には、「通知書が届きましたら内定ですので、他社へのお断りはその後にしてください」とアドバイスしておくのが親切である。

実務上の注意点として、内定通知書には入社日を記入しておいたほうがよい。入社日が不確定の場合でも、確定した段階で再発行すればよいので、話し合いの上、妥当な入社日を記載しておくことで、指定された入社日に限定された内定通知とすることができる。あるいは内定の有効期限を定めておくのでもよい。前職からの慰留などによって、内定した後にいつまでも入社日が決まらないケースはよくあるので注意が必要である。

⑦ 内定から入社までの実務

内定者には、入社までの間、定期的に連絡を取ることを心掛けたい。全く連絡がないと内定者が不安になる。会社で社内報などを作っていれば、そうした資料を送るのもよい。

入社に際しては、健康診断書、基礎年金番号通知書（年金手帳）、退職証明書、雇用保険被保険者証、社員カード、入社誓約書など手続き書類が数多くある。これらを忘れずに準備してもらうため、事前に「入社の手引き」などの資料を送るとよいだろう。

そのほかにも、入社までの問い合わせ窓口を明らかにしておくとよい。来社してもらう場合は、いつ、誰宛てに訪問するのかを明確に伝えることが大切である。

③　採用実務の留意点

❶　採用選考において留意すべき事項（差別的言動等）

　採用面接や応募時のやりとりにおいて、応募者に対して、何を尋ねてもよいということにはならない。選考に関係のないことや、本人に責任のないこと、差別につながるようなことは、話題に出さないよう十分配慮する必要がある。

　厚生労働省が示している採用選考に当たって避けることが望まれる質問項目は、次のとおりである。

①本人に責任のない事項（本籍、出生地、家族の職業・続柄・健康・病歴・地位・学歴・収入・資産、住宅状況、生い立ちなど）

②本来自由であるべき事項（宗教、支持政党、思想、信条、人生観、購読新聞、尊敬する人物、労働組合の加入状況や活動歴など）

③その他（身元調査、合理的・客観的に必要性が認められない採用選考時の健康診断の実施など）

　また、男女雇用機会均等法（5条）に基づき、採用面接に際して女性に質問することを禁止している項目には、①結婚の予定の有無、②子どもが生まれた場合の継続就労の希望の有無などがある。

　さらに、実務上、特に留意すべきポイントとして以下の点が挙げられる。

- 本人の責任に帰せない事実に触れない（国籍、血液型など）
- 仕事と関係のない障害に触れない
- 仕事に関係のない能力、資質、性格などを尋ねない
- 容貌、スタイル、服装等に触れない
- プライバシーに触れない（恋愛等）
- 出身地、出身校の名誉を傷つけるような発言をしない
- 職業の貴賤に触れるような発言をしない
- 特定の企業の名誉を傷つけるような発言をしない
- 性的嫌がらせにつながる言動を取らない
- 圧迫面接をしない
- 性格テストの結果を不採用の理由にしない

　そのほか、自分がもし言われたら傷つくと感じる一切の発言をしないよう留意しよう。

2 面接評定シートの整理

前述のとおり、面接は1次選考、2次選考、3次選考、最終選考と進めていく。この間に、応募書類が紛失してしまう可能性がある。面接評定シートについても同様である。面接担当者が、評価保留のまま、ずっと持ち続けてしまうことも多いからである。応募書類と面接評定シートの原本は、ペアにして一緒に人事部で管理するように心掛けておくとよい。

3 内定通知書

内定通知書を発行する際には、「労働条件通知書」も発行する。つまり、単に内定という事実を通知するだけではなく、労働条件についても明示し、内定者に伝えることが必要である。

内定通知書には入社日あるいは有効期限を明記する。その日に入社できなかった場合は、内定の有効期限が切れるという証明にもなる。

また、昨今、経歴の詐称は少なくない。そのため内定通知書には、「①履歴書などの提出書類の記載事項に事実と相違した点があったとき、②入社日までに学校を卒業できなかったとき、③入社日までに健康状態が悪化して勤務に堪えられないと認められたとき——などは採用および条件の見直しや、内定を取り消すことがある」といった一文を記載しておくとよい。

労働基準法（15条）では、労働契約の締結に際し、労働者に対して賃金、労働時間その他の労働条件を明示しなければならず、一定の事項についてはそれを記載した書面を交付しなければならないとしている。労働契約は内定時に成立すると解されているため、理論的に、会社は内定時に労働条件を明示する必要がある。

労働条件明示の様式は、特に法令で定められていないが、厚生労働省からモデル様式が示されているので、それを利用してもよい［**図表28**］。

図表 28 ● 労働条件通知書のモデル様式

（一般労働者用：常用、有期雇用型）

労働条件通知書

年　　　月　　　日

_____殿

事業場名称・所在地
使用者職氏名

契約期間	期間の定めなし、期間の定めあり（　　年　　月　　日～　　年　　月　　日） ※以下は、「契約期間」について「期間の定めあり」とした場合に記入 　1　契約の更新の有無 　　［自動的に更新する・更新する場合があり得る・契約の更新はしない・その他（　　　）］ 　2　契約の更新は次により判断する。 　　　・契約期間満了時の業務量　　・勤務成績、態度　　　　　・能力 　　　・会社の経営状況　　・従事している業務の進捗状況 　　　・その他（　　　　　　　　　　　　　　　　　　　　　　　　　） 　3　更新上限の有無（無・有（更新　　回まで／通算契約期間　　年まで）） 【労働契約法に定める同一の企業との間での通算契約期間が5年を超える有期労働契約の締結の場合】 　　本契約期間中に会社に対して期間の定めのない労働契約（無期労働契約）の締結の申込みをすることにより、本契約期間の末日の翌日（　年　月　日）から、無期労働契約での雇用に転換することができる。この場合の本契約からの労働条件の変更の有無（　無　・　有（別紙のとおり）） 【有期雇用特別措置法による特例の対象者の場合】 無期転換申込権が発生しない期間：　Ⅰ（高度専門）・Ⅱ（定年後の高齢者） 　Ⅰ　特定有期業務の開始から完了までの期間（　　　年　　か月（上限10年）） 　Ⅱ　定年後引き続いて雇用されている期間
就業の場所	（雇入れ直後）　　　　　　　　　　　　（変更の範囲）
従事すべき 業務の内容	（雇入れ直後）　　　　　　　　　　　　（変更の範囲） 【有期雇用特別措置法による特例の対象者（高度専門）の場合】 　・特定有期業務（　　　　　　　　　開始日：　　　　　完了日：　　　　）
始業、終業の 時刻、休憩時 間、就業時転 換（（1）～（5） のうち該当す るもの一つに ○を付けるこ と。）、所定時 間外労働の有 無に関する事 項	1　始業・終業の時刻等 　（1）始業（　時　分）終業（　時　分） 【以下のような制度が労働者に適用される場合】 　（2）変形労働時間制等；（　）単位の変形労働時間制・交替制として、次の勤務時間の組み合わせによる。 　　　始業（　時　分）終業（　時　分）（適用日　　　） 　　　始業（　時　分）終業（　時　分）（適用日　　　） 　　　始業（　時　分）終業（　時　分）（適用日　　　） 　（3）フレックスタイム制；始業及び終業の時刻は労働者の決定に委ねる。 　　　　　　　　（ただし、フレキシブルタイム（始業）時　分から　時　分、 　　　　　　　　　　　　　　　　　　　　（終業）時　分から　時　分、 　　　　　　　　　　　　コアタイム　　　　時　分から　時　分） 　（4）事業場外みなし労働時間制；始業（　時　分）終業（　時　分） 　（5）裁量労働制；始業（　時　分）終業（　時　分）を基本とし、労働者の決定に委ねる。 　○詳細は、就業規則第　条～第　条、第　条～第　条、第　条～第　条 2　休憩時間（　　　）分 3　所定時間外労働の有無（　有　，　無　）
休　　　日	・定例日；毎週　曜日、国民の祝日、その他（　　　　　　　　　） ・非定例日；週・月当たり　日、その他（　　　　　　　　　　） ・1年単位の変形労働時間制の場合－年間　　　日 ○詳細は、就業規則第　条～第　条、第　条～第　条
休　　　暇	1　年次有給休暇　6か月継続勤務した場合→　　　　日 　　　　　　　　　継続勤務6か月以内の年次有給休暇　（有・無） 　　　　　　　　　→　か月経過で　　　　日 　　　　　　　　　時間単位年休（有・無） 2　代替休暇（有・無） 3　その他の休暇　有給（　　　　　　　　　　） 　　　　　　　　　無給（　　　　　　　　　　） ○詳細は、就業規則第　条～第　条、第　条～第　条

（次頁に続く）

賃　　金	1　基本賃金　イ　月給（　　　　　円）、ロ　日給（　　　　　　　円） 　　　　　　　ハ　時間給（　　　　　円）、 　　　　　　　ニ　出来高給（基本単価　　　　　円、保障給　　　　　円） 　　　　　　　ホ　その他（　　　　　円） 　　　　　　　へ　就業規則に規定されている賃金等級等 2　諸手当の額又は計算方法 　　イ（　　　手当　　　　円　／計算方法：　　　　　　　） 　　ロ（　　　手当　　　　円　／計算方法：　　　　　　　） 　　ハ（　　　手当　　　　円　／計算方法：　　　　　　　） 　　ニ（　　　手当　　　　円　／計算方法：　　　　　　　） 3　所定時間外、休日又は深夜労働に対して支払われる割増賃金率 　　イ　所定時間外、法定超　月60時間以内（　　　）％ 　　　　　　　　　　　　　　月60時間超　（　　　）％ 　　　　　　　　　　　所定超（　　　）％ 　　ロ　休日　法定休日（　　）％、法定外休日（　　　）％ 　　ハ　深夜（　　　）％ 4　賃金締切日（　　　）－毎月　　日、（　　　）－毎月　　日 5　賃金支払日（　　　）－毎月　　日、（　　　）－毎月　　日 6　賃金の支払方法（　　　　　　　　） 7　労使協定に基づく賃金支払時の控除（無　，　有（　　　）） 8　昇給（　有（時期、金額等　　　　　　　　　），　無　） 9　賞与（　有（時期、金額等　　　　　　　　　），　無　） 10　退職金（　有（時期、金額等　　　　　　　　），　無　）
退職に関する事項	1　定年制　（　有（　　歳），　無　） 2　継続雇用制度（　有（　　歳まで），　無　） 3　創業支援等措置（　有（　　歳まで業務委託・社会貢献事業），　無　） 4　自己都合退職の手続（退職する　　　日以上前に届け出ること） 5　解雇の事由及び手続〔　　　　　　　　　　　　　　　　　　　　〕 ○詳細は、就業規則第　　条～第　　条、第　　条～第　　条
そ　の　他	・社会保険の加入状況（　厚生年金　健康保険　その他（　　）） ・雇用保険の適用（　有　，　無　） ・中小企業退職金共済制度 　（加入している　，　加入していない）（※中小企業の場合） ・企業年金制度（　有（制度名　　　　　　　），　無　） ・雇用管理の改善等に関する事項に係る相談窓口 　　部署名　　　　　　　　担当者職氏名　　　　　　　（連絡先　　　　　　　　） ・その他（　　　　　　　　） ※以下は、「契約期間」について「期間の定めあり」とした場合についての説明です。 　　労働契約法第18条の規定により、有期労働契約（平成25年4月1日以降に開始するもの）の契約期間が通算5年を超える場合には、労働契約の期間の末日までに労働者から申込みをすることにより、当該労働契約の期間の末日の翌日から期間の定めのない労働契約に転換されます。ただし、有期雇用特別措置法による特例の対象となる場合は、無期転換申込権の発生については、特例的に本通知書の「契約期間」の「有期雇用特別措置法による特例の対象者の場合」欄に明示したとおりとなります。

以上のほかは、当社就業規則による。就業規則を確認できる場所や方法（　　　　　　　　　　　　　　　）

※　本通知書の交付は、労働基準法第15条に基づく労働条件の明示及び短時間労働者及び有期雇用労働者の雇用管理の改善等に関する法律（パートタイム・有期雇用労働法）第6条に基づく文書の交付を兼ねるものであること。

※　労働条件通知書については、労使間の紛争の未然防止のため、保存しておくことをお勧めします。

5 人事制度

1 人事制度の全体像

1 人事制度とは何か

　人事制度とは、広義では、社内における「人事的な決まり事や施策の総称」である。自己申告制度や社内公募制度、福利厚生制度なども人事制度の一部である。

　狭義では「会社が社員に求めていることを明示し、併せてキャリアステップを示し、それらに基づき評価し、育成につなげ、給与を決定するための根拠となる決まり事」の施策群を指す。一般的に人事制度を策定ないしは改定する場合、この狭義を指すことが多い。この狭義の制度を「人事評価制度」「人事処遇制度」などと称することもある。ここでは狭義の人事制度について解説する。

2 人事制度の構造

　人事制度は、主として［図表29］の要素で構成される。これらが、相互にリンクすることで人事制度が成立する。

図表29 ● 人事制度の主な構成要素

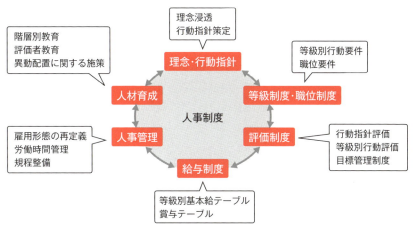

また、人事制度は、次のことを実現するためのものともいえる [**図表 30**]。

①会社が社員に求めるものを明らかにする（要件設定）

②「求めるもの」と「社員個々人の発揮度合い・達成度合い」の乖離（ギャップ）を判定する（評価）

③評価により処遇（等級や職位など）を決定し、処遇に基づき給与を決定し、支給する（報酬・給与）

④ギャップを埋めるための施策を展開する（教育・育成）

3 自社の社員らしい行動—理念・行動指針

　人事制度は、その要素の一つとして、その会社の"社員らしさ"を重視するケースが多い。また重視すべきであろう。経営者は、「この人事制度はうち（わが社）らしいのか？」とよく確認してくる。どんなに合理的で公正な制度でも、全く「わが社らしくない」ものであっては、経営者としては満足しない

図表 30 ● 人事制度の構造

会社が社員に求めるもの	経営理念（ミッション・ビジョン・バリュー）				
	自社の社員らしい行動	階層別に求められる行動	職位者に求められる行動	職種別に求められる知識・スキル	目標達成
人事施策	理念浸透活動	等級制度	職位制度（職務権限規程）	組織・配置・キャリアパス	中期経営目標設定・年度計画立案 組織目標・個人目標設定
社員に明示する指針・要件	行動指針	等級別行動要件	職位（役職）要件	職種別スキル要件	目標管理制度 PDCAサイクル
評価とフィードバック	行動指針評価	等級別行動評価	職位（役職）要件評価	職種別スキル評価	目標達成度評価（成果評価）
報酬	昇格・降格 任命・昇進・降職	昇格・降格 昇給・降給	任命・昇進・降職	（昇格・降格）（昇給・降給）	賞与 表彰
教育施策	理念浸透教育（ビジョン共有）行動指針の実践	等級別行動要件教育	管理職教育	職種別教育 自己啓発	目標管理（MBO）教育
育成手法例	理念浸透研修 行動指針研修	階層別研修 適性検査とフィードバック 課題設定	管理職研修 360°サーベイ	営業研修 ビジネススキル基礎研修 eラーニング 公開講座への派遣	目標管理研修 目標設定会議 評価会議（成果と目標の乖離検証）

し、また長続きしない。パフォーマンス（成果）を上げていても、「わが社らしくない」社員を評価したくないというケースも多い。逆もまた然りである。

この自社独自の理念・行動指針の要素を織り込み、人事制度の仕組みを整備すれば、制度への信頼性を高められる。また、社内に理念・行動指針の浸透を図る意味で、理念の理解や行動指針の実践度合いなどを評価項目として評価制度に盛り込むことも、同時に行う必要がある。

④ 階層別・職位者に求められるもの──等級制度・職位制度

多くの企業の人事制度には格付けが存在する。この格付けには「人事上の格付け」と「組織上の格付け」がある。

人事上の格付けは、等級制度、グレード制度、資格制度などと呼ばれる。組織上の格付けは、職位制度、役職制度などと呼ばれる。この「人事上の格付け」である等級制度が処遇を決める根幹であり、「組織上の格付け」である職位制度が業務遂行における根幹となる ［図表31］。

1 等級制度

人事上の格付けである等級制度の種類には、職能等級、役割等級、職務等級などがある。それぞれ格付けの基準が、職能等級では「能力」、役割等級では「役割」、職務等級では「職務」というように異なり、会社の考え方によって採用する制度も異なる。［図表32］。

等級制度は、全社員を一定の等級数で序列化し、その等級ごとに求められる要件を示すもので、これに基づいて評価を行う。一般的には、新たな等級に求められる要件を発揮できると予見される（あるいは「発揮できたと確認される」）と「昇格」となる（入学方式）。逆に、現在在籍している等級の要件を満たさないと判定されると「降格」となる。降格は現在の日本企業で実施されるケースは多くないが、この要件も整備しておくべきである。

昇格というラダー（梯子）の存在は、社員のキャリアステップを示し、育成のベースとなる。さらに等級と給与は連動しており、等級が上がるにつれて給与が上がっていく仕組みになっている。いわば、等級制度は社員にとっての職業生活の拠り所になるといえる。

等級制度の整備とその運用が、退職率の低下をもたらす（あるいは、運用の失敗が退職率の上昇をもたらす）。等級制度の運用実態が、人事制度の公正さ

図表 31 ● 等級と職位

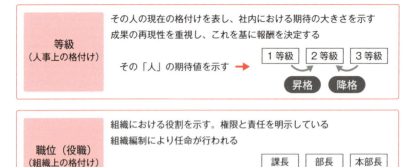

等級と職位の概念が入り混じると、両者の本来の意味合いが薄れる。
両者の定義が曖昧になると、「人」を処遇するために「組織」をつくったり、
組織がないのに職位に任命したりすることになる。また、マネジメントラインが曖昧になり、
組織がゆがむことがある

図表 32 ● 等級制度の主な種類

職能等級	・多数ある職能（職務遂行能力）を主に難易度の視点から分類 ・全社で5～12程度に分類し、序列化・等級化し、その等級を活用して処遇を決定することを柱とする仕組み ・能力主義
役割等級	・「期待される行動様式」を5～12程度に分類して等級化。それを処遇に反映することを柱とする仕組み ・役割等級制度で「役割」という用語が使われる場合は、当該等級に要求される役割の発揮レベルのこと ・各等級にそれぞれ要求される「役割」「職務行動」を定義する ・コンピテンシー（成果に結びつけるために欠かせない行動）モデルを活用するケースが多い ・行動主義
職務等級	・序列化された一つひとつの職務を、いくつかのグループに分類 ・例えば職務の重さ、大きさを基に5～12程度に分類し、序列化・等級化し、その等級を活用して処遇を決定することを柱とする仕組み ・職務主義（人よりも仕事を格付けする考え方。ジョブ型ともいう）

第2章　人事部の仕事（基礎編）　5　人事制度

を最も示すからだ。

2 職位制度

組織上の格付けである職位制度は、誰が組織の長・責任者であるかを示し、権限と責任の所在を明示する。また、人事評価の評価者を示す。等級制度は、組織変更の都度、等級が上下することはないが、職位制度は組織の形によって頻繁に任免が行われる。

職位制度を給与決定の基準とするかどうかは企業の判断である。ただし、この場合、本人の評価に関係なく、組織の都合で給与が上下することにもなる。上がる場合は問題ないが、下がる場合には急激な給与の変動を防ぐために、「担当部長」「部長代理」などの役職を付けて処遇したりする。すると、本来「組織の長」を示すはずの職位制度が複雑になり、結果的に権限と責任の所在が曖昧になって、運用が難しくなっていく。

そのため、職位制度と給与との関係は、職位手当（役職手当）として対応する場合と、そういった手当などの給与面で全く考慮しない場合などがある。一方、職位を処遇決定の基準とする職位主義であるならば、職位＝等級となり、給与に反映させることになる。

いずれにしても、職位に求めるものを明らかにすることは、人事制度の枠の内・外にかかわらず、組織の運営上重要である。

5 評価制度

何をもって社員を評価するかは、理念・行動指針および等級制度、職位制度において、会社が求めるものが示されていることが前提である。これに加えて、目標達成のためには明確な目標が設定されていることが必要で、各期、社員ごとに目標は異なる ［図表33］。

また、評価項目は、一般的に行動・能力などの「プロセス」と、業績・目標達成度などの「成果」に分けられる。プロセス評価と成果評価を組み合わせるのが一般的だ。

等級の昇格・降格は、これまでの評価を基にしながらも、将来、より高い成果を期待できるかといった「投資価値」を判定するものでもある。

評価は、等級制度の要件として求められているものや、設定された目標に対する個々人の行動・能力の発揮度合い、上げた成果の「乖離度」を判定するも

図表33 ● 評価の前提―会社が社員に求めるものを明示して評価する

会社が社員に求めるもの	自社らしさ（価値観・理念共有）	階層別に求められる行動・能力	職位者に求められる責任・権限・行動・能力	目標達成
要件整備	行動指針	等級別行動要件	職位（役職）要件	目標設定目標管理制度
評価制度	行動指針評価（プロセス評価）	等級別行動評価（プロセス評価）	職位（役職）要件評価（プロセス評価）	目標達成度評価（成果評価）
給与制度	基本給		（役職手当）	賞与
育成手法例	理念浸透研修入社者研修	階層別研修	管理職研修	目標管理に関する教育施策目標設定会議等

のともいえる。その乖離の状態が育成のポイントとなる。この意味で、評価制度は人材育成のポイントを明らかにするものである。したがって、評価制度と人材育成施策とは密接に結びついていなければならない。

6 給与制度

何をもって給与を決定するか。評価か、年齢か、それとも勤続年数か。これらを明確にしておくべきだろう。

給与は、中長期的に変動する基本給と、短期的に変動する賞与、会社が必要と考える手当類によって構成される。一般的に、基本給は等級とプロセス評価に基づき決定され、賞与は業績・成果評価に基づいて決定される [図表34]。

手当は、その定義を明確にして支給すべきである。

家族手当、住宅手当などは、属人的な生活給的要素を持つ。昨今では成果主義を前提として、給与は属人的な要素ではなく、成果によって決定するという傾向にあることから、家族手当等を廃止する動きも見られる（一方で、少子化対策として増額する動きもある）。

職位手当（役職手当）は、その職責に対して支給する手当である。

営業手当はその職務に対して支給する場合と、「みなし労働時間」（事業場外労働時間）の時間外労働分として支給する場合がある。みなし労働時間に関する手当は、営業手当のほか、裁量労働制適用者に支給する「裁量労働手当」な

図表 34 ● 評価と給与との関連

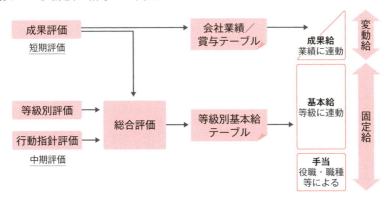

どもある（これらの「みなし労働時間制」については、その適用対象者の適正さの問題や、適用対象者であっても企業として適正な労働時間管理を行う責務があり、慎重な運用が求められる）。

人事部は、自社の給与がどのような根拠で支給されているのか、いま一度確認しておくことが重要である。そして、支給根拠が曖昧なもの、意義が薄れているものは見直しを検討していただきたい［図表35］。

❼ 人事管理

人事管理は、コンプライアンス（法令遵守）の面からも重要である。また、社員に起こり得るさまざまな問題（勤怠異常、セクシュアルハラスメント、金銭的不正など）を未然に、あるいは最小限に防ぐこと、社員が健全な状態で働くことは、会社業績に直接的に結びつく。

時間外勤務のルールなどの設定と運用は給与制度に関連する。また、その管理は職位制度に基づく。人事制度に合わせて、就業規則、給与規程、賞与規程、評価規程などの規程の整備を行っていく（後掲「6　労働法規と人事関連規程」参照）。

❽ 人材育成

会社が社員に求めるものを伝える機会・機能として、社内研修は大切であ

図表 35 ● 給与の支給根拠を明確にしておく

基本給		等級制度とプロセス評価に基づき支給
賞与		成果評価に基づき支給
手当	職位手当（役職手当）	職責に基づき支給。あるいは管理職の時間外手当相当分
	営業手当	外回りという職務に対して支給。あるいは事業場外みなし労働時間の時間外労働分として支給
	家族手当	扶養家族数に応じて支給
	裁量労働手当	裁量労働者のみなし労働時間の時間外労働分として支給
	通勤手当	通勤費実費を支給
	赴任手当	転勤時に支給
	持家補助	転勤者の二重家賃負担に対して支給
	単身赴任手当	単身赴任者の二重家賃負担等に対して支給

る。また、会社は評価における等級制度の要件との乖離を埋めるための支援を行う。これが人事制度における人材育成である。

　要件整備→評価→教育→評価→教育……というサイクルの確立が必要である。また、要件の改定は、この評価と教育における課題点の再設定に基づき行われる。

　比較的長く運用されている人事制度を見てみると、企業規模にかかわらず、その原型はほぼ同じで、等級制度、等級に基づく評価と目標管理、給与制度というシンプルな構造である。これだけでも運用は楽ではないが、職制の確立と育成、企業活動の組織化と相まって、この基本構造が制度の必要条件となる。

　人事制度を整備する第1ステップは、まず、この基本構造の構築と運用からスタートする。その他のオプションは、この基本構造の上に成り立つといってもよい。運用力がついていない状態で細かいオプションを導入すると、結局「仏作って魂入れず」に陥りかねないので十分に注意が必要である。

❾ 目標管理制度

　目標管理制度は、現在多くの会社でマネジメントツール・評価ツールとして

活用されている。

目標管理（MBO：Management By Objectives and self control）は、1954年に経営学者ピーター・F・ドラッカーが著書『現代の経営』の中で初めて紹介したマネジメント手法である。「目標と自己統制によるマネジメント」の意味で、命令や強制ではなく、自主性や自己統制に基づいて目標を達成するという仕組みである。

本来的には「社員自らが目標を定め、そこに向けて自分でプロセスを管理して仕事をしていく」ためのものである。

目標管理では、組織の中の一人ひとりが自分の所属する部署の目標を自分のものとして理解し、それを達成するために上司と相談しながら自分は何をしたらよいのかを考えて目標を立てる。そして、各人が自分で立てた目標を達成することにより、結果として、部署の目標も達成されることになる。これにより、目標は上から押し付けられるのではなく、各人が自分で考え納得したものになるので、モチベーション高く取り組むことができるとされている。

目標管理では、この「self control」が忘れられていることが多い。社員が自ら目標を設定することが、目標管理の肝である。そして、その目標は独り善がりのものではなく、部門目標を達成するために自らが何を目標として何をすべきなのか、社員それぞれが考えて行動することが求められる。

目標管理は、PDCA サイクルを回すというマネジメントのための制度でもある。半期ごとに、PDCA サイクルを回していくことが基本となる [図表36]。

1 Plan（目標設定と計画立案）

「組織目標を達成するために」「社員それぞれが自分の目標とその達成基準（どうなったら達成となるのか）を設定し」「どのようにそれを達成するかのプロセスを計画し」上司とともに擦り合わせる。

2 Do（実行）

社員それぞれが目標に向かって「セルフコントロール」を主体に計画を実行し、進捗を管理する。上司は進捗についてアドバイスを与える。

3 Check（点検）

目標・達成基準に対して、期末にどこまで達成したか、どのような成果を生み出したのか（精算価値＝過去にどのくらい成果を上げたか、それに基づき賞与などに反映される価値）を評価し、課題点を明らかにする。

図表 36 ● PDCA サイクルとは

Plan	
目標と達成基準を明確にする 達成のための計画を立てる	上司⇔部下で擦り合わせ 共有

Do	
目標達成のための計画を実行する 計画の進捗管理を行う	セルフコントロールが主 上司はアドバイスする

Check	
目標の達成度合いを確認する	乖離度と精算価値の評価 課題点の抽出

Action	
課題点の克服のための、改善策、 計画の変更点を明らかにする	次の Plan に結びつける

4 Action（行動）

　課題点を克服するための、改善・変更点を検討し明らかにして、次の Plan に結びつける。

5 Plan（再計画）

　次の目標とプロセスの設定を行う。

　この PDCA サイクルを回し、継続的に改善を推進していくことは、職制をはじめ社員が仕事をしていく上で非常に大切なことである。たとえ評価制度がなくても、PDCA サイクルは回さなければならない。そのくらい重要なものであると認識しておく必要がある。

　目標管理は、多くの会社で導入されており、知的労働が主流の会社では必須の制度といっても過言ではない。実際、適切に目標管理が機能している会社は、業績の向上を果たしている。しかし、運用がしっかりと行われている会社は多くない。その問題の大きな部分は「目標設定」にある。目標設定、特に達成基準が曖昧であると、達成度の評価ができず、目標管理は機能しない。

　目標管理の運用や目標設定は、人事部門だけで行えるものではない。全社目標が明確になっており、それが部門ごとにブレークダウンされ、さらにメン

バーにブレークダウンされている必要がある。特に全社目標と部門目標の設定は経営課題であり、経営企画を担う部門主導で行われるべきものである。人事部では、経営企画をはじめとする社内の各部門と十分に擦り合わせた上で、目標管理を運用していくこととなる。

2 人事制度運用の実務

1 評価、等級、給与・賞与の実施・改定スケジュール例

[図表37]が、評価、等級、給与・賞与の実施・改定スケジュール例である。4月給与改定、6月賞与支給を想定している。実際は決算時期や企業規模などにより異なるが、参考例として確認いただきたい。

2 評価の取りまとめと集計

評価の集計には、「評価調整表」と「評価集計シート」の2種類の表を作成する。

「評価調整表」は、評価者別に評価の甘辛を確認する表である[図表38]。「評価集計シート」は、「評価調整表」を被評価者別に集計したものである[図表39]。こちらには、過去の評価も掲載し、推移が分かるようにする。

実際にまとめてみると分かるが、評価者によって、評価が甘い・辛いといった傾向が表れる。評価段階で誰がどこに分布しているのか、最高の評価を受けているのはこの人だが間違いはないか——といった確認・調整のための資料となる。

これらの情報を視覚的に分かる形で評価者に見せて、「この評価でいいですか？」と確認を取ることが大切である。

3 人事制度運用実務の留意点

1 評価調整表の留意点

評価調整表は、最終的に社員の給与に関わる資料である。内容に間違いがないよう、念入りな確認が必要である。また、分布や推移を捉えやすいように、視覚的に分かりやすい表にするとよいだろう。

図表 37 ● 評価、等級、給与・賞与の実施・改定スケジュール例

				3月下旬	4月上旬	4月下旬	5月上旬	5月下旬	6月
制 度		評価者研修	〜3月	■					
評 価		自己評価（目標管理・等級別評価）	4/12〜4/23			■			
		1次評価	4/19〜4/28			■			
		2次評価	4/26〜5/10				■		
		3次評価	5/1〜5/15				■		
		評価会議	5/15〜20					■	
		成果評価確定	5/20					▮	
		等級評価確定	5/24					▮	
		評価フィードバック	5/25〜					■	
等級改定		昇降格候補者選定（部門⇔人事）	5/24〜5/31					■	
		昇降格判定	6/1〜6/10						■
		等級決定会議	6/12						▮
給与改定	賞与	個別賞与支給額調整・確定	〜6/7						■
	給与	給与決定（リミット）	6/16						▮
		給与決定通知	6/17〜6/23						▮
		新給与支給（遡及対応）	6/25						▮

図表 38 ● 評価調整表の例

部門	○○部				□□部				△△部				
評価	等級	氏名	賞与	原資状況	等級	氏名	賞与	原資状況	等級	氏名	賞与	原資状況	等級
SS													
S+									4	栗山○○		327,000	
S					3	加藤○○		131,200	4	藤野○○		213,500	
					2	朝倉○○		100,000					
A+	3	石川○○		92,000	3	松山○○		92,000	4	村上○○		85,400	
					3	飯島○○		92,000	3	大野○○		65,600	
									2	内田○○		50,000	
									1	後藤○○		43,000	
									1	野村○○		43,000	

2 給与への反映実務の留意点

作成した評価集計シートを基に給与の改定を行っていく。給与の変更点、手当の変更点、給与テーブルがどこからどこへ変わるのかなどを確認する。

給与改定のタイミングでは、とかくミスが起こりやすい。評価とは直接関係のない手当の変更も行われる場合もあるため、注意が必要である。

評価の結果、給与の決定、実際の支給の各場面で、評価実務担当者と給与実務担当者とでチェックを必ず行うことを心掛けたい。

図表39 ●評価集計シートの例

| 基本情報 | | | | | | | 評価情報 | | | | | | | | | | | |
氏名	年齢	勤続年数	等級	職位	2023年度 業績	2023年度 総合	2024年度上期 上期成果	2024年度下期 下期成果	2024年度プロセス 行動	2024年度プロセス 行動指針	総合集計 素点計	総合集計 評価比率計算	総合評価	昇降格候補	前期昇格実績	昇降格決定
加藤○○	38	3	6		A+ 3.5	A 3.0	A+ 3.5	S 4.0	A+ 3.5	A 3.0	20.5	3.46	A+	○		
後藤○○	42	7	6		S 4.0	A+ 3.5	S 4.0	A+ 3.5	S 4.0	A+ 3.5	22.5	3.81	S	◎		◎
栗山○○	50	15	6		A 3.0	A- 2.5	A 3.0	A- 2.5	A- 2.5	A 3.0	16.5	2.69	A-			
鈴木○○	41	10	4		A+ 3.5	A+ 3.5	A+ 3.5	A 3.0	A- 2.5	A 3.0	19.0	3.11	A			
内山○○	41	15	4		A- 2.5	A 3.0	A- 2.5	A- 2.5	A- 2.5	A 3.0	16.0	2.62	A-			
大宮○○	41	13	4		B+ 2.0	B+ 2.0	A- 2.5	A 3.0	A 3.0	A 3.0	15.5	2.54	A-			
大山○○	45	20	4		A 3.0	A+ 3.5	A 3.0	A 3.0	A+ 3.5	A 3.0	19.0	3.26	A+	○	昇格	
堀田○○	53	28	4		B+ 2.0	A- 2.5	B+ 2.0	A 3.0	A- 2.5	A- 2.5	14.5	2.40	B+	▲		
村井○○	28	4	3		S+ 4.5	S 4.0	S 4.0	A+ 3.5	S 4.0	A+ 3.5	23.5	4.03	S+	◎		◎

6 労働法規と人事関連規程

1 労働法規の全体像

1 労働法規は人事管理運用上の絶対ルール

人事担当者にとって避けて通れないのが、労働法規の存在である。

人事の領域は、経営理念と労働法規の間にあるものといえると、前掲「2 人事の全体像」で述べたが、コンプライアンス（法令遵守）上においても、労働法規の基礎概念を理解し、またこれを基にしながら人事関連規程を整備していくことが求められる。人事関連規程が労働法規を逸脱していなければ、人事担当者は規程が適切に守られ運用されていることを確認していけばよい。

なお、労働法規の改正は比較的頻繁に行われるので、専門家、専門誌、インターネットなどから随時情報を収集する姿勢が重要である。とはいえ、忙しい人事担当者が常にチェックできるとは限らないので、社会保険労務士などの専門家に「重要な改正があったら教えてください」とお願いしておくのもよい。

雇用契約（労働契約とほぼ同義と考えてよい）とは [図表40] のように、労働者が使用者に使用されて労働し、使用者がこれに対して賃金を支払うことを内容とする労働者と使用者の間の契約とされている（労働契約法6条）。

この契約において、企業（使用者）には「人事権」「企業秩序定立権」「指揮命令権（業務命令権）」「安全配慮義務」「職場環境配慮義務」といった強い権利と義務があり、労働者側には「労務提供義務」「企業秩序遵守義務」「誠実労働義務（職務専念義務）」「秘密保持義務」「競業避止義務」などの義務が生じる。企業側の権利が強いために、それを規制するものが「労働基準法」などの労働法規だ。この概念について、まず理解していただきたい。特に労働者側の義務は、就業規則の服務規律などに反映され、社内のルールとなるものである。この義務に反すれば、懲戒などの対象になる。

2 人事担当者に求められる姿勢

人事担当者は労働法規についての基礎的な知識を備えておきたい。しかし、あくまでも基礎知識でよく、細部は専門家に任せればよい。細部まで学ぼうとして膨大な時間をかけることよりも "におい" を感じることが大切である。

図表40 ● 雇用契約の全体像

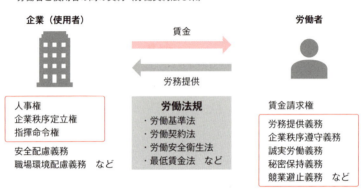

「あれ、おかしいぞ」という嗅覚のようなものを備えておき、"におった"ときに、専門家に確認すればよい。この嗅覚がなければ、確認する作業を怠ることとなり大問題につながるおそれがある。そこを感じ取れるのは経験だが、全体を見る意識と労働法規の基礎知識も役に立つ。

人事担当者が知っておくべき主な労働法規は［図表41］のように大別される。どれも大切な法律だが、参考までに筆者が人事担当者時代に特に意識していた法律については下線を引いている。

2　就業に関する法律

1　労働基準法の要点

労働基準法（労基法）は、労働条件の原則や、労働契約、賃金、労働時間、休憩、休日、年次有給休暇などの労働条件の最低基準を定めている。最低基準であるから、労働基準法を下回る労働条件を定める労働契約は、その部分について無効とされる（13条）。

第2章　人事部の仕事（基礎編）　6　労働法規と人事関連規程

図表41 ● 人事担当者として押さえておくべき労働法規

個別的な労使関係に関する法律	就業に関する法律	労働基準法	労働条件の最低基準を定め、労働条件の向上を図るための法律
		労働契約法	労働契約に関する民事的なルールを明らかにし、個別の労働関係の安定を図るための法律
		労働安全衛生法	職場における労働者の安全と健康を確保し、快適な作業環境を整備するための法律
		男女雇用機会均等法	雇用の分野における男女の均等な機会・待遇の確保を図り、女性労働者の就業に関して妊娠中・出産後の健康の確保を図る等の措置を推進するための法律
		賃金の支払の確保等に関する法律	企業経営の悪化などにより労働者の賃金が支払われない場合に、賃金の支払いなどの適正化を図るための法律
		最低賃金法	賃金の最低額を保障することにより、労働者の生活の安定を図るための法律
		育児・介護休業法	育児休業・介護休業・子の看護休暇などに関する法律
	雇用に関する法律	職業安定法	労働者が求職活動をするに際して、職業安定機関が提供するサービスに関する法律
		障害者雇用促進法	身体障害者または知的障害者の雇用を促進し、職業の安定を図るための法律
		高年齢者雇用安定法	定年退職者などの再就職を促進し、高年齢者の安定した雇用の確保を図るための法律
		労働施策総合推進法	雇用の安定、職業生活の充実、労働生産性の向上を促進して労働者の職業の安定と経済的社会的地位の向上などを図るための法律
	社会保険などに関する法律	労働者災害補償保険法	業務上または通勤による労働者の負傷・死亡などに対して保険給付等の保護を行うための法律
		雇用保険法	労働者が失業した場合などに必要な給付を行い、生活の安定と就職の促進を図るための法律
		健康保険法	被保険者・被扶養者の業務外の疾病・負傷・死亡および出産について保険給付を行うための法律
		厚生年金保険法	労働者の老齢・障害または死亡に対する年金等の給付および厚生年金基金の給付に関する法律
		所得税法	納税義務者、課税所得の範囲、税額の計算の方法、申告、納付および還付の手続き、源泉徴収に関する事項ならびにその納税義務の適正な履行を確保するための法律
集団的な労使関係に関する法律		労働組合法	労働組合を組織することなどを通じ、労働者が使用者との交渉において対等な立場に立つことを推進し、労働者の地位向上を図るための法律
		労働関係調整法	労使関係の公正な調整を図り、労働争議の予防・解決などを図るための法律

103

1 労働基準法違反の契約

違反部分が無効となり、労働基準法の基準がその部分に適用される（13条）。

2 労働条件の明示

労働条件を使用者側が書面などで明示しなければならない。事実と違う場合、労働者側は即時に労働契約を解除できる（15条）。

労働条件の明示については項目が十分でない場合が多い。厚生労働省では、労働条件を明示するための労働条件通知書のモデル様式を用意しており、ホームページからダウンロードすることもできる。これを用いて、漏れのないように運用することが重要である（85〜86ページ［図表28］参照）。

明示すべき労働条件は、［図表42］のとおりである。

条件提示（内定通知）と雇用契約を同じ書類で代用する場合もあるが、いずれにしても各項目を明示して、入社者の署名をもらっておいたほうがよい。

3 有期労働契約の上限

原則3年を上限として定める（①高度の専門知識、技術、または経験を有す

図表 42 ● 労働条件の明示事項

必ず明示しなければならない事項	制度を設ける場合に明示しなければならない事項
①労働契約の期間	⑧退職手当
②期間の定めのある労働契約を更新する場合の基準	⑨臨時に支払われる賃金（退職手当を除く）、賞与など
③就業の場所、従業する業務の内容、就業場所・業務の変更の範囲	⑩労働者に負担させる食費、作業用品その他
④始業・終業時刻、時間外労働の有無、休憩時間、休日、休暇など	⑪安全・衛生
⑤賃金	⑫職業訓練
⑥退職（解雇の事由を含む）	⑬災害補償・業務外の傷病扶助
	⑭表彰・制裁
⑦昇給	⑮休職

［注］　①〜⑥は書面による交付が必要な事項。

る労働者がその高度の専門的知識等を要する業務に就く場合、②満60歳以上の労働者との労働契約のいずれかの場合は、5年を上限とすることができる〔14条〕）。

基本的には1年契約を更新するのが通常である（詳細は、労働契約法17条や厚生労働省「有期契約労働者の雇用管理の改善に関するガイドライン」等を確認いただきたい）。

4 解雇に関する規定

客観的に合理的な理由や社会通念上の相当性が認められない場合は、その解雇は解雇権の濫用として無効となる（労働契約法16条）。

社員を解雇する場合には、30日前までに予告するか、30日分以上の平均賃金を支払わなければならない（労働基準法20条。なお、予告の日数は、1日について平均賃金を支払った場合は、その日数分を短縮できる。例えば、5日分の平均賃金を支払った場合は、25日前の予告が可能）。

とはいえ、解雇予告すれば解雇できるかといえば、上記の"客観的に合理的な理由や社会通念上の相当性"が十分でない場合は、解雇できないと考えたほうがよいだろう。解雇を検討しなければならない際は慎重に判断いただきたい。

5 給与の支払い

給与は原則として通貨で全額を月1回以上、一定期日を定めて直接労働者に支払わなければならない（24条）。

6 休業手当

会社の都合により労働者を休業させた場合、平均賃金の6割以上の手当を支払わなければならない（26条）。

7 労働時間

原則として、休憩時間を除き1日に8時間、1週間に40時間を超えて労働させてはならない（32条）。

8 休日・休憩

少なくとも毎週1日、あるいは4週間を通じて4日以上の休日を与えなければならない（35条）。これを法定休日という。

また、労働時間が6時間を超える場合は45分、8時間を超える場合は1時間の休憩を与えなければならない（34条）。

❾時間外・休日労働

就業規則において時間外労働に関する諸規定を明記し、労使協定（36協定）を結んで労働基準監督署に届け出た場合は、1日8時間、週40時間を超えて労働させ、また、前記の法定休日に労働させることができる（36条）。ただし、時間外労働の上限時間は[図表43]のように定められている。

なお、臨時的に上限時間を超えて時間外労働を行う特別の事情がある場合には、「特別条項付き協定」を締結することで、上限時間を延長できる。ただし、2019年4月施行の労働基準法改正において、特別条項を締結した場合でも、時間外労働と休日労働の合計が「月100時間未満」、時間外労働は「年間720時間以内」と定められた。また、時間外労働時間が「月45時間」を超えられるのは年6回まで、時間外労働と休日労働の合計も「2カ月平均」「3カ月平均」「4カ月平均」「5カ月平均」「6カ月平均」がすべて1カ月当たり「80時間以内」とされている。さらに、2023年4月からすべての企業において、時間外労働が60時間を超える場合の賃金の割増率は50%以上となった。

特別条項付き協定の締結は、これらを踏まえた上で検討いただきたい。

Column

時間外労働の割増率

少なくとも割増率は時間外25%、深夜25%（深夜が時間外労働の場合は50%）、法定休日35%としなければならない。

法定休日でない休日の労働（例えば、土曜日の出勤）は、1週間の労働時間が40時間を超過した時間に対し25%の割り増しで可。なお、月60時間超の時間外労働については、前記のとおり原則として50%以上の割り増しの支払いが必要とされる。

---

❿年次有給休暇

年次有給休暇（年休）は、①雇い入れの日から6カ月間継続勤務し、②全労働日の8割以上出勤した──という要件を満たした場合に発生する（39条）。

それ以後は1年ごとに、前1年間の所定労働日数（労働契約で労働義務のある日数）の8割以上出勤した場合に発生する[図表44]。

第2章　人事部の仕事（基礎編）　6　労働法規と人事関連規程

図表43 ● 時間外労働の上限時間

	一般の場合	1年単位の 変形労働時間制の場合
1日当たり	なし（ただし、一定の危険有害業務については2時間）	
1カ月当たり	45時間	42時間
1年当たり	360時間	320時間

図表44 ● 年次有給休暇の付与日数

雇い入れの日からの 継続勤務期間		6カ月	1年 6カ月	2年 6カ月	3年 6カ月	4年 6カ月	5年 6カ月	6年 6カ月以上
年次有給休暇の付与日数	原　則	10	11	12	14	16	18	20
	例外（ただし、週所定労働時間30時間以上を除く）							
	週4日または年169～216日	7	8	9	10	12	13	15
	週3日または年121～168日	5	6	6	8	9	10	11
	週2日または年73～120日	3	4	4	5	6	6	7
	週1日または年48～72日	1	2	2	2	3	3	3

［注］　1週の所定労働日数が4日以下の者、または年間の所定労働日数が216日以下の者は、1週の所定労働時間が30時間未満の場合、比例付与となる。

　なお、通常の労働者に比べて所定労働日数が少ないパートタイマーに対しても、その所定労働日数に応じた日数の年休が比例付与される。

11 その他

　フレックスタイム制（32条の3）、変形労働時間制（32条の2、32条の4）、裁量労働制（38条の3、38条の4）などの労働時間管理関係、産前産後の取り扱い（65条）、就業規則に関する事項（89条）、制裁規定の制限（91条）、法令等の周知義務（106条）なども、人事担当者としては概要を理解しておきたい。

107

2 労働契約法の要点

2008年3月に施行された労働契約法では、労働契約についての基本的なルールが定められている。

要点は次のとおりである。

①労働契約は労使間の「合意」によって成立する（合意原則、1条）

②使用者は労働契約に伴い、労働者の安全に配慮する義務がある（5条）

③就業規則が合理的な内容であり、周知されていれば、労働契約の内容は就業規則で定める労働条件による。なお、就業規則を下回らない範囲で、個別に合意した部分については、こちらが優先される（7条）

④労働契約の内容を変更する場合についても「合意原則」が成り立つ。労使間の合意がなければ変更が許されないとされている（8条）

⑤就業規則による労働契約の内容の変更については、基本的には労使間の合意が必要。ただし、使用者が変更後の就業規則を労働者に周知し、かつその内容が、❶労働者の受ける不利益の程度、❷労働条件の変更の必要性、❸変更後の就業規則の内容の相当性、❹労働組合等との交渉の状況等に照らして、「合理的なものであるとき」は労働者側にとって不利益な変更であっても許される場合がある（10条）。ただし、合理的かどうかの立証責任（説明責任）は使用者側にある。そのため、評価制度や給与制度を改定する際などは注意しておく必要がある。また、給与ダウンを伴うような変更については、合理的であっても経過措置（激変緩和措置）等を取ることも求められる。

⑥労働契約の継続および終了

・人事権濫用と認められる出向命令は無効になる（14条）

・権利濫用と認められる懲戒は無効になる（15条）

・客観的に合理的な理由を欠き、社会通念上相当と認められない解雇は無効になる（16条）

・有期労働契約の場合、使用者はやむを得ない事由がある場合でなければ、契約期間が満了するまでの間において、労働者を解雇することはできない（17条1項）

・使用者は、有期労働契約によって労働者を雇い入れる目的に照らして、契約期間を必要以上に細切れにしないよう配慮しなければならない（17条2項）

以上を確認しておくことが大切である。

また、次の諸点を認識しておいてほしい。

- 就業規則を整備して、社員がいつでも見られるように周知しておくこと
- 労働条件の通知は書面をもって行うこと
- 給与ダウンなどの社員にとっての不利益変更には、合理的な理由が存すること。特に、できるだけ公正な評価制度を構築して行うことが大切である
- 懲戒処分や解雇は、できるだけ客観的な情報を基に行うこと（特に解雇は原則的には極めて難しいということを認識しておかなければならない）
- 有期雇用を締結する際は、更新の有無、あるいは「次期はどのような場合に更新し、あるいは更新しないのか」など更新の判断基準を示す。契約の際に、更新の有無について労働者に明らかにせず、契約更新を何度も繰り返した場合、労働者に「更新が当然に行われる」という期待を生じさせる場合があり、そうしたケースでは、裁判所の判断で、単純な雇止めが認められず、更新しないことの合理的な理由（解雇に準ずる合理的な理由）が必要になる場合がある。

3 改正労働契約法の内容

2013年4月に改正労働契約法が施行となった。そのポイントは①無期労働契約への転換、②「雇止め法理」の法定化、③不合理な労働条件の禁止の三つである。

1 無期労働契約への転換

同一の使用者との間で、有期労働契約が通算で5年を超えて繰り返し更新された場合は、労働者の申し込みにより、無期雇用契約に転換する（18条）。

2 「雇止め法理」の法定化

有期労働契約は、契約期間の満了により雇用が終了する。これを「雇止め」という。労働者保護の観点から、下記のいずれかに該当する場合には雇止めを無効とすることを条文化した（19条）。

- 過去に反復更新された有期労働契約で、その雇止めが無期労働契約の解雇と社会通念上同視できると認められるもの
- 労働者において、有期労働契約の契約期間の満了時にその有期労働契約が更新されるものと期待することについて合理的な理由があると認められるもの

3 不合理な労働条件の禁止

　同一の使用者と労働契約を締結している有期契約労働者と無期契約労働者の間で、期間の定めがあることにより不合理に労働条件を相違させることは禁止されている。なお、労働条件の相違が不合理と認められるかどうかは、①職務の内容（業務の内容および当該業務に伴う責任の程度）、②当該職務の内容および配置の変更の範囲、③その他の事情を考慮して、個々の労働条件ごとに判断される。特に通勤手当、食堂の利用、安全管理などの労働条件を相違させることは、特段の理由がない限り合理的と認められない（旧20条。現在はパートタイム・有期雇用労働法に移行）。

3　その他の法律の要点

1 労働安全衛生法

　安全衛生管理体制（安全管理者・衛生管理者などを置いて安全衛生に関する業務を統括管理する）の確立（10〜13条）、安全委員会、衛生委員会（衛生管理者、産業医などで構成される、労使が協力して一定の安全・衛生問題を調査・審議する機関）の設置（17〜19条）、使用者が負う危険防止措置義務（20〜27条）、健康管理義務（健康診断の実施とその結果に対しての必要な措置を講じること、66条〜66条の9）を定めている。

1 衛生管理者・産業医の選任

　特に問題となるのは、衛生管理者の選任である。常時50人以上の労働者を使用する事業場において、第一種もしくは第二種の衛生管理者を置かなければならない（12条）。労働基準監督署による労働安全衛生法関連の指導では、衛生管理者の選任や安全委員会、衛生委員会の設置開催状況、議事録の保存などについて指導されるケースが散見される。

　現在のオフィス環境からみると、若干時代遅れな措置ともいえるが、人事担当者は、この資格はできれば取得しておいたほうがよいだろう。

　健康診断や産業医に関する規定も要注意である。特に常時50人以上の労働者を使用する事業場で選任が義務づけられている産業医（13条）は、うつなどを含む傷病（業務上・業務外にかかわらず）や定期健康診断の有所見者に対する必要な措置に関する意見を求められるなど極めて重要な役割を担うので、

第2章　人事部の仕事（基礎編）　6　労働法規と人事関連規程

しっかり選任することを意識していただきたい。

2 ストレスチェックの義務化

2015年12月から、常時50人以上の労働者を使用する事業場では、毎年1回、ストレスチェックの実施が義務づけられた（66条の10）。「ストレスチェック」とは、ストレスに関する質問票（選択回答）に労働者が記入し、それを集計・分析することで、本人のストレスがどのような状態にあるのかを調べる検査のことをいう。

ストレスチェックを実施した結果、事業者は「医師による面接指導が必要」とされた労働者から申し出があった場合には、医師による面接指導を実施する。その結果、医師から就業上の措置の必要性の有無と内容について意見を聴いた上で、必要に応じて配置の転換、労働時間の短縮などの就業上の措置を講じなければならない。

2　男女雇用機会均等法

男女という性別を理由に不利な取り扱いがないように定められたもので、募集・採用、配置、昇進等に関する差別の禁止や婚姻、妊娠・出産等を理由とする不利益取扱いの禁止のほか、セクシュアルハラスメント、妊娠・出産等に関するハラスメントの防止対策などの事項が定められている。

- 募集・採用における性別を理由とする差別の禁止（5条）

  なお、採用面接に際して、結婚の予定の有無、子どもが生まれた場合の継続就労の希望の有無など一定の事項について、女性に対してのみ質問をすることを禁止している。

- 配置・昇進・降格・教育訓練等における性別を理由とする差別の禁止（6条）
- 間接差別の禁止（7条）

  間接差別とは、①性別以外の事由を要件とする措置であって、②他の性の構成員と比較して、一方の性の構成員に相当程度の不利益を与えるものを、③合理的な理由がないときに講じることをいう。例えば、合理的な理由がないにもかかわらず、採用や昇進に際して、転居を伴う転勤に応じられることを要件とすることは間接差別となる。

- 婚姻、妊娠・出産等を理由とする不利益取扱いの禁止（9条）
- セクシュアルハラスメントおよび妊娠・出産等に関するハラスメントの対策

111

（11 条、11 条の 2、11 条の 3、11 条の 4）
- 母性健康管理措置（12 条、13 条）

❸ 最低賃金法

国が賃金の最低額を定め、使用者は、その最低賃金額以上の賃金を支払わなければならないとされている。

最低賃金のうち、地域別最低賃金は都道府県別に定められており、毎年 10 月に改定される。

月給制において、月給を 1 カ月の平均所定労働時間で割った時間給相当額が、最低賃金を下回らないように設定しなければならない。

❹ 育児・介護休業法

育児・介護に関して、社員から求めのあった場合は、所定の休業を与えるとする法律。昨今は、この法律を上回る規定を設ける会社が増えている。育児休業期間の延長、介護休業期間の延長などの措置を検討いただきたい。

育児に関しては、2022 年 10 月施行の改正育児・介護休業法において、産後パパ育休（出生時育児休業。子の出生後 8 週間以内に、育児休業とは別に 4 週間まで取得可能な休業）や、父母が交代で育児休業を取得できるように分割して 2 回の取得可能とするなど、男性の育児休業の取得促進に向けた改正が行われた。今後は男性の育児休業の取得対応がより必要になってくる。

また、2024 年 5 月にも育児・介護休業法等が改正され、①子の年齢に応じた柔軟な働き方を実現するための措置、②育児休業の取得状況の公表義務の拡大等が盛り込まれ、2025 年 4 月から段階的に施行される。育児・介護休業法は、頻繁に改正が行われており、人事担当者としては常に情報をアップデートしなければならない法律の一つといえる。

❺ 障害者雇用促進法

障害者が経済社会を構成する労働者の一員として、本人の意志と能力を発揮して働くことができる機会を確保し、職業生活の安定を図ることを目的としている。

従業員が一定数以上の規模の事業主は、従業員に占める障害者の割合を法定

の「障害者雇用率」以上にする義務がある。従業員数40.0人以上の事業主は、2.5％以上の障害者を雇用する義務がある。なお、法定雇用率は2026年7月には2.7％となり、対象事業主の範囲は従業員数37.5人以上となる予定だ。

　自社の障害者雇用の状況を把握・確認し、対応していかなければならない。

⑥　高年齢者雇用安定法

　高年齢者の安定した雇用の確保、就業機会の確保を図ることを目的としている。定年を定める場合は、定年年齢は60歳以上とする必要があり（8条）、定年年齢を65歳未満に定めている事業主は、その雇用する高年齢者の65歳までの安定した雇用を確保するため、①65歳までの定年の引き上げ、②65歳までの継続雇用制度の導入、③定年の廃止のいずれかの措置（高年齢者雇用確保措置）を実施する必要がある（9条）。

　2013年4月施行の改正法では、原則として本人が希望すれば65歳まで雇用することが事業主に義務づけられた。これにより、事業主が労使協定で定めた基準によって継続雇用制度の対象者を限定できる仕組みは廃止されることになった。つまり、希望者全員を継続雇用する必要がある（厚生年金の受給開始年齢に到達した以降の者については、基準を引き続き利用できるとする12年間の経過措置が設けられていたが、2025年4月からは、65歳までの雇用確保が義務となる）。

　さらに2021年4月施行の改正法では、定年年齢を65歳以上70歳未満に定めている事業主または継続雇用制度（70歳以上まで引き続き雇用する制度を除く）を導入している事業主は、以下のいずれかの措置を講じるよう努める必要がある（10条の2）。

①70歳までの定年の引き上げ

②70歳までの継続雇用制度（再雇用制度・勤務延長制度）の導入（特殊関係事業主に加えて、他の事業主によるものを含む）

③定年制の廃止

④70歳まで継続的に業務委託契約を締結する制度の導入

⑤70歳まで継続的に以下の事業に従事できる制度の導入

　ａ．事業主が自ら実施する社会貢献事業

　ｂ．事業主が委託、出資（資金提供）等する団体が行う社会貢献事業

7 労働組合法

憲法が定める「団結権」「団体交渉権」「団体行動権（争議権）」の「労働三権」を具体的に保障して、労働組合、不当労働行為、労働協約、労働委員会などについて規定している。

労働組合法では、使用者が労働組合および労働組合員に対して不利益な取り扱いをすることなどを「不当労働行為」として禁止している。具体的には、労働組合への不加入・脱退を雇用条件とすること、団体交渉の拒否、労働組合への経費援助、使用者の労働組合への支配介入、労働組合員への不利益な取り扱いなどをいう。

4 人事関連規程と就業規則の要点

1 人事関連規程の種類と関連

労働法規は、社会と会社の決まり事である。就業規則をはじめとする人事規程類は、会社と社員の決まり事である。人事規程類は労働法規を下回ることはできないが、上回ること、労働法規に規定されていないことなどについては、さまざまに規定することができる。

人事担当者にとって、人事規程類は業務運用上の憲法であり、各種法律である。あらゆる事象は規程にのっとって対応していかなければならない。規程にのっとることで、公正な人事対応ができる。

Column

規程と規定

一般的に、「規定」は一つひとつの「定められていること」をいい、「規程」はそれらのまとまりをいう。就業規則は「規程」であり、その中で定められている項目の一つひとつが「規定」である。「規定する」とはいうが、「規程する」とはいわない。

ある事象が起こったときに、最初に「規程にどのように規定されているか」を確認してほしい。

人事の役割は、規程を整備し、運用時にそこに立ち返ることである。また、運用に不具合がある場合、もしくは規定されていない事象に対して、"例外措置"として対応を続けることが適切でない場合、新たに規程を作る・改定するという作業を繰り返すことになる。

まず、規程を理解するために、規程の構造と関係性の全体像を理解いただきたい［図表45］。

給与規程や賞与規程などは、就業規則に盛り込むべき内容である。ただし、運用上、規程改定の際などには別規程としておいたほうが取り扱いやすい。

② 就業規則

就業規則は、社員就業規則、アルバイト就業規則、嘱託規程など雇用形態別に整備したほうが都合のよい場合が多い。フルタイムで働く契約社員についても同様だが、正社員との差が大きくない場合は社員就業規則内でそれぞれ規定

図表45 ● 規程の構造と関係性の全体像

人事規程			人事の総則・雇用形態・職位に関する規程
	社員就業規則		社員の就業に関する規程
		給与規程	給与に関する規程
		賞与規程	賞与に関する規程
		退職金規程	退職金に関する規程
		功労金規程	退職金とは別に退職者に支給する功労金に関する規程
		出向取扱規程	出向契約と出向者に関する規程
		赴任取扱規程	転勤・単身赴任・持ち家補助などに関する規程
		慶弔見舞金規程	慶弔金の支給基準・金額に関する規程
		育児休業規程	育児休業・育児短時間勤務等に関する規程
		介護休業規程	介護休業に関する規程
		賞罰委員会規程	賞罰決定の際の賞罰委員会に関する規程
		教育訓練規程	社員の教育訓練に関する規程
		安全衛生管理規程	安全衛生や安全委員会、衛生委員会に関する規程
		人事評価規程	評価制度・昇格降格に関する規程
	契約社員就業規則		契約社員の就業に関する規程
	アルバイト就業規則		アルバイト・パートタイマーなどの就業に関する規程
	嘱託規程		嘱託社員の取り扱いに関する規程

してもよい（ただし、正社員の規定が適用される部分と、適用されない部分の違いについては、明確にすること）。

　就業規則を作成・改定する際は、常時10人以上の労働者を使用している場合、労働者の過半数代表者の意見を聴いた上で労働基準監督署長に届け出なければならない。

　[図表46] は、就業規則の記載項目である。就業規則に記載する事項には、必ず記載しなければならない事項（絶対的必要記載事項）と、制度を設ける場合には記載しなければならない事項（相対的必要記載事項）がある。

　就業規則と関連規程はすべて届け出ることが基本である。特に①～③は絶対的必要記載事項であり、④以降は制度を設ける場合には届け出義務がある相対

図表46 ● 就業規則の記載項目

絶対的必要記載事項	①労働時間関係	始業・終業の時刻、休憩時間、休日、休暇、労働者を2組以上に分けて交替に就業させる場合では、就業時転換に関する事項
	②賃金関係	賃金の決定、計算・支払いの方法、賃金の締め切り・支払いの時期、昇給に関する事項
	③退職関係	退職に関する事項（解雇の事由を含む）
相対的必要記載事項	④退職手当関係	適用される労働者の範囲、退職手当の決定、計算・支払いの方法、退職手当の支払いの時期に関する事項
	⑤臨時の賃金関係	臨時の賃金等（退職手当を除く）・最低賃金額に関する事項
	⑥費用負担関係	労働者に食費、作業用品その他の負担をさせることに関する事項
	⑦安全衛生関係	安全・衛生に関する事項
	⑧職業訓練関係	職業訓練に関する事項
	⑨災害補償・業務外の傷病扶助関係	災害補償・業務外の傷病扶助に関する事項
	⑩表彰・制裁関係	表彰・制裁の種類・程度に関する事項
	⑪その他	事業場の労働者すべてに適用されるルールに関する事項

第2章　人事部の仕事（基礎編）　6　労働法規と人事関連規程

的必要記載事項である。つまりは関連規程のほとんどが対象になるということである。

　就業規則などの規程類策定の際には、都度変更されるような組織・権限者・役職の名称などは「人事担当部門」「人事部門長」などとし、組織変更や名称変更などに都度対応しなくて済むように工夫いただきたい。

　就業規則を理解することは、「人事」を理解することにつながる。

　以下では、就業規則の要点を確認していく。

３ 就業規則の基本的内容と留意点

１総則

①目的

　就業規則の目的は、労働契約を締結した社員が、就業するに当たり、業務の円滑な運営と社内の秩序を維持するためのものである。

②社員の定義

　社員（あるいは正社員）はどのような人かを定義する。また、労働契約を締結した人の中には、「正社員（無期雇用）」「契約社員（有期雇用）」「アルバイト」「嘱託社員」などの区分があり、その就業規則がどの区分に対してのものかを明確にしておく必要がある。

③周知義務

　会社は、社員が常に就業規則を確認できる環境にしておく義務がある。

④遵守義務

　社員は就業規則を守らなければならない。知らないことを理由に規則違反の責任を逃れることはできない。したがって、採用時などに人事は就業規則の説明を徹底することが求められる。

⑤所属長・上長の定義

　誰が実際に社員に対して指揮命令をするのか、社員は誰に対して勤怠などの届け出を行うのかについて規定する。

２採用

①選考

　採用は選考によって行うことなどを明示する。

117

②試用期間

試用期間を定義する。試用期間は、正社員に登用する前に、「試みに使用する」期間である。3カ月や6カ月と設定する会社が多い。

試用期間中に解雇できるか？　　Column

試用期間中だからといって自由に解雇できるわけではない。少なくとも本採用しない合理的な理由と解雇予告は必要である。なお、労働基準法21条では14日以内の試用期間中の者については、解雇予告についての除外が認められている。ただし、この場合にも合理的な理由は必要となる。

③採用時の届け出書類

採用時にどのような届け出書類が必要かを規定している。雇用契約書・誓約書・身元保証書や通勤手当申請書などを遅滞なく提出することや、届け出書類の記載事項に変更があったときは、会社に速やかに提出することを規定する。

④入社時の健康診断に関する規定

想定する業務を遂行するために必要な健康状態を確認するために規定する。

⑤服務規律

服務規律には社内のルールが規定されている。非常に大切な規定であり、会社を守る重要な部分といえる。具体的には[図表47]のように多岐にわたる。

ほかにも、業務上で知り得た情報、会社や社員、顧客の誹謗中傷、秘密の察知、名誉毀損となるような言動をブログ・SNS等のインターネット上にあげないこと、始業時刻に業務ができる状態にすること、終業時刻後に帰り支度をすること、所持品検査・必要事項聴取を行う場合があること、秘密保持に関する規定と退職・解雇後の効力、著作物の帰属、競業避止義務違反と秘密情報漏洩による損害賠償責任、業務上の故意・過失により会社に損害を与えた場合の損害賠償責任、備品紛失などの際の弁償、などの事項がある。

なお、実務的な対応として、休暇申請については事前届け出を基本とし、事後の届け出の禁止や出勤時間に連絡が取れない場合は無断欠勤として対応する

第 2 章　人事部の仕事（基礎編）　6　労働法規と人事関連規程

図表 47 ● 服務規律に関する主な記載事項

義務	労務提供	社員証等の携帯・提示
		健康管理
		品位と信用の保持
		手続き・届け出の義務（直行・直帰、欠勤、休暇）
		機密保持義務
		職場の整理整頓と清潔の保持
		引継書の作成義務
禁止	労務提供	社員証等の貸与・譲渡の禁止
		無断欠勤・遅刻・早退などの禁止
		職場離脱の禁止
		メールの私的利用の禁止
		情報持ち出しの禁止
		職務権限の濫用禁止
		職務上の地位を利用した私利企図・不当な金品授受の禁止
	施設・備品	設備・備品の取り扱いと節約、職務以外での使用禁止
		備品の個人目的使用の禁止
		指定場所以外での喫煙禁止
		立入禁止場所への入場禁止
	秩序維持	会社や社員、顧客に対する誹謗中傷の禁止
		扇動などによる業務妨害の禁止
		業務を妨げる言動の禁止
		社内で風紀を乱す行為の禁止
		セクハラ・パワハラ・マタハラ等の禁止
		社内および社員同士の物品販売・勧誘活動の禁止
		社員間・取引先との金銭貸借の禁止
		許可のない第三者との雇用契約・自営・他事業への関与の禁止
		許可のない関係者以外の社内誘引の禁止
		飲酒・酒気帯び勤務の禁止
		けんか・暴行の禁止
		窃盗の禁止
		許可のない社内集会・文書の掲示や配布・機材等の設置の禁止
		許可のない政治・宗教に関する活動・勧誘の禁止

119

ことを明記しておく。また、前日までに届け出のない欠勤を年次有給休暇に振り替えるのは、本人の意思ではなく、上司の承認により実行できるように規定しておく。連続する欠勤の場合は診断書を提出することを義務とし、必要に応じて「会社が指定する医療機関における受診を指示する場合がある」ことを明示しておく。

また、服装・身だしなみに関する規定として、業務に関係ないバッジ、プレート、ハチマキ、ゼッケン、リボン、腕章等の着装を禁止することも秩序維持の観点から重要である。

3 異動

人事権の所在を明らかにしておくために、人事異動について定義し、以下のようにこれを拒めないことを規定しておく。

「社員は、本規則に基づく異動に対し、正当な理由なくこれを拒むことはできない」

また、異動には、任命・昇進・降職（解任）、昇格・降格、転属、転勤、駐在、応援、出向などがあることを明示しておく（49 ページ参照）。

4 休職

休職は、「解雇の猶予期間」ともいえる。労働基準法 89 条では休職制度を設ける場合は就業規則に規定することとしているが、休職制度の有無や内容については言及していない。

労働契約は、継続的な労務の提供を前提としており、長期間の就労不能となれば、労働契約の維持が困難になるわけで、この場合は契約解除、つまり解雇となる。それらの事情を考慮し、一定期間猶予しようというのが休職制度である。

休職は会社がその規定により命じるもの、社員と会社が合意して休職となるものがある。

主な休職事由として、①業務外の傷病、②自己都合による欠勤、③公職への就任、④出向、⑤組合専従、⑥刑事事件における勾留（刑罰としての「拘留」とは異なる）──などを各社で規定している。

① 私傷病による休職期間

私傷病による休職の場合、欠勤して一定期間経過後に休職とするのが一般的であり、3 カ月の連続欠勤で休職を命じるケースが多い。また、この場合の休

職期間だが、勤続年数別に休職期間を設定している場合が多い。

　私傷病で欠勤し、給与が支給されない場合に健康保険から支給される傷病手当金の受給期間が支給開始から1年6カ月であることも考慮され、休職期間が定められていることが多い。

　休職の発令は会社が行うものとし、「休職期間内の療養で治癒する蓋然性（確からしさ）が高いものに限る」という規定を設けている例もある。また、休職期間満了直前に復職し、またすぐに同一傷病で休職を繰り返すケースに対応するため、一定期間内に同一傷病で休職した場合は、休職期間をそれまでの休職期間の残存期間とする（休職期間を通算する）規定を定める企業が多い。

②**休職期間の延長**

　休職期間の延長については、誰がどのような判断で行うのかを明記しておく。あくまでも例外措置の規定であり、業務上傷病と認定されるおそれがある私傷病休職の場合などに適用することがある。

③**復職**

　復職は会社が命じるものであり、休職している社員が希望すれば即復職できるというものではない。まずは、休職事由が消滅したことを会社が認める手続きが必要である。

　また、復職時の診断書（治癒証明）の提出や、その医師への事情聴取に関する事項、会社の判断で会社が指定する医師の診断を受けさせることも規定しておく。復職の可否を決定するのは会社であり、医師ではない。また本人でもない。人事は復職させる客観的状況となっているかを慎重に判断する。そのための規定をしっかりと作っておくことである。

　「社員が復職後6カ月以内に同一もしくは類似の事由により欠勤または完全な労務提供ができない状況に至ったときは、復職を取り消し、直ちに休職させる」といった規定を設ける場合もある。

④**休職期間満了による退職**

　休職期間満了の際（復職できないとき）には、「休職期間満了による退職」とすることを明記しておく。

5 勤務に関する規定

①時間外勤務に関する規定

　時間外勤務は、就業規則には「会社が命じる」と明記されているのが一般的

である。社員が自らの判断で時間外勤務をできるような規定は通常ない。その考え方を基本として、時間外勤務を実施する場合のルールを明確にしておくことが大切である。例えば、次のとおりである。

「社員は、前条の定めによる時間外勤務・休日勤務・深夜勤務を命ぜられた場合または自己の業務状況から必要であると判断し、時間外勤務・休日勤務・深夜勤務の承認を求める場合は、事前に上司に届出書を提出しなければならない」

時間外勤務は、申請⇒承認⇒実施⇒確認という流れで行われることを明記しておく。

②みなし労働時間

ここでは詳述しないが、事業場外みなし労働時間制、専門業務型裁量労働制、企画業務型裁量労働制などを導入する場合は、みなし労働時間に関する規定を入れておく。勤務時間のうち、「時間管理になじまないもの」「社員の裁量に委ねるもの」については、みなし勤務時間を規定する。

③フレックスタイム制

フレックスタイム制（始業・終業時刻を労働者の決定に委ねる制度）は、全社員に適用する場合と一部の部署や職種に適用する場合があるので、そうしたルールは明確にしておかなければならない。

6 休日・休暇

①法定休日

法定休日とは、どの休日のことを指すのかを明記しておくことが望ましい（通常は日曜日）。この規定により、休日出勤時の割増率の違い（法定休日労働は35％以上割り増し、法定外休日における時間外労働は25％以上割り増し）が明確になる。また、法定休日は、原則として毎週1日であるが、4週間を通じて4日の適用などの例外規定がある場合には、これを明記する。

②年次有給休暇の申請ルール

事前届け出をルールとして明記しておく。また、病気などで休む場合に当日の朝に年休を申請してくるケースなど、やむを得ない事由がある場合の対応についても定めておく。

③慶弔休暇

連続して取得しなければならないか、分割で取得できるかを規定する。例え

ば家族を亡くした場合などは、葬儀、役所への届け出、保険会社とのやりとり、初七日、四十九日などさまざまな手続き・法要があるため、分割で取得できるほうが社員にとって助かる場合もある。

④ 休暇・休業の有給・無給の明記

特に生理休暇などの有給・無給の取り扱いは、会社によって違うため（「月に1日は有給とする」というケースもある）、自社での定めを明記しておく必要がある。

7 退職および解雇

労働契約の終了を意味する退職や解雇の規定は、就業規則の中で非常に重要な部分である。退職や解雇の事由と退職日の関係は以下のようになるので、ぜひ確認しておいてほしい。

① 退職事由と退職日

(1)在職中に死亡したとき　→　死亡日

(2)定年に達したとき　→　満60歳の誕生日の属する月の月末等

(3)退職を願い出て受理されたとき　→　会社と協議の上で定めた退職日

(4)休職期間満了時点で復職が不可能な状態であるとき　→　休職期間満了日

(5)他社へ転籍したとき　→　転籍の前日

(6)契約社員の契約期間満了　→　契約期間満了日

(7)社員が行方不明となり1カ月以上連絡不通のとき　→　1カ月が経過した日

なお、(7)の規定は、行方不明者が出た場合に備え、大切である。

② 自己都合退職における退職届の提出時期

退職届の提出を退職の1カ月前までなどと規定することは可能である。民法627条では「期間の定めのない雇用」の場合、解約の申し入れから2週間が経過すると雇用関係が終わる（＝退職）ため、自己都合退職の申し出から2週間たてば、会社は退職を認めざるを得ないが、社員の"心構え"として協力を求める趣旨で、「1カ月前」の申し出を定めることは可能と考えられる。

③ 解雇の事由

労働基準法89条3号の「退職に関する事項」は、就業規則の絶対的必要記載事項なので、解雇に関しても就業規則に必ず規定しなければならない。解雇事由には、以下のものがある。

(1)身体または精神の障害により職務に堪えられないと認められるとき

(2)業務外の傷病により完全な労務提供ができず、または引き続き1カ月間欠勤したとき（休職を適用する場合は除く）

(3)能力不足または勤務成績が不良で、就業に適さないと認められるとき

(4)勤務態度が不良で、改善の勧告を行った後でも改善が認められないとき

(5)協調性を欠き、他の社員の業務遂行に悪影響を及ぼすとき

(6)正当な事由のない欠勤、遅刻、早退を繰り返し、改善の勧告を行った後でも改善が認められないとき

(7)試用期間中に社員として不適格と認められたとき

(8)懲戒解雇または諭旨解雇の事由に該当するとき

(9)天災事変などやむを得ない事由により事業の継続が不可能となったとき

(10)業務の縮小、休止、廃止などやむを得ない事業上の都合が発生したとき

(11)服務規律を遵守せず、改善の勧告を行った後でも改善が認められないとき

(12)その他前各号に準ずるやむを得ない事由があるとき

特に(2)について、「完全な労務提供」という前提は、復職時なども含めて判断する。労働契約で締結した内容を完全に果たせない場合は解雇事由となり、復職させない合理的な理由にもなる。

8 安全衛生と健康診断

健康診断は労働安全衛生法66条で実施が義務づけられている。会社によっては受診率が低い場合があるが、それは会社にとってのリスクになるため、以下の点を就業規則で明示しておく。

- 社員は、会社が指定する健康診断を受けなければならない。正当な理由なく受診しない場合は、賞罰規程により懲戒処分を行う場合がある
- 社員は、定期健康診断の結果に異常の所見がある場合には、会社が指定する医師による再検査を受診しなければならない
- 社員が、正当な理由なく前項の再検査を受診しない場合、会社は当該社員の就業を拒否する場合がある
- 会社は、健康診断の結果、必要と認めるときには、次に掲げる措置を取ることがある

  (1)就業禁止

  (2)就業時間の短縮

  (3)配置転換

第2章　人事部の仕事（基礎編）　6　労働法規と人事関連規程

⑷深夜業の回数の制限

⑸その他衛生上必要な措置

また、下記の規定は新型コロナウイルスなどのパンデミック（世界的大流行）への対応等について必要な規定となる。

「社員は、安全衛生に関する法令のほか会社の定める規則および指示を厳正に守るとともに、会社の行う安全・衛生に関する措置に進んで協力しなければならない」

「会社は、社員の健康増進と安全のため必要な措置を取るものとする」

🔟賞罰に関する規定

賞罰において、特に懲戒事由については、懲戒の種類別にその事由が明記されている必要がある。

①懲戒の種類

懲戒の種類は、「訓戒」「譴責（けんせき）」「減給」「出勤停止」「降職（職位を解くこと）」「降格（等級を下げること）」「諭旨退職／諭旨解雇」「懲戒解雇」等がある。

②諭旨退職と諭旨解雇

諭旨退職や諭旨解雇は、懲戒解雇の一歩手前の処分であり、退職金などがある場合は支給される。諭旨退職では自発的な退職届の提出を勧告するが、これに応じない場合は諭旨解雇とする。

③懲戒解雇

労働基準監督署の認定を受けなくても、就業規則に定める懲戒解雇事由に該当する場合には懲戒解雇はできる。ただし、懲戒解雇であれば「退職金全額不支給」と無条件でできるわけではなく、裁判例によると、賃金の後払い的な要素を含む退職金を不支給とするのであれば、「労働者の永年の勤続の功を抹消してしまうほどの重大な不信行為」であったかどうかが考慮される。

なお、懲戒解雇事由に該当し、かつ、即時解雇を行う（解雇予告をしない場合）には、労働基準監督署長より「解雇予告除外認定」を受ける必要がある。

④賞罰委員会の設置と運用についての規定

賞罰委員会を設ける意義は、恣意（しい）的な処分を避け、公正な賞罰を行うためである。通常、賞罰委員会は、人事部門を事務局とし、管理管掌役員を委員長として、職位者と職位者でない者（労働組合や社員組織がある場合は、これが選

125

出する者）をそれぞれ同数（3人程度）で構成する。

賞罰委員会は、事実に基づきできる限り公正な賞罰案をまとめ、その意見を経営会議など意思決定機関に上申するもので、賞罰の決定は意思決定機関が通常行う。なお、賞罰委員会で賞罰を決定する旨を規定している場合、委員会の審査を経ずに行われた賞罰は、「手続き違反」として無効とされることにも注意しておきたい。

5　人事関連規程に関する留意点

1　就業規則に立ち返る

規程について、何がどこに書かれているかの項目は覚えておくことが重要である。いざ、何か事象が起きたら「就業規則に立ち返る」。就業規則を確認し、もし書かれていない事象が起きたのであれば、就業規則を改定するなどの動きをとることも忘れてはならない。

そのためにも、人事担当者は常時、就業規則と関連規程（賞与規程、育児関連規程など）をすぐに見られる状態にしておき、事象が起きたら必ずチェックするという習慣を身に付けるべきである。規程に立ち返り、常に規程にのっとって対応していけば、大きなトラブルはまず起こらないといえるだろう。

2　内規の整備

内規とは内部規定のことで、人事部内の規定である。「就業規則に立ち返る」ことの大切さには触れたが、人事が実際にどう対応すべきかを運用上定めておくものが内規といえる。

例えば、就業規則に「所定の様式で申請する」とある場合、これだけでは所定の様式とは何かという問題が残る。その都度、担当する人事によって様式が異なってはならない。

そこで、内規では「書類は○○を使うこと」「申請する相手は○○」といった具体的な運用手順を定めておくのである。

仮に人事部以外に公表することのない定めであっても、文書化しておくべきである。内規が整備されていれば、担当者が異動や退職で変わっても、常に安定して同一の運用が実現できる。

7 勤怠管理・給与と社会保険

1 労働時間管理

1 労働時間管理と集計

　労働時間の管理は、通常、タイムカードや勤怠管理システムを使って行う。ここで留意すべき点は、そもそも労働時間とは何かということである。

　何時に来て、何時に帰ったか——ではない。それは出社時刻・退社時刻である。これを管理するのは、労働時間管理ではなく、入退社管理と呼ばれる概念で、どちらかといえばセキュリティの観点から必要な管理となる。

　労働時間とは、その名のとおり「何時から働き始め、何時まで働いたか」である。勤務開始時刻から勤務終了時刻までの時間から休憩の時間を除いたものが、実際の勤務時間となる。

　入退社管理はタイムカードや入退社システムで正確に管理できるが、勤務時間は基本的に自己申告が前提となる。タイムカードを基にしながらも、本人が申告し、上司が承認するといった流れとなる。無駄な残業をしていないか、上司が管理し、きちんと承認することが、全体の残業時間を抑えることにつながる。

　注意点としては、給与計算上、勤務時間を「切り捨て」てはいけない。例えば、15分単位で時間管理をしているとする。ある社員が18時38分まで働いたと申告した場合、これを18時30分に切り捨ててはならない。18時45分に切り上げるべきである。あるいは18時45分まで働いてもらうよう管理することである。

　集計段階で気を付けなければならないのは、1日単位、1週間単位、1カ月単位など、どの単位で集計するかである。

　なお、割増賃金計算における端数処理について、行政通達では、「1カ月における時間外労働、休日労働及び深夜業の各々の時間数の合計に1時間未満の端数がある場合に、30分未満の端数を切り捨て、それ以上を1時間に切り上げること」は、常に労働者の不利となるものではなく、事務簡便を目的としたものと認められるから、労働基準法24条（賃金の支払い）および同法37条（時間外、休日および深夜の割増賃金）違反としては取り扱わないとされてい

る（昭 63.3.14　基発 150）。なお、この端数処理は 1 カ月の合計であり、1 日単位の時間外労働、休日労働、深夜労働は端数の切り捨てが認められないことに留意いただきたい。

　フレックスタイム制を導入している会社では、「清算期間（3 カ月が上限）」における実際の労働時間のうち、清算期間における法定労働時間の総枠（1 週間の法定労働時間〔40 時間〕×清算期間の暦日数÷7）を超えた時間数が時間外労働時間となるため、1 日単位での計算とは異なることに留意したい（実際は、清算期間を「1 カ月」とするケースが多いが、仮に、清算期間を「1 週間」とした場合を例にとると、[図表 48] の下段のとおりとなる）。

❷ 時間外労働、深夜労働、休日労働、振替休日・代休

❶時間外労働

　時間外労働とは、所定時間外の労働である。「1 日 8 時間・1 週 40 時間」の法定労働時間を超えた時間分の給与は労働基準法により最低25%増しとなる。

　一方、その会社の所定労働時間が、例えば「7 時間」の場合、この所定労働時間を超えて働いても、「1 日 8 時間・1 週 40 時間」以内であれば、法定の割増賃金（25%増し）は必要なく、その会社の就業規則の定めによる。

❷時間外労働の留意すべき時間の目安

　人事担当者は、各社員の月の時間外労働時間を確認する際、30 時間超え、45 時間超え、60 時間超え、80 時間超え、100 時間超えという基準を目安に気を付けることが大切である。

　30 時間は、年間の時間外労働の上限時間（360 時間）を 12 カ月で除した場合の目安である。45 時間という目安も、労働基準法 36 条 4 項において、年 360 時間、月 45 時間などと時間外労働の上限が定められていることに基づく（107 ページ [図表 43] 参照）。

　また、先にも述べたとおり、労働基準法改正によって、月 60 時間を超える時間外労働には最低 50%増しの割増賃金の支払いが必要になったことも重要である。

　80 時間、100 時間とは、過労死の労災認定基準に準拠している。月 100 時間超の時間外労働、または 2 ～ 6 カ月の月平均時間外労働が 80 時間を超えると健康障害発症のリスクが高まるとされている（なお、2021 年 9 月の過重労働

第2章　人事部の仕事（基礎編）　7　勤怠管理・給与と社会保険

図表 48 ● 給与計算上の勤務時間処理のイメージ

労働基準法では、労働時間は原則 1 日 8 時間、1 週 40 時間までと定められている。この法定労働時間を超えて労働をさせた場合が時間外労働となり、割増賃金の対象になる

		9:00	12:00	13:00		18:00	19:00	20:00	
		所定労働時間	休憩	所定労働時間		時間外労働時間			
通常勤務	月								
	火								時間外 2 時間
	水								時間外 2 時間
	木								時間外 1 時間
	金			早退					早退▲5時間

時間外労働時間 5 時間
早退▲5 時間

時給1,200円なら

時間外労働	時間単価×5×1.25	＋7,500 円
早退	時間単価×5	▲6,000 円
	差し引き	＋1,500 円

フレックスタイム制では、清算期間を通じて法定労働時間の総枠を超えた時間が時間外労働となる

		9:00	12:00	13:00		18:00	19:00	20:00	
		所定労働時間	休憩	所定労働時間					
フレックスタイム制 清算期間：1週間	月								労働時間 8 時間
	火								労働時間 10 時間
	水								労働時間 10 時間
	木								労働時間 9 時間
	金								労働時間 3 時間

総労働時間
計 40 時間

時給1,200円なら

時間外労働	時間単価×0	0 円

※時間外労働時間＝総労働時間－40 時間で計算する

129

による脳・心臓疾患の労災認定基準の改正により、上記の時間外労働時間未満でも「労働時間以外の負荷要因」によっては健康障害リスクが高まるとされている）。

月80時間超の時間外労働を行い、疲労の蓄積が認められる社員に対しては、企業は本人からの申し出を受けて、医師による面接指導を実施しなければならないとされている（労働安全衛生法66条の8）。なお、高度プロフェッショナル制度の適用対象者や研究開発に携わる社員の場合、時間外労働が月100時間を超えて疲労の蓄積が認められるときは、本人からの申し出がなくても医師による面接指導を実施しなければならない。

過重労働による脳・心臓疾患の労災認定基準についても、発症前1カ月におおむね100時間、または発症前2カ月間ないし6カ月間にわたって、1カ月当たりおおむね80時間を超える時間外労働が認められる場合は、業務と発症との関連性が強いとされている。

3 深夜労働

深夜労働の給与は、やはり労働基準法により最低25％増しになる。それが、「1日8時間・1週40時間」の法定労働時間を超えた時間外労働であれば、合わせて最低50％増しとなる。

4 休日労働

休日労働の給与は、同じく労働基準法により、法定休日であれば最低35％増しだが、法定外休日（「1週間1日または4週間4日」以外の休日）の法定労働時間を超えた分については最低25％増しとなる。

つまり、例えば、法定休日を日曜日とした場合、土曜日か日曜日かによって額が異なるので注意したい。

5 振替休日・代休

振替休日と代休の違いについても触れておこう。

あらかじめ"休日"と定められた日を"通常の労働日"とし、その代わりに他の"労働日"を"休日"とすることができる。それが「振替休日」である。もともと休日と定められた日が「労働日」となるため、その日に労働させたとしても「休日労働」とはならず、休日労働に対する割増賃金の支払い義務も生じない。

これに対して「代休」は、休日労働、時間外労働、深夜労働が行われた場合

に、その日より後の日に休日を与えるものである。代休の場合は、実際に休日労働、時間外労働、深夜労働が行われているため、法定休日労働であれば出勤した日の給与が最低35%増し、そのほかであれば最低25%増し（時間外の深夜労働であれば50%増し）になる。

両者の区別をつけることが重要である。いずれの場合も、申請がなされているかを管理することを忘れないようにしたい。

③ フレックスタイム制、裁量労働制の基礎的知識

フレックスタイム制とは、労働者が各日の始業時刻、終業時刻を自由に決定できる仕組みである。具体的には、1日の労働時間を、勤務しなければならないコアタイムと、その時間内であればいつ出勤・退勤してもよいフレキシブルタイムとに分けて実施することが多い。

裁量労働制は、このフレックスタイム制と混同しがちだが、異なるものであることに留意したい。裁量労働制は「みなし労働時間制」の一種であり、対象となった労働者は、業務の遂行手段や時間配分の決定に関して、使用者から具体的な指示を受けず、労働時間については実際に働いた時間にかかわらず「労使協定で定めた時間」労働したものとみなされる。したがって、通常の労働時間制度では"所定労働時間"に遅刻した場合、「遅刻」とすることは可能だが、裁量労働制を適用した場合、その日の労働時間は「労使協定で定めた時間」労働したものとみなされるため、遅刻しても賃金控除することはできない。

フレックスタイム制の場合、当然、コアタイムに遅れた場合は遅刻となる。

④ 異常値の把握と報告

時間外労働時間が多い、特に36協定で定めている時間を超えている社員や部署については、経営者や管理職に伝えて対応策を考えていかなければならない。先述のとおり、一つの目安が、1カ月30時間、あるいは45時間超えである。

また、実際に欠勤や時間外労働が多い社員、具合の悪そうな社員を見つけたら、状況を把握し、産業医などしかるべき人に報告することを心掛けたい。

2 給与

　給与と社会保険は、労務管理上重要だが、この分野の書籍などは多く出ているので、ここでは詳述せず、押さえておくべきことについて確認する。

1 給与支払いの原則
1 通貨払いの原則

　現物支給は認められない。小切手、手形での支払いも認められない。銀行振込は可能。ただし社員本人名義の口座で、本人の同意が必要（採用時に確認）。なお、今後、賃金のデジタル払いを活用するケースも出てくると想定される。

2 直接払いの原則

　本人に支給すること。家族も原則不可（本人が休職、長期出張の場合は可）。裁判所からの差し押さえは除く。

3 全額払いの原則

　賃金は全額支払わなければならない。強制貯金は禁止。所得税や社会保険料などの法定控除、労使協定により規定された控除（備品の購買代金、組合費、寮費など）、懲戒処分による減給を除く。

4 毎月払いの原則

　少なくとも月に1回は支払わなければならない。

5 一定期日支払いの原則

　給与支払日は、「25日」なら「25日」と決める（「第4金曜日」など変動する期日は不可）。

　なお、臨時で支給される賞与・退職金には4 5は適用されない。

2 所得税・社会保険料等控除
1 通勤手当

　通勤手当は一定金額まで非課税（電車・バス等の場合は月額15万円まで）。ただし、健康保険料、厚生年金保険料、介護保険料および労災保険料の算定対象になることには要注意である。

2 給与からの法定控除

　給与支給総額から健康保険料、厚生年金保険料、介護保険料（40歳から）、

雇用保険料の本人負担分を控除する（労災保険料は事業主のみが負担する）。さらに所得税、住民税も控除する。なお、賞与を支給する場合は賞与からも控除する（ただし、賞与の場合は住民税は控除しない）。

社会保険料は標準報酬月額により決定される。原則的には、4月、5月、6月の報酬を基に標準報酬月額を算定し、これに基づき保険料が計算され、9月1日より翌年8月31日の間で適用される。

社会保険料は、前月分を当月控除する。例えば、4月入社の場合は、5月給与で4月分の社会保険料を控除する。退職時は、資格喪失日が退職日の翌日となる。月末に退職する場合は当月分も控除されることになり、前月分と合わせて2カ月分を控除することになる。なお、月末ではなく、月中での退職であれば、当月分の社会保険料は控除しない。ただし、当月入社、同月中退職の場合には、当月分の社会保険料を控除する。

介護保険料の控除は、40歳の誕生日の前日が資格取得日となる。翌月の給与支払日より控除する。

❸ 源泉所得税の控除

源泉所得税は、給与総支給額から通勤手当などの非課税額と社会保険料を差し引いて課税対象額を計算し、「給与所得の源泉徴収税額表」を使って給与所得や扶養家族の数などに応じた源泉徴収税額を算出し、給与総支給額から控除する。

なお、源泉徴収を行うためには、控除対象配偶者や扶養親族の有無など各社員にどのような「控除」が適用されるのかを把握する必要があるため、「給与所得者の扶養控除等（異動）申告書」を提出してもらう。

❸ 年末調整

会社では、毎年11月から12月上旬に年末調整を行う。年末調整とは、月々の源泉徴収税額の年間の合計額と、1年間の給与総額に対する所得税等の年税額の差額を調整する手続きで、所得税を納めすぎた場合は還付され、不足があれば追加で徴収される。

給与所得とは、源泉徴収する前の給与・賞与などの収入金額から、会社員の必要経費とされる「給与所得控除額」を差し引いたもので、これに基づき所得税額を計算し、算出された過不足税額については12月の給与に反映する。

133

④ 税額の算定

国税庁の提供する「給与所得の源泉徴収税額表」に基づいて計算する。これは、国税庁のホームページや各税務署が主催する年末調整の説明会で手に入る。扶養家族の有無・人数に気を付ける必要がある。

3 社会保険

社会保険とは、保険を利用して疾病、負傷、老齢、介護、出産、育児、障害、失業、死亡などの事態が生じた場合に一定の給付を行い、所得や医療などを保障する制度である。広義の社会保険の種類としては次のようなものがある [図表49]。狭義では、健康保険や厚生年金保険、介護保険を総称して「社会保険」、労災保険や雇用保険を総称して「労働保険」ともいう。

① 社会保険の加入要件

社会保険の加入は義務である。「本人の希望で加入させていない」といった事例を聞くが、これは明らかな法令違反なので要注意である。

健康保険と厚生年金保険の加入要件は、[図表50] のとおりである。

健康保険・厚生年金保険では、会社（事業所）単位で適用事業所となり、その事業所に使用される常時雇用者はすべて被保険者になる。パートタイマー・

図表 49 ● 社会保険の種類

目的	被雇用者が職域で加入する	自営業者や自由業者などが地域で加入する
医療	健康保険	国民健康保険
年金	厚生年金保険	国民年金
災害補償	労働者災害補償保険（労災保険）	なし
失業	雇用保険	なし
介護	介護保険	

［注］ 狭義では健康保険、厚生年金保険、介護保険をまとめて社会保険と呼び、労災保険と雇用保険をまとめて労働保険と呼ぶ。

第 2 章　人事部の仕事（基礎編）　7　勤怠管理・給与と社会保険

図表 50 ● 健康保険と厚生年金保険等の加入要件

年齢要件：健康保険は 75 歳未満、厚生年金保険は 70 歳未満、雇用保険は年齢要件なし
【原則】週所定労働時間および 1 カ月の所定労働日数が常時雇用者の 4 分の 3 以上
【例外】　4 分の 3 未満でも下記の①〜④の要件を満たす場合は加入
　　　　　①週所定労働時間が 20 時間以上
　　　　　②月額賃金が 8 万 8000 円以上
　　　　　③雇用の見込みが 2 カ月超
　　　　　④学生ではない

区分		健康保険・厚生年金保険	雇用保険	労災保険
（臨時雇用的な）アルバイト		×	×	○
パートタイマー	週所定労働時間が 20 時間未満	×	×	○
	週所定労働時間が 20 時間以上	○（※ 1）	○（※ 2）	○
法人の役員	実質的に労働者としての身分を有する	○	○	○
	労働者としての身分を有しない	○	×	×（※ 3）

※ 1　従業員数 51 人以上の企業に勤務している者が対象
※ 2　31 日以上引き続き雇用されることが見込まれる場合
※ 3　条件を満たせば、労災保険の「特別加入制度」がある

　アルバイト等でも、1 週間の所定労働時間および 1 カ月の所定労働日数が、常時雇用者のおおむね 4 分の 3 以上であれば、被保険者になる。また、常時雇用者の 4 分の 3 未満であっても、従業員数 51 人以上の企業に勤務し、週の所定労働時間が 20 時間以上など一定の要件を満たす場合には被保険者になる。

　雇用保険は、労働者を雇用する事業は、その業種、規模等を問わず、すべて適用事業であり、適用事業に雇用され、以下の①②のいずれにも該当するときは雇用保険の被保険者となる。

①1 週間の所定労働時間が 20 時間以上
②31 日以上引き続き雇用されることが見込まれる

　社会保険は「まずは加入」ということを前提として、対応しておいたほうがよい。

135

2 健康保険

　健康保険とは、労働者本人（被保険者）やその家族など（被扶養者）の業務外の病気やケガ、出産、死亡に対して必要な給付を行うことを目的とした公的医療保険である。中小企業等で働く労働者やその家族が加入する健康保険は、全国健康保険協会（協会けんぽ）が運営している。また、企業や企業グループ、同業種の企業等で構成される健康保険組合が運営するものもある。

　給付の種類には、療養の給付、入院時食事療養費、入院時生活療養費、療養費、高額療養費、移送費、傷病手当金、出産手当金、出産育児一時金、埋葬料などがある。

　人事では、傷病手当金（病気やケガで仕事を休んだときの保障で、仕事に就けず、その間の報酬が得られない場合に、会社を休んだ日が連続して3日間あった上で、4日目以降、休んだ日に対して給与のおよそ3分の2が最長1年6カ月支給される）や、出産手当金、出産育児一時金、高額療養費等の申請事務が頻繁にあるため、特に理解しておいたほうがよい。

3 厚生年金保険

　厚生年金保険は、民間の会社などに勤務する労働者の老齢、障害または死亡について保険給付を行い、労働者およびその遺族の生活の安定と福祉の向上に寄与することを目的とする社会保険制度である。

4 介護保険

　介護保険は、40歳以上の人全員を被保険者（保険加入者）とする、市区町村が運営する強制加入の公的な社会保険制度である。

　被保険者になると保険料を納めることになり、介護が必要と認定されたときに、費用の一部を支払うことで介護サービスを利用できる。

4 労働保険

1 労災保険

　労災保険は、労働者の業務上および通勤途上の事由によるケガや病気などに対して、必要な保険給付を行うほか、被災労働者の社会復帰の促進等の事業を行う制度である。その費用は、原則として事業主が負担する保険料によって賄われている。

　保険給付の種類の概要は［図表51］のようになっている。保険給付の請求は労働基準監督署に行う。

　労災保険が適用になる傷病かどうか（業務上か私傷病か）については、慎重に確認いただきたい。特にうつ病は、労災として認定されるケースが近年増えている。

2 雇用保険

　雇用保険は、政府が管掌する強制加入の保険制度である。労働者を1人でも雇用する事業は、原則として適用されることになっている。

　労働者が失業して収入源を失ったとき、または労働者について雇用の継続が困難となる事由が生じたとき、または労働者が自ら職業に関する教育訓練を受けた場合などに、生活および雇用の安定と就職の促進のために失業等給付等を支給する。

　人事としては、退職事由によって失業等給付の支給開始時期が異なることを理解しておくことが大切である。また、その退職事由の判断は、「離職票」によって公共職業安定所（ハローワーク）が行う。

　注意すべき点は、自己都合退職の場合に、退職者から「解雇扱いにしてもらえたら失業等給付が早く受け取れるので、離職証明書にそう記入してほしい」などと要望されたり、会社側の見解と退職者側の見解が異なる退職事由になっていたりする場合である。判断は公共職業安定所が行うので、会社が認識している退職事由を離職証明書に記入し、退職者から要望があっても安易に変更してはならない。

図表51 ● 労災保険給付の概要

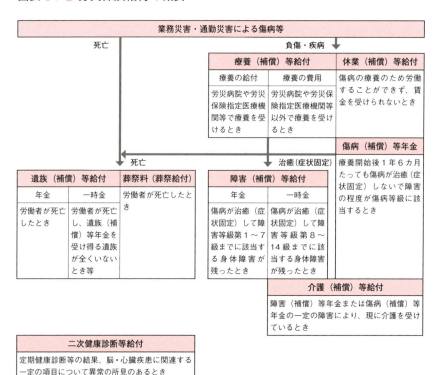

資料出所：東京労働局のホームページの資料を一部改変

5 給与・社会保険関連の実務上の留意点

1 給与・賞与のチェック

　給与・賞与のチェックは、ミスを起こさないように細心の注意を払いたい。作業時間に余裕を持たせ、集中して取り組める時間を設けて、作業するよう心掛けてほしい。

　支給総額のチェックを怠らないことが重要である。時間外労働時間を間違うと過払いや未払いが起こり得る。具体的には、支給控除一覧表を見て、支給総

額や全項目で前月との比較をすることが、ミスに気づく最善策である。当然、先月・当月での入退社の人数を確認する必要もある。

手当については、支給の根拠となる資料を確実に提出してもらう。例えば「この人に特別手当を出したい」という場合も、稟議書を提出してもらうなどして記録を残し、それを支給額と照らし合わせるようにする。

2 給与関連でミスしやすいところ

システムに手入力している箇所は、疑ってかかったほうがよい。初歩的なミスだが、給与の桁を間違えて入力することは起こり得る。

新入社員が入社したタイミングは要注意だ。入社時の初回登録の際には扶養家族の人数や給与額などを間違えやすいので気を付ける。制度が変わるタイミング、例えば給与改定時にもミスが起こりやすい。

欠勤の控除額は、会社ごとにルールを定めていると思うが、それを間違えないようにすることも重要である。具体的には、28 日しかない月と、31 日ある月とで、1 日欠勤した場合の控除額をどうするかということである。また、退職時にまとめて休暇を取る社員がいる場合、本当に有休の残日数が足りているかを確認する。残日数よりも多く休んだ場合には欠勤控除をしなければならない。

通勤手当は、交通運賃の改定があれば変わるはずなので、その点にも注意する必要がある。

3 入社時・退職時

入社時の実務で注意すべき点を挙げよう ［図表 52］。まずは扶養家族がいるかどうかを確認する。年末調整の際の扶養控除に関係する。

住民税については、社員の給与から住民税を控除して納付する特別徴収か、住民税を社員自ら納付する普通徴収かの確認も必要である。

社会保険については、標準報酬月額がどのくらいになるかを算定し、健康保険組合もしくは日本年金機構に届け出る。

退職に伴う実務も多々ある。健康保険では、まず退職する社員から退職日もしくは最終出勤日までに健康保険証（扶養家族分を含む）を回収する（2025年 12 月 1 日までは回収が必要）。

図表 52 ● 入社時・退職時の実務で注意すべき点

入社時	退職時
・給与額 　　通勤費の確認 　　扶養控除の有無の確認（家族構成の確認） ・住民税に関する異動届→各市区町村 　　　　―住民税の特別徴収 　　　　（会社が徴収） 　　　　―住民税の普通徴収 　　　　（個人で支払うもの） ・社会保険の加入手続き（基礎年金番号 　通知書の確認） 　　「標準報酬月額」がどのくらいになる 　　か確認 　　　→健康保険組合／日本年金機構 　雇用保険 　　　→公共職業安定所／労働基準監督署	・給与額 　　勤怠における最終調整 　　通勤費の精算 　　社会保険料（月末退職の場合、2カ 　月分の控除） ・住民税 　　1～5月の退職者については一括徴 　収 ・社会保険 　　退職者に必要書類の返却を求める。 　　離職票に係る申請書類を作成、給与 　　計算確定後、公共職業安定所へ提出。 　　離職票を退職者に交付し、退職者が 　　公共職業安定所へ持参して失業等給 　　付の手続きをする ・各市区町村に退職者の退職について届け 　出 ・退職者に源泉徴収票を交付 ・退職者に退職証明書を交付（本人の希 　望に応じて）

　そして給与計算の確定後、雇用保険被保険者資格喪失届と離職証明書とともに賃金台帳・労働者名簿・出勤簿など退職日以前の賃金支払い状況と退職事由が確認できる資料を公共職業安定所へ提出すると離職票が交付される。その離職票を退職者に渡す（その後、本人が離職票を持参した上で公共職業安定所へ向かい、失業等給付の手続きを行うこととなる）。

　その他、給与から住民税を天引きする特別徴収を行っている場合には、社員が居住する市区町村に「給与支払報告・特別徴収に係る給与所得者異動届出書」を退職日の翌月10日までに提出する必要がある。また、社員が確定申告をしたり、再就職先で年末調整を受けたりするための源泉徴収票や、社員が希望した場合に発行義務のある退職証明書を本人に交付することとなる。

❹ 月間・年間のスケジュール

　詳しくは［図表 53、54］を参照していただきたい。

図表 53 ● 月間スケジュールの例

日	給　　　与	社会保険料
1 日	新卒・中途共に、入社の多い日	月変※対象者の確認、手続き
10 日	勤怠の締め切り（内容チェック、集計）	
17 日	給与計算（入退社、異動、休職、欠勤、時間外労働時間、扶養家族、転居、通勤費、介護保険の新たな対象者） ↓ 確認期間	
22 日	金融機関にて、給与振込の手続き	
25 日	給与支給日	
末日		

※月変：賃金が大きく変わり、社会保険上の等級が 2 等級以上変わった人は、社会保険料が変わる。
　　　　これを月変（随時改定）という。

図表 54 ● 年間スケジュールの例

月	所得税・住民税	社会保険料	その他
4 月			給与改定
5 月	各市区町村から届く住民税決定通知書に基づいて、住民税の年度更新（住民税改定）		賞与計算
6 月			
7 月		社会保険料算定 （4 ～ 6 月の給与を基に）	
8 月			
9 月			
10 月	年末調整書類の配布	社会保険料改定	
11 月	年末調整書類の回収		賞与計算
12 月	年末調整 源泉徴収票の発行		
1 月	法定調書を税務署に提出		
2 月			
3 月			

8 福利厚生と安全衛生

1 福利厚生とは

1 法定福利と法定外福利

　企業の福利厚生は、労務管理の一環として賃金、労働時間などの労働条件を補完するもので、社員の働く意欲や企業に対する帰属意識を高め、人間関係を良好に保っていくなどの効果がある。福利厚生には、法定福利と法定外福利とがある。

　法定福利は、その名のとおり法律によって義務づけられたものである。具体的には、社会保険（健康保険、厚生年金保険、介護保険）、健康診断、労働保険（雇用保険、労災保険）、児童手当の支給に要する費用等を事業主が負担する子ども・子育て拠出金などが挙げられる。

　法定外福利は、法律で義務づけられてはいないが、経営の意志によって行うものである。当然、費用はすべて会社負担となる。その内容は会社によって多様だが、よく知られているものとしては退職金や慶弔見舞金などが挙げられる。

　会社が費用を負担するということは、その目的は「仕事をするための環境を整える」ことと考えるべきである。人間ドックなら「社員にいい仕事をしてもらうために、心も体も健康に保ってもらうこと」という目的がある。旅行支援やリフレッシュ休暇なら、「仕事に支障を来さないためにも、社員本人と家族が健やかに過ごすこと」を目的としているのである。

2 健康診断の要件と実務

　健康診断は法定福利（労働安全衛生法66条）である。すべての社員に対して年1回（深夜業など「特定業務従事者」は年2回）、必ず受けさせなければならない。

　検査項目も「身長、体重、腹囲、視力および聴力の検査」「血圧の測定」「心電図検査」「尿検査」などあらかじめ決まっている。各自が好きなものを自由に選んで受診できるわけではない。

　健康診断は会社の義務であるため、社員を必ず受診させなければならない。

そのオペレーションを確立して、チェック漏れがないようにする必要がある。また、健康診断の受診を拒否する社員は、懲戒の対象にすべきだろう。

　同じく、健康診断の結果で異常値が出た社員は、産業医に面談してもらうなどのフローも用意しておくべきである。

2　安全衛生

1　衛生管理者

　労働安全衛生法によって定められている労働条件、労働環境の改善、疾病の予防処置等を担当し、事業場の衛生全般を管理する者である。

　常時50人以上の労働者を使用する事業場は、衛生管理者を選任しなければならず、事業場の規模ごとに専任しなければならない数が決められている。衛生管理者免許を持つ者や医師、労働衛生コンサルタント等の資格者からの選任が義務づけられている。

　したがって、50人以上の事業場となった場合は、主に人事担当者に衛生管理者資格を取得させる必要が出てくる。機会があれば資格を取得してほしい。

2　産業医

　産業医とは、社員の健康管理を行う医師である。労働安全衛生法13条により、事業者は、産業医を選任する義務がある。常時50人以上の労働者を使用するに至ったときから14日以内に選任し、所轄労働基準監督署に報告書を提出しなければならない。また、産業医は、少なくとも毎月1回は作業場等を巡視することが義務づけられている。

　月に1回、定期的に来社してくれる産業医、さらにはメンタルヘルスに強い産業医と契約できると、人事としては大変心強い。

　休職者が出た場合、復職するタイミングが非常に重要となってくるが、その見極めにも産業医の協力が不可欠となる。

3　安全委員会・衛生委員会

　常時50人以上の労働者を使用する事業場で、建設業、製造業などの特定の業種に該当する場合は安全委員会、全業種では衛生委員会の設置が義務づけら

れており、毎月1回以上開催することが定められている。なお、安全委員会、衛生委員会の両方を設けなければならないときは、それぞれの委員会の設置に代えて、安全衛生委員会を設置できる。

委員会は、総括安全衛生管理者または事業の実施を統括管理する者等、安全管理者／衛生管理者、産業医、労働者（安全／衛生に関する経験を有する者）により構成され、安全／衛生に関する計画の作成、衛生教育、長時間労働に関する健康障害の防止施策等を調査・審議する。

9 労務管理

1 労務トラブルの概要

1 人事に個別案件はつきものである

　人事担当者は業務時間の多くを、社員や現場の管理職からの相談とその対応に割いているのが現実だろう。

　個別案件には、人の数だけさまざまな問題があるが、大きく分けると、以下のように分類できる。

- 採用時の問題
- 退職にまつわる問題（自己都合退職）
- 解雇にまつわる問題
- 労働時間管理に関する問題
- ハラスメント、不正に関する問題
- メンタルヘルスに関する問題
- 人間関係に関する問題
- 上司や同僚・部下に関する不平・不満
- 会社の方向性などへの不安
- プライベートな問題に関するもの

　上記のものは、それぞれが単独で存在せず、人間関係の問題で勤怠異常になったり、上司・同僚への不平・不満が退職などにつながっていたりするので完全に分離することはできない。

　これらに対応する際の判断の多くは規程に基づいて行われる。規程や内規（規程の運用細則や軽微な規定、ルール。運用時の決まり）は、さまざまな事案に対応できるように、事案が起こった都度、修正しておかなければならない。公正さを保つためには、できるだけ「担当者によって対応が違う」ことがないようにしなければならない。また、前例は非常に重要である。したがって、やりとりの記録と判断根拠は残しておくことを心掛けておきたい。

　以下、主な労務問題について考えてみる。

145

❷ 退職にまつわる問題（自己都合退職）

まず大切なことは、社員の「退職の“におい”」をつかむことである。それは、「顔色」「言動・態度」「勤怠」「評価」などに表れることが多い。その異常を素早くキャッチして適切な対応を早期に行うことが大切だ。

現場の管理職、同期のネットワーク、給与担当などに網を張っておき、多くの情報リソースから「彼（彼女）は最近、なんだか様子がおかしい」という声を収集できる体制をつくっておくことが重要だ。あるいは現場の管理職に対して「最近どうですか」と、折に触れてメンバーの状況を尋ねることも大切である。その点でも人事担当者は、現場の管理職との良好な関係を築いておくことが重要である。

“売れっ子”の人事担当者というのは、社内を歩くたびに呼び止められて、本人の相談や周囲の人の情報についての話を受けるものである。そのような雰囲気を醸し出せるようになれたら、一人前の人事担当者といえるだろう。

社員の退職事由の多くは、次のようなものである。このほかに家族の都合などもある。

• ほかにやりたいことが見つかった
• 将来が見えない
• 今の仕事に適性がない
• 仕事が厳しすぎて（あるいは労働時間が長すぎて）やっていけない
• 仕事がつまらない、楽すぎる
• 結婚・出産した場合、現状の労働環境では続けられない

また、これらは表面的な理由であるケースも少なくない。実は、上司・同僚との人間関係、セクハラ、パワハラなどが根底にある場合である。

これらの情報をキャッチした場合には、単独で判断・対応せず、人事部内で情報を共有し、適切に対応していくことが大切である。

よかれと思って対応したことが裏目に出てしまうこともよくある。うっかり「辞めたほうがいいかもね」などと言ってしまい、後で「退職勧奨された」などと主張されることもあるからだ。

第 2 章　人事部の仕事（基礎編）　9　労務管理

❸ 解雇にまつわる問題

　基本的に、明確な勤怠異常の場合以外、普通解雇はできないと考えておかなければならない。

　整理解雇については［図表 55］のように「整理解雇の 4 要件」を満たす場合に限られ、このようなケースは極めてまれである（最近の裁判例では、これらを「4 要件」ではなく、総合勘案する「4 要素」とみなす考え方もあるが、いずれにせよ、簡単に満たせるものでないことは留意すべきである）。

　普通解雇に至る事由は、遅刻・欠勤などの勤怠異常や勤務態度不良、長期にわたる業務外の傷病による労務不提供、無断欠勤、行方不明などである。

　このような異常が見られた場合には、速やかに人事部内で共有し、その社員の上司と連携しながら対応していく必要がある。

　特に無断欠勤などは、生死に関わる場合もあるために早急な対応を心掛けてほしい。

図表 55 ● 整理解雇の 4 要件

1．経営上の必要性がある
　必要性の程度は、事案によってさまざまである
　①　人員削減しなければ倒産する状況にある
　②　かなりの経営危機である
　③　①、②までではないが、会社の運営上必要である
　根拠は、営業状態、資産状況、人件費の動向、新規採用等の人員動向など

2．解雇を避けるために努力した
　具体的には、経費の削減、不要資産の売却、役員報酬の削減、残業規制、一時帰休、賞与カット、昇給停止、外注減少・停止による社内の雇用確保、新規採用の縮小・停止、配転・出向等による雇用確保、希望退職の募集など

3．人選が合理的である
　選定基準は、状況によって判断されるが、客観性・合理性が求められる
　①　勤続年数、実績などの貢献
　②　勤務成績や能力などの評価（例：遅刻、欠勤が多い人から選ぶ）
　③　雇用形態（例：正社員よりもパートタイマーから選ぶ）
　④　再就職や家計への影響（例：30 歳以下から選ぶ）

4．解雇手続きに妥当性がある
　整理解雇実施前に、労働組合との協議・交渉を尽くしたか、労働組合がない場合でも社員に整理解雇の必要性とその内容を十分に説明し、納得を得るための努力をしたか

147

4 ハラスメント、不正に関する問題

　セクハラやパワハラなどのハラスメントや、金銭的な不正（売上金の着服）や物品の横領といった不正は、通常の業務においてあってはならないもので、会社として毅然とした態度で対応しなければ、企業の存立・維持は不可能になる。そのため、しかるべき懲戒処分をしなければならない。なお、代表的な懲戒処分の種類は［図表56］、懲戒処分の留意事項は［図表57］のようになっている。

図表56 ● 代表的な懲戒処分の種類

懲戒の種類	懲戒の内容	注 意 点
訓戒・戒告	始末書を提出させずに厳重注意するもの	実務では、懲戒処分ではない注意（事実上の訓戒）が多用される
譴　　責	始末書を提出させて厳重注意するもの	始末書の提出は強制できない
減　　給	本来ならば支給されるべき賃金の一部を差し引くもの	労働基準法91条により、1回の額が平均賃金の1日分の半額を超え、総額が1賃金支払期における賃金総額の10分の1を超えてはならない
出 勤 停 止	労働者の就労を一定期間禁止するもの	期間が長いと無効となる可能性が高い
降格・降職	等級や資格等の格付け、または職位を下げるもの	"保有（潜在）能力を評価する"職能資格制度の場合、原則として降格は、人事権としてはなし得ず、命令として行うときは懲戒処分となる
諭旨解雇 （諭旨退職）	懲戒処分として、退職届の提出を勧告するもの	形式的には辞職による労働契約終了であり、この懲戒処分自体に法的効果があるわけではない
懲 戒 解 雇	懲戒処分として、労働契約を使用者が一方的に解約するもの	有効性は厳格に判断される

図表57 ● 懲戒処分の留意事項

①懲戒事由と懲戒内容が、就業規則上に明確に規定されているか
②就業規則に定めた懲戒事由に該当する事実があるか
③就業規則に根拠規定が制定される前に発生した事案ではないか
④一つの事案に対して、2度以上の処分にならないか
⑤同一同種の事案と比べて、処分に差がないか
⑥行為と処分のバランスがとれているか
⑦処分決定の手続きについて、就業規則に定めがないか

第2章　人事部の仕事（基礎編）　9　労務管理

　これらの事象が発生した場合には、当事者双方の聴取や周囲からの事実確認
など、できるだけ多角的に、客観的な情報を得ることが大切である。

　懲戒処分に該当する場合は、事実の調査と記録、関係者の聴取記録を基に賞
罰委員会などの審査機関の判断を経て処分を決定するといった公正な段取りが
重要になる。なお、懲戒処分の中でも、訓戒、譴責は比較的軽い処分であり、
減給、出勤停止、降格・降職となるにつれて重い処分となる。社員としての身
分の喪失となるのは、諭旨解雇と懲戒解雇である。どの処分を科すかは、これ
までの他の事例との軽重を考慮し、公正に決定しなければならない。

　就業規則または賞罰規程等において、どのような事案がどの処分に該当する
かを規定しておくとよい。

Column

セクシュアルハラスメント（セクハラ）

　セクシュアルハラスメントの種類には「対価型」と「環境型」がある。
①対価型：従業員の意に反する性的な言動への対応（拒否や抵抗等）
　により、その従業員が解雇、降格、減給、労働契約の更新拒否、昇
　進・昇格の対象からの除外、客観的に見て不利益な配置転換などの
　不利益を受けること
②環境型：従業員の意に反する性的な言動により従業員の就業環境が
　不快なものとなったため、能力の発揮に重大な悪影響が生じるな
　ど、その従業員が就業する上で看過できない程度の支障が生じるこ
　と
　いずれにしても、被害者側が不快と感じた場合には、これに該当す
る可能性が高いので、社内教育と理解促進を徹底する必要がある。

> ### 賞罰委員会　Column
>
> 　懲戒処分の決定に先立って、第三者の意見や同意を得たり、対象者本人の弁明を聞いたりすることにより、手続きを適正に行うことを目的とした、社内に設置される機関。会社によっては懲罰委員会と呼ばれることもある。法律上の規定は特になく、就業規則等の規程に基づいて設立・開催される。
>
> 　懲戒処分の決定は、取締役会などの経営意思決定の場で決議されるが、賞罰委員会からは最終決議の判断材料と、事実調査結果・処分案を提示する。人事部門を事務局とし、管理管掌役員を委員長として、管理職数名、非管理職数名で構成されることが多い。

❺ メンタルヘルスに関する問題（うつ病の場合）

　近年見られる長期欠勤の理由の多くは「うつ病」などの精神疾患である。

　勤怠に異常が表れ、それが精神疾患によるものである場合、まず人事部が確認することは、物理的な労働時間の長さである。厚生労働省の過労死等（脳・心臓疾患）に係る認定基準では、発症前1カ月間におおむね100時間または発症前2カ月間ないし6カ月間にわたって1カ月当たりおおむね80時間を超える時間外労働が認められれば業務起因性が認められるとされている。なお、2021年に認定基準が改正され、労働時間以外の負荷要因も総合評価して労災認定することが明確化された。

　また、厚生労働省の「心理的負荷による精神障害の認定基準」によれば、以下の要件をすべて満たすと、精神障害は業務上の疾病、いわゆる労働災害として取り扱われる。

①対象となる精神障害を発病していること

②精神障害の発症前おおむね6カ月間に、業務による強い心理的負荷が認められること

③業務以外の心理的負荷や個人的な事情で精神障害を発病したとは認められないいこと

第2章　人事部の仕事（基礎編）　9　労務管理

　なお、2023年に認定基準が改正され、「業務による心理的負荷評価表」にカスタマーハラスメントが具体的出来事として加えられたほか、改正前までは悪化前おおむね6カ月以内に「特別な出来事」がなければ業務起因性が認められなかったが、改正後は、悪化前おおむね6カ月以内に「特別な出来事」がなくても、「業務による強い心理的負荷」によって悪化した場合は、悪化した部分について業務起因性が認められることとなった。

　精神障害の場合、業務に全く関係ない原因で発症していることもあるが、業務上であることが疑われるケースも多い。人事部は、社員が精神障害を発症したケースでは「それは業務上か業務外か」ということをまず念頭に置くべきである。「業務外の傷病」という扱いで休職を適用する際には、十分注意が必要である。後に業務上と認められる場合に備え、休職の延長措置なども想定しておかなければならない。この判断を持ちながら、本人や家族に対応していくことが肝要である。

Column

うつ病と労働災害

　うつ病が労災と認定されるということは、会社として安全配慮義務（労働安全衛生法上、同法の定める労災を防止するための義務を負うとともに、労働者との雇用契約上、労働者の生命および身体を危険から保護するように配慮すべき義務）違反であるとされるに等しいことであり、労災保険から支払われる補償以外でも民事訴訟の対象となることもある。

151

2 労務管理実務の留意点

1 人事相談（1次対応）時の留意事項

　人事担当者として社員の相談を聞く際の留意点としては、とにかく相手の話をよく聞くことである。聞いてあげるだけで、本人も溜飲が下がり、問題が収まるケースもある。嫌な顔をせず、真剣に傾聴する、共感するように話を聞くとよい。

　ただし、冷静に事実関係を確認しながら聞くことが重要である。相手が本当のことを言っているとは限らない。うそをついていないにせよ、どうしても主観が入り込んだり、表現が誇張されたりすることがあるため、事実と異なる可能性がある。相手の話を鵜呑みにせず、関係者、当事者にも話を聞くことで、問題の本質を探っていく姿勢が重要である。

　本書の読者には、自分の判断のみで対応せず、相手に「どうしてほしいか」を確認した上で、人事責任者に相談しながら解決の手助けをするという段取りが望ましいだろう。

2 規程・前例を確認する

　労務トラブルを解決する上で、規程や内規は大変重要である。人事がこれらを理解しておくのは当然だが、あらゆる事象に対応できるよう、問題が起こった際に規程や内規に修正をかけていくことも心掛けたい。

　前例を参考にすることも非常に重要である。やりとりの記録と、判断根拠をデータとして残しておくこと。事実関係、証言・証拠、賞罰委員会での議論などを「労務事故報告書」としてまとめておくべきである。

　いずれにせよ、人事の公正さを保つためにも「担当者によって対応が違う」ということが起きないよう配慮してほしい。

10 人材育成、教育・研修

1 人材育成の全体像

1 人材育成のイメージ

　人材の育成は、個人の立場で考えると［図表58］のようにイメージできる（★は目指す姿〔ゴールイメージ〕を表している）。しかし、会社の立場で考えてみると［図表59］のようになる。

　もし［図表58、59］の個人と会社の立場におけるゴールイメージが同じか近ければ、現状とのギャップが育成ポイントになる。

　当たり前の話だが、ゴールイメージが一致しているか、そうでないかによって教育効果は異なってくる。目指していないものに向かって教育をしても、その効果は薄い。

　また、現場の上司と人事部の目指している姿、経営と人事部、経営と現場の上司の目指している姿が異なると、能力開発のポイントが異なってしまう。教育施策がうまくいかない原因の一つは、このゴールイメージの認識が違うことにある。

　ゴールイメージを認識してもらうには、「会社が社員に求めるもの」を明示

図表58 ● 個人の視点から見た人材育成のイメージ

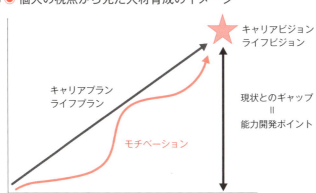

図表59 ● 会社の視点から見た人材育成のイメージ

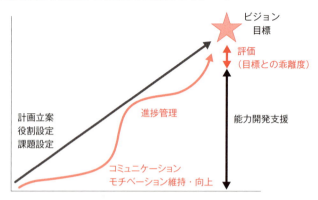

する必要があり、その明示を社員が理解し、そこを目指そうと思ってもらう必要がある。

　人材育成は、まず採用活動前に、会社が社員に求めるものを明示し、それに共感した人材を採用するところから始まる。人材育成の前提は、会社の求める方向に成長したいと思う社員が対象であるということである。

　会社が社員に求めるものは、大きく以下の五つに大別される（②と③が一致している場合もある）。

①自社の社員らしく考え、行動してほしい
②階層別に求められる能力を獲得し、発揮してほしい
③職位者に求められる能力を獲得し、発揮してほしい
　⇒組織業績を高め、人を育てる人材になってほしい
④職種別に求められる能力を獲得し、発揮してほしい
⑤会社の目標を達成してほしい

　これら全体像をまず描いた上で、重要度と緊急度を考慮して、教育施策の優先順位を検討していくことになる［図表60］。

2 人事制度との関係

　人材育成は人事制度と直結している。社員に求めるものを明らかにして、評

図表 60 ● 教育施策の優先順位を検討する

会社が社員に求めるもの	経営理念（ミッション・ビジョン・バリュー）				
	自社の社員らしい行動	階層別に求められる行動	職位者に求められる行動	職種別に求められる知識・スキル	目標達成
人事施策	理念浸透活動	等級制度	職位制度（職務権限規程）	組織・配置・キャリアパス	中期経営目標設定・年度計画立案組織目標・個人目標設定
社員に明示する指針・要件	行動指針	等級別行動要件	職位（役職）要件	職種別スキル要件	目標管理制度PDCAサイクル
評価とフィードバック	行動指針評価（プロセス評価）	等級別行動評価（プロセス評価）	職位（役職）要件評価（プロセス評価）	職種別スキル評価	目標達成度評価（成果評価）
報酬	昇格・降格任命・昇進・降職	昇格・降格昇給・降給	任命・昇進・降職	（昇格・降格）（昇給・降給）	賞与表彰
教育施策	理念浸透教育（ビジョン共有）行動指針の実践	等級別行動要件教育	管理職教育	職種別教育自己啓発	目標管理（MBO）教育
育成手法例	理念浸透研修行動指針研修組織活性サーベイ・教育	階層別研修適性検査とフィードバック課題設定	管理職研修360°サーベイ	営業研修ビジネススキル基礎研修eラーニング公開講座への派遣	目標管理研修目標設定会議評価会議（成果と目標の乖離検証）
必要施策例	行動指針の検証と、評価制度への反映	階層別要件設定・検証	職位（役職）要件の検証とマネジメント教育	コミュニケーション能力向上とサービスマインドの醸成	目標管理の適正運用
		ビジネスパーソンの汎用的スキルとしての、自己のパーソナリティ理解とコンピテンシー発揮予見と求められる項目の理解⇒自身の課題設定と解決のための行動計画立案			目標設定・評価会議の実施

価制度でそのギャップを明示し、それを埋めるための施策として教育がある。

　教育の独り歩きや場当たり感は、これらから離れたところで教育を行ってしまうために起こるといっても過言ではない。

　教育施策に限らないが、[図表 61]の人事サイクルを確立し、常に回していくことが、各種の人事施策を有効に機能させるために必要となる。

図表61 ● 人事サイクルを確立し、常に回していくことで人事施策は機能する

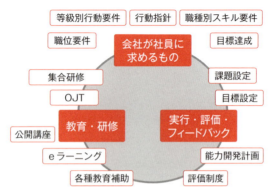

3 評価⇒教育⇒評価のサイクル

　社員に求めるものを伝える場面として社内研修は大切である。また、評価における要件との乖離を埋めるための支援を会社は行う。これが人事制度における人材育成である。

　要件整備⇒評価⇒教育⇒評価⇒教育……というサイクルの確立が必要である。また、要件は、この評価と教育における課題点の再設定に基づき改定される。

4 企業内教育の領域

　企業内教育には、次の三つの領域がある［図表62］。さらに、これらのベースとして、自分自身をもっと高めたいといった意欲、すなわち、モチベーションがある。
①ディベロップメント（気づき）：行動変革型教育（コンピテンシー開発型教育）
②トレーニング（練習）：技術・技能習得型教育
③ラーニング（勉強）：知識獲得型教育（ナレッジの習得、共有）
　特にディベロップメントとしての行動変革・能力開発の研修の際に、社員自らのモチベーションの検証や棚卸し、その源泉を確認するなどの研修メニューを設けることも有効だ。

図表62 ● 企業内教育の3領域

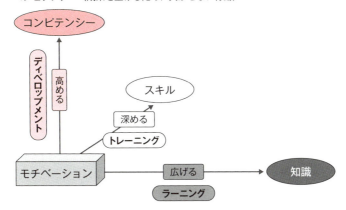

　人事担当者は、この企業内教育の領域を把握した上で、教育施策をプランニングしなければならない。
1 ディベロップメント領域
　人事部門がまず整備すべきものは、①のディベロップメント領域の行動変革型教育である。
　会社が社員に求めるものは、階層によって断絶している。それを理解させ、行動に反映させること、これがディベロップメント教育の目的である。
　もう少し分かりやすく説明しよう。新入社員は当面の間、プレーヤーとして、与えられた実務を頑張ることのみが求められる。しかし、次の段階で彼ら彼女らは部下を持ち、そのマネジメントやチーム全体の成果の責任を負うことが求められるようになる。
　ここで気を付けなければならないのは、プレーヤーの延長線上にマネージャーがあるわけではない点である。いくらプレーヤーとして優秀だからといって、そのまま自然と名マネージャーに成長するわけではない。組織の目標を設定し、部下に目標を設定させ、モチベーションを維持・向上させながら目標達成に導く組織マネジメントは、プレーヤーとは違う能力と行動が求められる［図表63］。

図表 63 ● 組織における成長モデル例

	役割	思考	能力	対象
上級マネージャー	方向づけすること	戦略を練って 実行すること	叡智を結集 すること	組織・全社
↑	断絶（ギアチェンジ）			
マネージャー	管理すること	仕組みを 考えること	優先順位を つけること	チーム
↑	断絶（ギアチェンジ）			
プレーヤー	実務遂行	無駄なく行うこと	頑張れること	自分

　いわばギアチェンジ、つまり行動の変革が、社員のキャリアステップには必要であり、それをつかさどるのがディベロップメント領域の教育なのである。

　等級制度も、この観点に基づいて設計されている。ハーバード大学のロバート・L・カッツ教授が提唱した「マネジメントに求められる能力（カッツモデル）」を見ても、求められるものが変化していくことが分かる [図表 64]。

　プレーヤーないし下位の管理者に大事なのは、テクニカルスキル（実務遂行能力）であり、経営層に近づくほどコンセプチュアルスキル（概念化能力）が重視されていく。

❷トレーニング領域

　②のトレーニング領域の技術・技能習得型教育とは、パソコンスキル、英語力、機械操作など、繰り返しトレーニングすることでスキルを身に付けていく領域だ。

　全社員が同じスキルを持っていなくてはならないのであれば、人事部門が整備すべき領域となるが、多くの場合は職種別に異なっている。それゆえ人事部門というよりも現場がその重要性・必要性を一番知っている。例えば、営業スキル、商品開発スキル、店舗運営スキルなどは、それを習得しやすくする施策・メニューを現場が考える必要がある。その際に人事部門は、現場が計画し、実施し、その効果を評価できるような支援を行うことが求められる。

❸ラーニング領域

　③のラーニング領域の知識獲得型教育は、知識の習得がメインであり、読む・見る・聞くといった勉強（ラーニング）をすることで獲得できる。

図表64 ● マネジメントに求められる能力（カッツモデル）

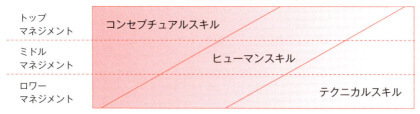

コンセプチュアルスキル	知識や情報などを体系的に組み合わせ、複雑な事象を概念化することにより、物事の本質を把握する能力
ヒューマンスキル	対人関係能力ともいわれ、職務を遂行していく上で他者との良好な関係を築く力を指す。具体的にはコミュニケーション力、ネゴシエーション力などが挙げられる
テクニカルスキル	その職務を遂行する上で必要となる専門的な知識や、実務遂行能力を指す。職務内容により、その内容は異なってくる

「ナレッジマネジメント」という考え方も必要とされている。ナレッジマネジメントとは、言葉に表せない・説明できない知覚としての「暗黙知」を、文章や図式によって説明・表現できる知識としての「形式知」に変換して、知識を共有し、新たな価値を創造しやすくするマネジメント手法である。

人事部門は（人事だけで行うものではないが）、組織を強くするためにも、情報の共有、成功事例・失敗事例の共有などの仕組みを整え、情報・知識・知恵・事例を共有化し、いつでも取り出せる状況を実現することが求められている。

5 スキル（技術）とナレッジ（知識）の関係

スキルとナレッジの関係は［図表65］のように表される。

スキルとナレッジに関する教育をどこまで人事部門が担当するかの判断には、一定の仕切りが必要になる。これを人事部門が全部担当するとなると、相

図表65 ● スキルとナレッジの関係

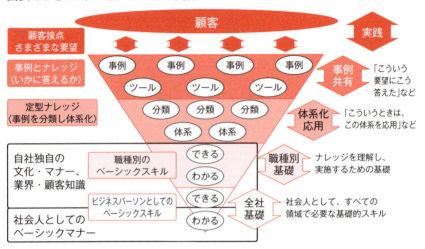

当のマンパワーが必要になる。

　そして［図表65］では、上に行くほどスキル・ナレッジが日々変化する。すなわち、体系化をしてもすぐに陳腐化してしまう。こうした変化を人事部門が日々追いかけていくのは不可能といってよい。人事部門の教育担当が「ドツボにはまる」のは、ここに踏み入ったときである。現場に任せるべき教育を、人事部門が中央集権的にコントロールしようとするがゆえに、日々変化する現実とのギャップをキャッチアップできずに空回りしてしまう状態である。苦労のわりには、組織ひいては社員が成長していないという状況である。

　それでも人事部門が主導して行うべきときはある。例えば「全社的に営業力が足りない、時代の変化に営業力が対応できていない」などの場合について、特にパワーを割いて「営業教育」に特化するなどの全社的な取り組みを行うときである。

　重要な経営課題は人事部門が主導して行うのが基本だ。しかし、これも基本的な部分についてである。より現場に近いものは、人事部門が主導する教育施策にはなじまない。そうした峻別を念頭に置いて研修メニューを企画していくことが重要である。

図表66 ● 育成プログラムは成果イメージを意識して策定する

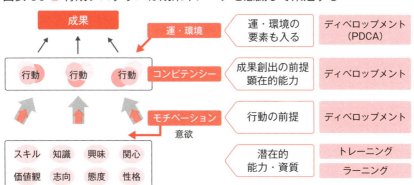

[図表66]は、成果創出に向けて「どこを教育しているのか」を表す。この成果に至るまでの構造についても認識しながら、育成プログラムを考えてほしい。

❷ 研修実務の留意点

❶ 対象者への通知

研修の企画ができたら、まず対象者を決め、続いて日程を決定する。

対象者に対して日程の通知を行う。会社の文化にもよるが、通知をしてもなかなか対象者との日程が合わないことも多い。調整しながら、対象者全員の日程を確保するようにしたい。

研修案内は、日程が決まってから作成する。内容としては、下記の項目を明記する。

- 日時
- 場所
- 集合時間
- 欠席や遅刻の場合の緊急連絡先

なお、昨今はオンラインでの研修実施も多くなってきている。場所の移動が必要のないオンラインはコスト削減の面で有効だ。研修内容によってオンラインにするか、同じ場所に集まって行うのかを検討してほしい。

❷ 宿泊を伴う研修の場合の留意点

宿泊を伴う研修の場合、外部の研修施設を使う上で（あるいは社内でも）、最も大事なのは「食事」である。ご飯がおいしければ、参加者の評判も上々となるし、モチベーションも高まる。研修施設でどんなメニューが出るか、おいしいかどうかを事前にチェックしておくことが重要である。なお、社員によっては、アレルギーがあって食べられないものもあるので事前に聞いておく。

部屋の確認も必要である。浴室にはバスタオルや石鹸が備え付けてあるかどうかなども調べて、なければ参加者に持参させなければならない。

そのほかにも必要な備品の準備を行う。代表的なものとしては、[図表67]に挙げたものがある。なお、経費の合計がどれくらいになるかも見積もっておく必要がある。

研修日当日は、集合場所に早めに行って出欠確認を行う。ただし、どれだけ事前に配慮しても、なかなか時間どおりには集まらないものである。

研修の最終日には、参加者から研修全般についてアンケートを取るとよい。研修の内容もさることながら、食事がおいしくないと、そのことを書かれるので注意しよう。

図表67 ● 研修の際に必要となる用具・備品

- 研修テキスト
- レポート用紙（ファイルできるようにパンチされているものが望ましい）
- テキスト用ファイル
- 模造紙
- 付箋紙
- 油性ペン等の筆記用具
- プロジェクター
- パソコン
- 電源延長コード
- 撮影用ビデオ
- 録画用メディア（SDカード等）
- 三脚
- 菓子
- 懇親会用の飲料や軽食
- その他宿泊に必要なもの（施設にバスタオル、タオル、石鹸、シャンプー、浴衣等が備えられているか）

11 人事担当者のキャリア形成

　人事担当者の業務は、オペレーション⇒運用・管理⇒企画⇒戦略の順にレベルアップしていく（44 ページ [図表7] 参照）。

1 大手企業の場合

　大手企業における人事担当者の育成は、現場に近いところ、すなわち工場での労務管理などの"事業所人事"で、実際に起こっている事象に対処する経験を積ませることから始まることが多い。事業所人事は、本社人事の出先機関として、採用、労務、勤怠管理、評価の取りまとめなどの業務があり、社内での折衝を行うことも多いため非常に勉強になる。また、労働組合がある企業では、事業所人事で労働組合との関わりを経験する。

　その後、他の事業所あるいは本社人事に異動となり、各事業所との連携、人事企画や経営企画、労働組合との関わりを経験する。本社人事では、採用や福利厚生など、ある程度専門分野を任されることになる。

　また、その間に他部門への異動や、関連会社等への出向があり、数年後に人事部門に戻るといったキャリアルートを歩むことになる。もちろん人事部に戻らない場合もあり、逆に他部門の経験者が初めて人事部門に異動になるケースもある。

　そうした経験を踏まえて管理職となり（あるいは労働組合の業務を専属として行う組合専従となる期間もある）、事業所人事の管理職、本社人事の管理職を経験していくことになる。この間、少なくとも 10 年以上は人事部を経験する。

2 中堅・中小企業の場合

　中堅・中小企業では規模や業務の幅の制約もあり、大手企業と違って、事業所人事など視点を変えた経験を積めないケースもある。そうした中堅・中小企業の人事担当者は、まず人事における自分の得意分野をつくることが大切である。ただし、人数が少ないゆえに多忙で時間がないことも多く、規模も限られているので、業務の細部にこだわりすぎないほうがよい。

　大まかにいえば、給与系と採用系を基盤とするケースが多い。給与系は給与

163

計算など事務作業が中心のオペレーションに偏る場合もあるため、規程の作成や人事制度づくりに参画するなども含め、企画・戦略分野に進出できるようキャリアを構築したほうがよい。

　一方、採用系は論理的な戦略や専門的な知識・技術がなくても、経験を積めばこなせる部分も多いので、人事担当者として力が付かない場合もある。採用後のフォロー、労務対応、そして制度運用、教育の企画などに進出するキャリアを展望してほしい。

③ 人事担当者としての価値とは

　オペレーション業務だけを担当していては人事担当者としての価値は上がらない。オペレーション業務は、効率化・コストダウンを進めることが価値の大部分を占めるが、それはアウトソーシングと隣り合わせである。より安い給与・費用で同じ仕事ができるとなれば、取って代わられるという宿命を持つ。オペレーションをこなせる、理解していることは非常に大切なことだが、そこにとどまっていると、給与は上がらないし、キャリアアップにもつながらない。取り扱う業務量を増やしていくことも大切だが、運用・管理業務、企画業務を経験して変革を主導していかなければ、人事担当者としての価値は上がらない。

　企画業務は、新たな価値を生む可能性を持つが、楽な仕事ではない。「結果が分からない仕事」は、失敗を招く確率も高く、かつ関係者・経営者を説得することにも労力がかかる。しかし、そこにこそ価値があり、成功すれば給与も上がり、キャリアアップもできるだろう。

④ 人事担当者のキャリアアップ戦略

　人事担当者が業務を通じてキャリアアップを図っていくには、人事施策のつながりをイメージすることが大切である。施策の前後、左右（前後とは、いわゆる施策の前段階と後段階のことで、左右とは、施策と同時期に連動する他の施策のこと）のつながりを常に意識し、どの施策をいじると、その影響がどこに出るのか、その相関関係やバランスに配慮するということだ。そうした全体観を持って変革を常に仕掛けることが自己の成長を促す。そして、社内での影響力の幅を広げていくのである。

また、人事担当者は特に経営者との関わりが強い。経営者の意向を無視した人事はあり得ない。できる限り経営者と時間を共にする努力も必要である。人事担当者は経営者の代弁者、通訳という役割もあり、経営者が考えていること、悩んでいることについて共有できなければならない。そうでなければ不信を招く。

　経営者と共にいることは、大変疲れるし、しんどい。そして、怖い。経営者は抽象的な価値観で物事を語ることが多いため、論理的な説明で対応しようとしても話にならない。ただ、「こうしたら、ああなる」ということは、人事領域における広い視野を持っていれば説明できる。人事担当者の宿命として、時に経営者と闘う勇気を持たなければ、社員や現場の管理職、そして、経営にも迷惑をかける。そこが人事のプロたるゆえんである。

5 人事担当者の最終目標

　人事担当者が最終的に目指す道を大きく分けると、次の二つである。

①人事が分かる経営者
②経営と話ができる人事責任者

　①は、人事部門を経験した後、他の分野も経験し、視野を広げて、最終的に経営者を目指すものである。人事だけ分かっていても経営はできない。一定レベルの責任領域までいけば、さらに上を目指すには、他の分野での経験を積んで視野を広げるしかない。

　②は、あくまで人事としてのキャリアにこだわるケースだ。ただ、この場合、同じ会社にいられる可能性は低い（会社が成長し続けてポジションが増えていけば別だが）。いつまでも同じポジションではいられない。下の世代が育ってきてもらわなければ困る。そのときに「ポジションを譲る」ことが必要である。そうしないと、自分自身が変化についていけない人材になってしまう。この場合は、人事のプロとして、同じような成長段階にある他社に転じるか、独立して複数の会社の人事の支援をするかという選択となる。

　いずれにしても、人事担当者が自らのキャリアを描けていなければ、社員に対してそれを説くことはできない。アドバイスのしようもないし、相手も相談してくれない。

　人事の業務は、一定部分は汎用的スキル・知識があれば処理できるし、その

時々の変化に対応していくことで比較的容易に新たな能力を獲得できる。しかし、他方で、経営者は「人事はわが社独自のもの」と思っている部分がある。人事の業務は、それほど経営の根幹に関わっているからだ。この矛盾と対峙していくことも、人事担当者の成長過程では避けて通れない試練となる。

6 師匠を持つこと

どのようなキャリアを目指すにしても、人事担当者としての力を伸ばしていかなければならない。そのためには師匠を持つことが大切だ。筆者は素晴らしい師匠に恵まれた。

師匠が社内にいない場合も多い。その場合は社外に求めることも必要だ。人事の経験者は数多くいる。そのような人たちから、さまざまな体験談をうかがうことは大変勉強になるし、施策展開の際の参考になる。ぜひ、そのようなネットワークをつくってもらいたいと思う。

12 おわりに

　以前、他社の人事担当者と人事の仕事について話したとき、結局「人事は愛である」という結論に至って共感し合ったことがある。もう一つ、これは以前の上司に教わったことだが、「人は分からない」という事実についても触れておきたい。

❶ 人事は愛である

　「人事は愛である」ということは、「人は信じるに値するものであり、すべて感情を持っていて、そして愛されたがっている」と思って仕事に向かうことではないかと思っている。

　愛は一方で残酷である。その人のことを思えばこその「別れ」もある。せっかく採用しても、もうこの会社ではこの人の役割は終わったというときは、別の道を勧めなければならない。そのときに、根底に人事担当者の愛を感じなければ、その人は決して受け入れないだろう。

　また、守るべきものを守るというのも愛である。不正やハラスメントなど加害者に対しては厳しく対応しなければならない。情に引きずられてはならない。決めを打たなければみんなが戸惑い、迷う。不正に怒りを持つのも愛である。しかし、会社は更生の場ではない。しかるべき機関に委ねることも必要だろう。

　また、職場のトラブルにおいても「かわいそう」では人事はやっていけない。かわいそうなのは本人だけとは限らない。それを引きずることは最終的には本人のためにならない。また、周囲が「かわいそう」な状況になる場合には、規程にのっとって手を打たなければならない。

　それでも愛がなければ、こちらがもたない。人は信じられるものだと思わなければやっていけない。裏切られることも多いのは確かだが、それでも愛は持っていなければならない。逆に、人が信じられなくなったら、愛を感じられなくなったら、人事をしていてはならない。

167

❷ 人は分からない

　人は分からない。本当にそう感じることが多い。人は一人ひとり違う。大まかにパターン化することはできても細部は違う。相手のことをすべて理解することはできない。人を見抜くのは本当に難しい。その認識が前提になければならない。

　人は分からない。だからこそ知ろうとするし、知りたいと思う。「知っている」と思い込んでしまっては、その先はない。

❸ 公正であること

　そして、最後になるが、人事は「絶対的な公正さ」を追求すべきである。「あいつが言っていることは常に正しい」と周囲に思ってもらえるかどうかが重要である。これは非常に難しい。人は多種多様なので、こちらのことをどう思うかも千差万別である。

　しかし、生きざまとして、それを追求していくべきである。「あいつは不公正なやつだ」「信頼できない」と思われては人事はできない。人事だって神様ではないのだから、すべて品行方正でなければならないというわけではない。羽目も外したい。それはそれでいい。

　自分を隠さずにさらけ出すこと、これも信頼を得る方法の一つである。相手と話すときには、まずこちらのことを話すことが大切だ。自分の弱みもさらけ出してこそ、初めて相手は心を開く。人事面談や採用面接でも、これまでの自分の失敗を自ら語り、「胸襟を開く」。その上で相手の話を熱心に聞く。その姿勢に人はほだされる。

　演技はばれる。求められるのは"人間らしさ"である。「あいつはこんなところがダメだけど、仕事上では公正だ」と思ってもらえることが大切である。

　これらのことを念頭に、人事担当者としてのあるべき姿の追求をぜひ続けていただきたい。

西尾 太 にしお ふとし

フォー・ノーツ株式会社 代表取締役社長

人事の学校 主宰

早稲田大学政治経済学部卒。いすゞ自動車労務部門、リクルート人材総合サービス部門を経て、カルチュア・コンビニエンス・クラブ（CCC）にて人事部長、クリーク・アンド・リバー社にて人事・総務部長を歴任。これまで500社以上の人事制度設計・導入や1万人超の採用・昇格面接、管理職研修、階層別研修、人事担当者教育を行う。パーソナリティとキャリア形成を可視化する適性検査を開発し、統計学に基づいた科学的なフィードバック体制を確立する。中でも「年収の多寡は影響力に比例する」という持論は好評を博している。著書に『人事の超プロが明かす評価基準』（三笠書房）、『この1冊ですべてわかる 人事制度の基本』『人事で一番大切なこと』（日本実業出版社）などがある。

第3章

人事担当者の仕事に対する
心構え・姿勢と基本行動

曽和利光
株式会社人材研究所 代表取締役社長

1 「見立てる力」が人事のコアスキル

1 人事のコアスキルは人を「見立てる力」

　採用や育成、評価・報酬制度、人材配置など、さまざまな施策を担当している人事担当者にとって必要とされる心構えや姿勢とは何だろうか。筆者は社会人になって30年以上、人事領域において実務やコンサルティングを行い、数多くの人事担当者と出会ってきた。その上でたどり着いた結論は、人事担当者のコアスキルとは「人や組織を見立てる力（アセスメント）」であるということだ。人については「目の前にいるこの人は、どんな性格・能力・価値観を持っているのか」「現在、どのようなモチベーション、エンゲージメント、ストレスの状態であるのか」、組織については「自社の風土や文化はどのような特徴か」「自社の組織のコンディションは良いのか、悪いのか」というようなことである。このような人や組織に対する「見立て」をどれだけ精緻かつ正確にできるかが、人事としての勝負どころではないかと考えている。

2 「見立て」ができれば方針はおのずと決まる

　この「見立て」が明確になれば、どんな人を採用すべきか、どのような方向性で育成すべきか、どんな観点で評価し、それをどのように報酬に反映すべきか、人材の最適配置はどうすべきかといったことは、ドミノ倒しのようにおおよその方針が決まる。というのも、人事諸施策における論点はある程度限られており（例えば、複雑に見える人事制度設計などでも、主な論点は10個くらいだろう）、その論点ごとで取り得る選択肢もいくつかしかない上（例えば、「職務主義」or「職能主義」や「行動主義」or「結果主義」など）、それぞれの選択肢の効能やメリット・デメリットも大体分かっているからだ。「見立て」さえできれば、後はそれを選んで組み合わせていけばよいのである（もちろん、それはそれで複雑であり、そんな簡単なものではないのだが）。

2 人や組織を「見立てる」ことの難しさ

1 人や組織は「目には見えない」曖昧な世界

　「見立てる力」が重要であると述べたものの、人の性格・能力・価値観や組

第3章　人事担当者の仕事に対する心構え・姿勢と基本行動

織の文化・風土、それぞれのコンディションは目に見えるものではない。人々の頭の中にしか存在しないものであり、さまざまな物理的な現象（＝人々の顕在的な言動）から間接的に推察するしかない曖昧なものだ。"エンゲージメントなるもの"を取り出して直接観察することなどはできない。ゆえに、この「見立て」は大変難しいものなのである。例えば、特定の個人を評価する際にも、ある人は酷評し、別の人は大絶賛するといったことはいくらでもある。真実は一つかもしれないが、個々人の心理的現実は多様だ。組織の状態にしても、全員が同じということはなく、今は絶好調という人もいれば、停滞期に入って調子がいまひとつという人もいるだろう。

❷ さまざまな人の意見に引きずられてしまう

　何を信じて見立てればよいのか、人事担当者は茫然としてしまうかもしれない。しかも、人事という領域は組織に属する人であれば多くの人が関心を持ち、かつ「とっつきやすい」ものだ。「床屋政談」のように会議室や居酒屋などで、「うちの人事はダメだ」「もっとこうすべきだ」と「人事論」を振りかざす人はたくさんいる。一方、同じ事務系のスペシャリストでも経理などに対しては、「うちの減価償却の方法はおかしい」というような経理論を振りかざす人はあまりいないだろう。さらに、この「人事論」を最も強く持っているのが、組織における権力者である経営者や現場リーダーたちである。彼らの強力な「持論」を無視して人事を行うことはできない。このように組織内にはさまざまな「見立て」が乱立し、それらに引きずられてしまうことも多いのが実態だろう。

❸ 強い「持論」が正しいわけではない

　人事担当者はこのような中、自分自身が持つ「見立て」に対して、「本当にこれでよいのだろうか」と不安を持ちながら過ごしている。また、権力者たちの強い「持論」に対して、人事担当者側も「そう思う／思わない」と言うだけの主観的な「持論」で対抗していては、相手を説得することはできない。主観的な「持論」勝負になれば、権力者のほうが強いに決まっているからだ。しかし、強い「持論」が正しいわけではない。さまざまな研究を見ても、経験が豊富な人ほど物の見方が偏っていることはよく知られた事実であるし、そのよう

な実感を持つ方も多いのではないだろうか。人事担当者の「見立て」のほうが正しいのに経営者の意見が通り、人事担当者は「それでも地球は回っている」とつぶやくしかないという状況では、正しい人事施策はできないだろう。

④ 「バイアス」が正しい見立てを阻害する

正しい「見立て」を阻害する最も大きい要因は、個々人が必ず持っている「心理的バイアス」「アンコンシャスバイアス（無意識の偏見）」である。バイアスには多様なものがあるが、固定観念（ステレオタイプ）に縛られる「確証バイアス」や、顕著な特徴に評価が引っ張られる「ハロー効果」、自分と似ている度合いで好悪を決めてしまう「類似性効果」、第一印象で判断してしまう「初頭効果」などが有名である ［図表1］。

これらのバイアスによって現実が歪められて認識されてしまえば、当然「見立て」は狂ってしまう。しかも、人間は事実情報が足りなくても、想像や知識で補って理解することができる"理解力"があり、多くの経験を踏まえて直感的に判断する、「ヒューリスティックス」と呼ばれる"判断力"がある。これらは日常生活に必要な能力である一方、その副作用としてバイアスを生んでしまうのである ［図表2］。

図表1 ● 心理的バイアス（アンコンシャスバイアス）の例

確証バイアス	一度抱いた仮説や信念を検証する際に、それを支持する情報ばかりを集め、反証する情報を無視または集めようとしない傾向のこと
類似性効果	自分と似たタイプの人を好む傾向のこと
ハロー効果	相手の顕著な特徴に引きずられて、他の特徴についての評価が歪められる現象
ホーン効果	相手の悪い特徴が原因で、因果関係がないほかの側面にも否定的な評価をしてしまう現象のこと。逆ハロー効果とも呼ばれる
初頭効果	第一印象で相手の評価を直感的に決めてしまう現象
バンドワゴン効果	皆が良いと言っているものを、あまり深く考えずに良いと思うこと

図表2 ● 理解力・判断力とバイアスによる認識

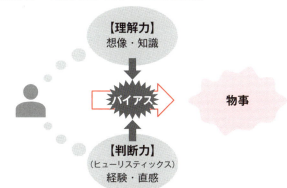

3 主観ではなく「ファクト」ベースで考える

1 「ファクト」「ロジック」「セオリー」という武器

　人事担当者が最終的に正しい「見立て」に従って正しい人事施策を実行するためには、自分の心理的バイアスを乗り越えたり、さまざまな人の「持論」と闘ったりするための武器が必要だ。それが「ファクト」と「ロジック」と「セオリー」である。以下、この三つについて詳しく説明する［図表3］。

❶ファクト

　「ファクト」とはその名のとおり「事実」のことで、適性検査やエンゲージメントサーベイ、離職率や評価分布などの数値で表される定量的なデータと、インタビューや行動観察、アンケートなどで得られる定性的なデータがある。後者は客観的事実というより、対象者自身が「そう思っている」という心理的事実の色合いが強いが、そもそも人は心理的事実に基づいて動くものなので、重要なデータといえる。こういった紛れもない「ファクト」から出発することで、より確実な「見立て」を行うことができるようになる。

　したがって人事担当者は、決して特定の誰かの主観的な意見を鵜呑みにしてはいけない。せいぜい「この人はそう思っている」とだけ考えて、確固たるファクトが出るまでは「方法的懐疑」、つまり「そうかもしれないが、そうで

図表3 ● バイアスを乗り越える三つの武器

ファクト
・定量データ（エンゲージメントサーベイ、離職率、評価分布等） ・定性データ（インタビュー、行動観察、アンケート等）

ロジック
・論理的思考力 ・統計学やデータサイエンスなどの手法（相関分析、回帰分析等）

セオリー
・心理学や組織論などの行動科学的な知識 ・職務特性理論など

ないかもしれない」と積極的に判断留保することが必要だ。誰かに何かを言われて、拙速に判断して動かないように留意しよう。人の話はとりあえず「話半分」で聞いておき、可能な限り多面的にファクトを集めてから判断を下すように心掛けてほしい。情報の穴はバイアスで埋まってしまうので、できるだけその穴をファクトで塞ぐことが肝要である。

2 ロジック

確固たるファクトを原点とし、思考を論理的に正しく展開していけば、正しい結論にたどり着くはずだ。したがって、次に必要な人事担当者の素養は「ロジック」である。文字どおりの「論理的思考力」（複雑で長い論理をたどって、何らかの結論を見いだす力）もそうだし、統計学やデータサイエンスなどの手法を身に付けておいて、普通に考えただけではなかなか導けない発見をすることもロジックのうちに含まれる。統計学的手法を駆使すれば、直感的には気づかない因果関係や相関関係などを見いだすことができる。

例えば、ただ単に性格適性検査を実施するだけでは、個々人の特性や、せいぜい「こういうタイプの人がちょっと多い気がするなあ」ということくらいしか分からない。しかし、相関分析や回帰分析、クラスター分析のような統計学

的手法を用いることで、「うちの社員の性格は4パターンに大きく分かれる」「ハイパフォーマーはこのタイプに多い」「この人と最も似ている人はこの人だ」など、より明確にいろいろなことが分かるようになる。ここまで来れば、周囲の強い「持論」にも対抗できるかもしれない。経営者が「うちの社員には素直で従順な人がふさわしいのだ」と言っていても、分析によって、「従順性の高い人はローパフォーマーあるいは早期退職者に多い」という結果が出れば、経営者も意見を修正せざるを得なくなるだろう。

3 セオリー

ここでいう「セオリー」（理論）とは、心理学や組織論などの行動科学的な知識のことである。人事担当者はこの領域について、日々勉強を進めてほしい。社員や組織の現状を分析するのであれば、「ファクト」と「ロジック」があれば事足りるかもしれないが、まだ起こっていない未来のことを推定するには、それだけでは不十分な場合がある。

例えば、「今のトップ営業マンがどんな人であるか」ということは分析できても、「ほかにもうちの営業で好業績を残せる可能性のある人はどんな人なのだろう？」ということに対しての明確な答えは出てこないだろう。しかし、職務特性理論などを知っていると、「この理論によれば、このような職種に適している性格・能力・価値観を持っているのはこういう人だ」という仮説を立てることができるようになる。だからこそ、セオリーについても可能な限りインプットしておくことが必要なのである。

一方で、セオリーは人類に広く通用する普遍的な知識というわけではなく、あくまで最大公約数的かつベーシックなものであり、特定の条件下では通用しないこともある。また、抽象的であることも多く、例えば「採用選考について、候補者は面接官の印象によって会社への志望度が上がる」というようなセオリーがあっても、「それは分かるし、実際にそうなんだろうけど、具体的に何をどうしたらよいのか分からない」という声は出てくるだろう。「セオリー」は経験を埋めてくれるものではあるが、経験がなければ「セオリー」の実践への展開がなかなかできないというのも事実である。

2 どこまでいっても「完璧」にはならない

このように、「ファクト」「ロジック」「セオリー」を用いて「見立て」を行

い、具体的にどのような人事施策を進めればよいのかを考えることで、周囲を説得し、正しい人事を行うことができるようになる。しかし、自然科学と違って、社会科学の一領域である人事は、どこまで行っても完璧な「ファクト」を基に論を進めることはできない。何を考えるにしても、「本当はあったらいいな」と思えるデータが欠けていることがほとんどである。

　具体的には「サンプルセレクション問題」という障害がある。例えば、採用時評価と入社後評価に相関があるのかを調べたいとする。しかし、採用時評価が低い人は、そもそも採用しないので、入社後の評価は分からない。一方、採用時評価が高い人は、引く手あまたなので内定を辞退されることも多く、これまた入社後の評価が分からない。これらのデータが欠損した集団に対して、採用時評価と入社後評価の相関を調べてもどこまで意味があるだろうか。

　したがって、主観的意見を補足するためにある「ファクト」「ロジック」「セオリー」であっても、それらによって導き出される分析結果を盲信してはならないということだ。残念ながら人事という世界はどこまでいっても完璧な状態で何かを判断する＝「見立てる」ことはできない。経験や直感と、「ファクト」「ロジック」「セオリー」とのバランスを取りながら、その時々の最適解を見つけていき、実践の場で試行錯誤するしかないのである。

❹ 自分の「バイアス」を自覚してコントロールする

❶ 人事担当者には高い「自己認知」が必要

　バイアスを乗り越えるための「ファクト」「ロジック」「セオリー」に加えて紹介したいもう一つのアプローチは、「自己認知」を高めることである。「ファクト」が足りない場合は、どうしても経験と直感で埋め合わせて仮説をつくっていくしかないのだが、その際できる限りバイアスから逃れるためには、「自分がどんなバイアスを持っているのかについての認識」＝「自己認知」（「メタ認知」ともいわれる）が求められる。完全にコントロールするのは無理だとしても、自分の中に存在するバイアスを認識しておくことで、例えば採用面接などで候補者に会った際に「この人は自分の苦手なタイプだから、過小評価してしまわないように、より慎重になってインタビューでたくさん事実を集めて評価するようにしよう」と気を付けることができる。

❷ 「他者からのフィードバック」で自己認知を高める

それでは、どうすれば「自己認知」は高まるのだろうか。自分の中だけで自己認知を突き詰めるには限界がある。「自分のことは自分がよく分かっている」などと言う人もいるが、人は案外、自分のことを正しく認識できていないものだ。有名な「ジョハリの窓」でいえば、「ブラインドセルフ（盲点の窓）」といわれる「自分では認識できていないが、他者には認識されている自分」はどんな人でもたくさんあるものだ [図表4]。

これを減らすことが「自己認知」を高めることだとすれば、その方法は唯一、「他者からのフィードバックを受ける」ことである。修行を積んだ僧侶などであれば、瞑想によって自分でも気づいていなかった自分を知ることができるかもしれないが、われわれ凡人は人から教えてもらうのが一番である。

❸ フィードバックに対して受容的になる

ところが、ここに一つのハードルがある。それはわれわれ日本人は世界で最も直接的なフィードバックを苦手とする民族であるということだ。各国の文化を比較研究した名著『異文化理解力（THE CULTURE MAP）』（エリン・メイヤー著、英治出版）によれば、「直接的なネガティブ・フィードバックをす

図表4 ● ジョハリの窓

	自分が知っている	自分が知らない
他人が知っている	開放の窓 (open self)	盲点の窓 (blind self)
他人が知らない	秘密の窓 (hidden self)	未知の窓 (unknown self)

[注] ジョハリの窓：アメリカの心理学者ジョセフ・ルフトとハリー・インガムが考案した、対人関係におけるフレームワーク。

るか／しないか」という項目において、日本は世界で最も「直接的なネガティブ・フィードバックをしない」とのことだ。そして、自分が「したくない」ものは相手にも「されたくない」ので、結果として、他者から適切なフィードバック、特に改善しなければならないネガティブな点に対するフィードバックを受けることが至難の業になるというわけだ。

　したがって、人事担当者はまず、自分へのフィードバックについて受容的でなければならない。せっかくしてくれたフィードバックに対して、「それは違う」「あなたは私のことを分かっていない」などと感情に任せて反論していては、相手は「受け入れるつもりがないなら、もうフィードバックなどしたくない」と思うことだろう。どんなに納得のいかないフィードバックでも、ひとまずは「（違うような気がするけど）もしかするとそうかもしれない」「少なくともそう見えているというのは事実なのだろう」と真正面から受け止めなくてはならない。とても心理的にはハードで、ストレスフルではあるだろうが、自己認知を高めるためには必須のスタンスである。

4 適性検査の受検や面接の擦り合わせなども有効手段

　他者からフィードバックを受けるのがハードだという人は、適性検査などを受けてみることをお勧めする。筆者は人事担当としてのトレーニングのために、定期的にいろいろな適性検査を受けて、その結果を読み込み、自己認知を高めるようにしていた。その際にも、人事担当者同士で適性検査結果を共有し、「これは誰の結果なのか」と名前を隠して当て合うワークショップ——「ゲス・フー（誰なのかを想像する）」ともいう——をすることもあった。これであれば、人から直接何かを言われるストレスはないし、客観的な結果でもあるので、ぐうの音も出ず、受け入れざるを得ないだろう。

　また、人事であれば担当することの多い、採用面接における擦り合わせなども自己認知を高める良い機会である。2人の面接担当者が、同じ候補者を見て違う評価をしたとすれば、考えられるのは、「評価の基となる事実情報が異なる」か、「同じ事実情報に対して異なる解釈をした」かのいずれかである。両者ともにそこにはバイアスが隠れている。前者なら「聞き方の癖（バイアス）」であるし、後者なら「解釈の癖（バイアス）」である。面接官同士で候補者について徹底的に擦り合わせることで、自己のバイアス≒ブラインドセルフを認

第 3 章　人事担当者の仕事に対する心構え・姿勢と基本行動

識することができる。これは人事評価などの場合でも同様である。

5　語彙を増やして人を見る「解像度」を高める

1　「人を表現する言葉」の語彙力を高めて、人への解像度を高める

　「見立て」の精度を高めるためには、「人を表現する言葉」についての語彙力（こい）（＝人を見るときのフレームワーク）を可能な限り増やしておくことも大切だ。事実に基づいており、バイアスを乗り越えたとしても、最終的にその「見立て」の結果を表現する言葉が、ざっくりとした多義的で曖昧なものであれば元も子もない。

　例えていうなら、「青」という言葉しか知らなければ、「群青色」も「藍色」も「ネイビーブルー」も全部「青」と表現するしかない。人を表現する場合でも全く同じである。例えば、人事の世界では頻繁に「コミュニケーション能力」という言葉を使うが、これは一体何を指しているのだろうか。「物事を筋道立てて論理的に話せる」という「論理的思考力」に近いものを指している人もいれば、「発想力豊かに表現することができる」という「表現力」を指している人もいるかもしれない。「人との距離を一気に縮めてすぐに仲良くなれる」という「親和性」のことかもしれないし、「最後まで言われなくとも、空気を読んで察することができる」という「感受性」のことかもしれない。これらは全く違う能力だが、それらが「コミュニケーション能力」の一言で表されてしまうのである ［図表5］。これで正確な「見立て」ができるだろうか。

図表5 ● 語彙力と解像度の例

語彙力が乏しい場合 ➡ 解像度が低い	語彙力が豊富な場合 ➡ 解像度が高い
青色	・群青色 ・藍色 ・ネイビーブルー
コミュニケーション能力	・論理的思考力 ・表現力 ・親和性 ・感受性

181

ほかにも「主体性」「協調性」「挑戦心」「誠実性」「ストレス耐性」「意欲」などは人事領域における頻出ワードだが、同じように多義的でさまざまな使われ方をしている。人事担当者はこれらの言葉に敏感になって、できるだけ明確で一義的な言葉遣いをするように心掛けよう。

❷ 解像度が低いと、人事の仕事に飽きてくる

語彙とは結局、現実を認識するための整理箱である。語彙が多ければ多いほど、現実を細かく整理できて、解像度が高まる。このことは、人事という仕事を続ける上でも大切なことだ。というのも、人や組織に対する解像度が低い人は、ルーティンワークの多い人事という業務に、時に飽きてしまうからである。

残念ながら、たまに「採用候補者が同じようなことばかり言ってつまらない」「応募者が同じようなタイプの人ばかりで飽きてくる」という人がいる。しかし、当然ながら現実に生きる人々は多様だ。1人として同じ人はいない。相手が同じように見えるというのは、その人の相手に対する解像度が低いだけなのである。学生時代を思い出してみてほしい。同級生たちは「同じような人」ばかりだっただろうか。きっと個性の異なる多様な人たちであったのではないだろうか。そう見える理由は、学生は、自分と同じ属性である学生を見分ける解像度が高いからである。人種が同じだと細かい顔の違いが分かり、他の人種だとどの顔も同じように見えるということに近いかもしれない。「面接が退屈だ」と思う人は、いま一度、自分の人を見る解像度の低さを疑ってみるほうがよいだろう。

❸ 対象の解像度が粗いと、解決策の解像度も粗い

解像度が低いと、「見立て」に応じて考える解決策（ソリューション）の解像度も低くなる。「挑戦心」のある人を採用しようとか育てようとかぼんやりと考えている人は、例えば、採用時に自社のどのような部分を訴求すれば候補者に刺さるのか、会社説明会やインターンシップに向けてどのようなコンテンツをつくればよいのかということを的確に考えることができない。なぜなら、「挑戦心」といっても、「新しいものに恐れずに飛びつく」という「好奇心」に近いものを指す場合と、「高い目標を立てて、成し遂げるまで努力する」とい

第3章　人事担当者の仕事に対する心構え・姿勢と基本行動

う「目標達成意欲」に近い場合とがある。ほかにも「日々改善をし続ける継続力」「常識を疑って、変革を仕掛ける革新力」など、いろいろな意味があり得る。

　コミュニケーション能力と同じく、これらもすべて違う能力であるため、それぞれ刺さる要素は異なる。「好奇心」のある人を求めるなら「うちは新しいことをどんどん進めている」と新規事業の話を語るべきかもしれないし、「目標達成意欲」なら「粘りに粘って、不可能と思われたビッグプロジェクトを成し遂げた話」を語るべきかもしれない。育成の場合でも、どのような能力を高めたいのかを明確にしなければ、どんな研修やトレーニングをすればよいのか分かるわけがない。評価制度をつくる場合でも、評価項目と挙げた能力の定義が曖昧であれば、評価会議での議論は紛糾してしまうだろう。

⑥　人に対して興味・関心を持つ

❶「人が好き」ということとの違い

　「見立てる力」を高めるための最後の重要ポイントは、「人に対して興味を持つ」ということだ。ただし、ここでいう「興味を持つ」とは、よくいう「人が好き」とは少し異なる。人事担当者の中には「人が好きだから人事になった」という人がよくいる。もちろんそれはよいことだと思うが、「人が好き」ということは、人に対する妄信にもつながる可能性がある。「人が好き」な人は、「この人がこう言うのだから信じてみよう」と人を都合よく信じてしまう（筆者もその傾向がある）。

　しかし、先述のとおり、人事担当者として仕事をするのであれば、どんなことでも拙速に鵜呑みにしてはいけない。「そうかもしれないが、そうでないかもしれない」と疑ってかかることが仕事上は必要なのである。したがって、ここでいう「人に対して興味を持つ」とは、「人が好き」というよりも（繰り返すが、それ自体は悪いことではない）、「この人は"本当は"どういう人なのだろう」「この人は"なぜ"このような言動をするのだろう」「この人がこういう環境に置かれたら、どのような反応をするだろう」といったことに対して強い関心や探究心を持つということである　[図表6]。

183

図表6 ●「人が好き」と「人に興味・関心を持つ」の違い

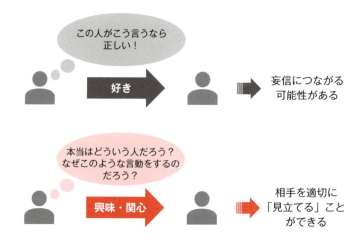

❷「何を言っているか」より「何をやっているか」

　人や組織を「見立てる」際には、「言葉」よりも「行動」という確固たるものから始めるほうがよいだろう。かの有名な経営学者ピーター・ドラッカーは"コミュニケーションにおいて最も大切なことは、相手の語らないことに耳を傾けることだ（The most important thing in communication is to hear what isn't being said.）"と言っている。また、鉄鋼王アンドリュー・カーネギーは"年をとるにつれて人が言うことには以前ほど注意を払わなくなった。人の行動をただじっと見ることにしている（As I grow older, I pay less attention to what men say. I just watch what they do.）"と述べている。両者とも要は「行動を見よ」ということだ。

　人事担当者は相手の「言っていること」よりも「やっていること」を見て判断するほうが、正しい「見立て」に近づくことができるだろう。「見立てる」必要のある対象をじっくりと観察したり、データを取ったりして、「何をやっている人（組織）なのか」を考えなければならない。

7 最後に

　これまで人事担当者に必要な心構え・姿勢と基本行動などについていろいろとお伝えしてきたが、すべては「いかにして正しく人や組織の見立てができるようになるのか」ということにつながっている。正しいと心底確信できる「見立て」の仮説ができれば、後はそれに基づいて考えた人事諸施策を、腹を据えて進めていくだけだ。

　他方で、先にも述べたとおり、人事領域はどんな社員にも「持論」があり、確からしい「見立て」以外にも、歪んだ「見立て」がさまざまに乱立している。どれだけ頑張って人事が確からしい「見立て」を考えても、「それは違うと思う」と言う反対者や抵抗勢力は必ずいる。そのようなとき、人事担当者は優しい人が多いので、つい負けそうになることもあるだろう。

　しかし、徹底的に調べ抜き、考え抜いた「見立て」であれば、どんなに抵抗されてもそれを押し通す強さを持っているはずだ。坂本龍馬の"世の人はわれを何とも言わば言え　わが成すことはわれのみぞ知る"という名言が表すような心意気を持って、正しいと思った道を進んでもらいたい。皆さんほど、毎日毎日徹底的に組織や人のことを考えている人はいないのだから。

曽和利光　そわ としみつ

株式会社人材研究所 代表取締役社長

京都大学教育学部教育心理学科卒業。株式会社リクルートで人事採用部門を担当、最終的にはゼネラルマネージャーとして活動したのち、株式会社オープンハウス、ライフネット生命保険株式会社など多種の業界で人事を担当。「組織」や「人事」と「心理学」をクロスさせた独特の手法が特徴とされる。2011年に株式会社人材研究所を設立、代表取締役社長に就任。企業の人事部（採用する側）への指南を行うと同時に、これまで2万人を超える就職希望者の面接を行った経験から、新卒および中途採用の就職活動者（採用される側）への活動指南を各種メディアのコラムなどで展開する。

第4章

特別調査

人事パーソンの
キャリア、育成、学びに
関するアンケート

（労務行政研究所）

1. 回答者の属性
2. 担当業務と満足度、やりがい、キャリア
3. 人事分野の関心テーマ
4. 人事担当者の育成
5. 人事担当者の学び

本アンケートは、本書の特別企画として、企業の人事部門における役員、部課長クラスに対して、人事担当者としてのこれまでのキャリアや仕事のやりがい、人事担当者の育成や学びに必要な点や重視すべき点、人事の初任者に向けたメッセージなどを尋ねたものである。

調査要領

◎**調査名**：「人事パーソンのキャリア、育成、学びに関するアンケート」
1．**調査対象**：『労政時報』定期購読者向けサイト「WEB 労政時報」の登録者から抽出した人事労務担当者のうち、課長クラス以上の 1 万 1741 人
2．**調査期間**：2024 年 5 月 7 〜 22 日
3．**調査方法**：WEB によるアンケート
4．**集計対象**：1．の調査対象のうち、回答のあった 201 社（1 社 1 人）。集計対象会社の業種別、規模別の内訳は、[**参考表**]のとおり。なお、設問により回答していない企業があるため、各項目の集計社数は異なる。
5．**利用上の注意**：[図表]の割合は、小数第 2 位を四捨五入して小数第 1 位まで表示しているため、合計が 100.0 にならない場合がある。また、割合の差異を示す際は、四捨五入後の数値を基に算出した結果を示している。本文中で割合を引用する際には、実数に戻り割合を算出し直しているため、[図表]中の数値の足し上げと本文中の数値とは一致しないことがある。

参考表 ● 業種別、規模別集計対象会社の内訳

－社－

業種	規模計	1,000人以上	300〜999人	300人未満	業種	規模計	1,000人以上	300〜999人	300人未満
全　産　業	201	85	69	47	精 密 機 器	2	2		
製　造　業	86	32	34	20	その他製造	16	3	8	5
水産・食品	10	5	3	2	非 製 造 業	115	53	35	27
繊　　　維	1				鉱　　　業	1	1		
紙・パルプ	3	1	1	1	建　　　設	8	4	3	1
化　　　学	19	5	8	6	商　　　業	24	9	8	7
石　　　油	1			1	金融・保険	6	4	2	
ゴ　　　ム	3	1	1	1	不　動　産	4	1	2	1
鉄　　　鋼	2		1	1	海・空運	1	1		
非鉄・金属	4	1	3		倉庫・運輸関連	10		3	2
機　　　械	8	5	2	1	情報・通信	30	16	8	6
電 気 機 器	13	5	5	3	電力・ガス	7	2	1	4
輸送用機器	4	3	1		サービス	24	10	8	6

[注]　「商業」は卸売業、小売業。「情報・通信」には、IT 関係のほか新聞、出版、放送を含む。なお、上記の業種分類は東洋経済新報社『会社四季報』をベースとしている。

第 4 章　人事パーソンのキャリア、育成、学びに関するアンケート

POINT

① **人事専門部署の有無と所属人数**：「人事の専門部署がある」が 89.1％で最も多く、「人事の専門部署がある」場合の所属人数は「11 〜 20 人」が 27.9％で最多だが、規模によるバラつきが大きい [図表 5]。人員の充足状況としては、「やや不足」（44.1％）と回答する企業が最多で、「非常に不足」「不足」と合わせると 8 割近くに上る [図表 6]

② **人事の職務経験**：現在担当している人事業務（複数回答）は、「人事戦略・人事制度の企画立案」が 73.1％で最も多い [図表 7]。過去に担当したことのある人事業務（複数回答）は、「労働時間、勤怠管理」と「募集・採用」がともに 43.3％で最多 [図表 8]。今のキャリアに役立っている業務経験（5 段階評価）という観点からは、「人事戦略・人事制度の企画立案」「人事制度の運用」の平均スコアがともに 4.6 点と最も高い [図表 11 −②]

③ **人事業務のやりがい（複数回答）**：「経営層の目線に立って物事を考える」が 69.7％で最も多く、「社員の意見や反応を業務に活かす機会がある」（60.7％）、「経営層と関わる機会がある」（57.2％）が続く [図表 14]

④ **人事分野の関心テーマ（複数回答）**：「優秀人材の採用・定着」や「評価者のスキル向上」「従業員エンゲージメント向上」等への関心が高い [図表 16]

⑤ **成長に必要なこと**：人事初任者の成長を促すために経験させたいこと（複数回答）は「人事部門での複数の業務経験」が 80.6％で最多 [図表 21]。人事以外の職務（複数回答）では、「経営企画」が 59.7％で最も多い [図表 22]

⑥ **専門性を身に付けるために重要な知識・スキル**：人事初任者が専門性を身に付けるために重要と考える知識・スキル（複数回答）は「コミュニケーション力」が 82.1％で最も多い [図表 23]

⑦ **1 週間で自己啓発に費やす時間**：年齢層別平均では 30 〜 39 歳が 7.4 時間で最も長く、役職別平均では役員クラスが 6.8 時間で最長 [図表 26]

⑧ **資格・検定の保有状況**：61.2％が人事業務関連の資格や検定を「保有している」[図表 28]。具体的な保有資格（複数回答）としては、「第一種衛生管理者」が 43.1％で最多 [図表 29]。"役立ち度"は「社会保険労務士」が 4.6 点で最も高い [図表 30]

189

❶ 回答者の属性

回答者の年齢層と役職、人事業務の経験年数 ［図表 1 〜 3］
「40 〜 49 歳」「50 〜 59 歳」がともに 4 割超、役職は「課長クラス」が約半数。経験年数は 10 年以上が 6 割を超える

回答者の年齢層は、「50 〜 59 歳」が 43.6％で最も多く、「40 〜 49 歳」が 41.0％、「60 歳以上」が 10.3％、「30 〜 39 歳」が 5.1％となっている ［**図表 1**］。

役職は、「課長クラス」が 52.2％と過半数を占め、次いで「部長クラス」が 36.3％、「役員クラス」が 11.4％である ［**図表 2**］。

人事業務の経験年数（通算）は、「20 年以上」が 30.8％と最多で、「10 〜 15 年未満」17.9％、「15 〜 20 年未満」15.9％までを合わせると、10 年以上の経験を持つベテラン人事が 6 割以上となる ［**図表 3**］。一方で、5 年未満という回答も約 2 割を占めている。

役職別に見た年齢構成と人事業務の経験年数 ［図表 4］
役員・部長クラスは「50 〜 59 歳」が最多でともに 5 割台、課長クラスは「40 〜 49 歳」が過半数を占める。経験年数はいずれの役職でも 10 年以上が約 6 〜 7 割

役職別に見た年齢構成では、役員・部長クラスは「30 〜 39 歳」がおらず、いずれも「50 〜 59 歳」が最多で 5 割台半ばである。一方、課長クラスは「40 〜 49 歳」が 52.4％と過半数を占め、「50 〜 59 歳」が 32.0％で続き、「30 〜 39 歳」は 9.7％と 1 割に満たない ［**図表 4 −①**］。

人事業務の経験年数（通算）を役職別に見ると、10 年以上が役員クラス 69.6％、部長クラス 71.2％と約 7 割を占めるのに対し、課長クラスは 59.0％となっており、10 ポイントほどの開きがある ［**図表 4 −②**］。また、「20 年以上」では役員クラス 43.5％、部長クラス 41.1％と 4 割以上を占めており、長年の人事経験を通して部長や役員まで昇進するケースが多いことがうかがえる。一方で、役員・部長クラスでも、5 年未満という回答が約 2 割見られ、ローテーションによって他の職務から人事部門の役職に就くケースが一定数あることが分かる。

図表1 ● 回答者の年齢層　　　図表2 ● 回答者の役職

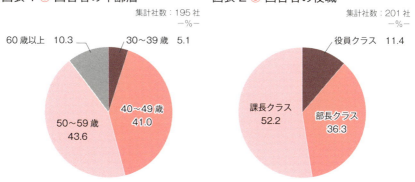

[注] 無回答を除く。

図表3 ● 回答者の人事業務の経験年数（通算）

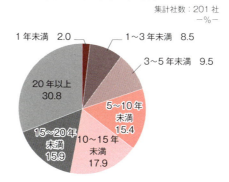

[注] 1. 人事業務とは「人事企画」「採用」「労務管理」のほか、「安全衛生」「人事データ活用」等の人事関連の業務を幅広く含む。
2. 転職経験のある場合、以前の勤務先での人事業務の経験年数を含めている。

人事専門部署の有無と所属人数 ［図表5］

「人事の専門部署がある」企業は89.1％、所属人数は「11～20人」が27.9％で最多だが、規模によるバラつきが大きい

　企業において人事業務は、①「人事部」などの専門部署が行う、②「総務部」などが他の業務と兼務して行う、③専門の部署はなく、特定の社員が担当する、といった三つが考えられる。

図表4 ● 役職別の年齢・人事業務の経験年数

①役職別に見た年齢構成

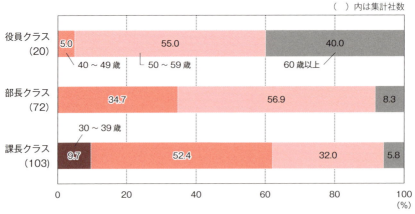

[注] 無回答を除く。

②役職別に見た人事業務の経験年数（通算）

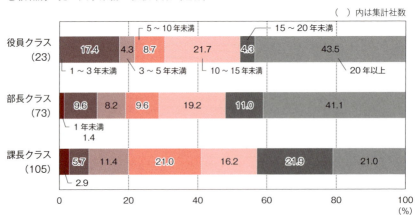

　そこで人事専門部署の有無と所属人数を尋ねたところ、「人事の専門部署がある」と回答した企業は89.1％と、約9割の企業が専門部署を設けている。規模別では1000人以上が100.0％、300～999人が88.4％、300人未満が70.2％と、規模が大きいほど割合が高く、規模により人事業務を行う体制が異なるこ

第 4 章　人事パーソンのキャリア、育成、学びに関するアンケート

図表 5 ● 人事専門部署の有無と所属人数

－（社）、％－

区　　分		規模計	1,000 人以上	300 ～ 999 人	300 人未満
合　　計		(201) 100.0	(85) 100.0	(69) 100.0	(47) 100.0
人事の専門部署がある		89.1	100.0	88.4	70.2
組織上の専門部署はなく 特定の社員が担当している		10.9		11.6	29.8
「人事の専門部署がある」場合の所属人数	小　　計	(179) 100.0	(85) 100.0	(61) 100.0	(33) 100.0
	1 人	0.6			3.0
	2 ～ 5 人	15.6	1.2	11.5	60.6
	6 ～ 10 人	20.1	5.9	36.1	27.3
	11 ～ 20 人	27.9	25.9	41.0	9.1
	21 ～ 30 人	10.1	14.1	9.8	
	31 ～ 50 人	8.9	17.6	1.6	
	51 人以上	16.8	35.3		

［注］ 「人事業務と他の職務を兼務している場合」や「正社員以外の派遣社員」なども 1 人とカウントしている。

とが分かる。

　「人事の専門部署がある」と回答した企業における所属人数は「11 ～ 20 人」が 27.9％で最多だが、規模別で最も割合が高い階層を見ると、1000 人以上が「51 人以上」（35.3％）、300 ～ 999 人が「11 ～ 20 人」（41.0％）、300 人未満が「2 ～ 5 人」（60.6％）とバラつきがあり、規模が大きいほど所属人数が多い。

人事専門部署の人員充足状況 ［図表 6］

"不足" と感じている企業が約 80％。1000 人以上や部署の所属人数が多い企業のほうがより不足と感じる傾向がある

　［図表 5］で「人事の専門部署がある」と回答した企業における人員充足状況を尋ねたところ、全体では「やや不足」（44.1％）が最も多く、「非常に不足」「不足」も合わせると 78.8％となり、約 8 割の企業が人員の不足を感じている ［図表 6 －①］。

193

図表6 ● 人事専門部署の人員充足状況

① 規模別

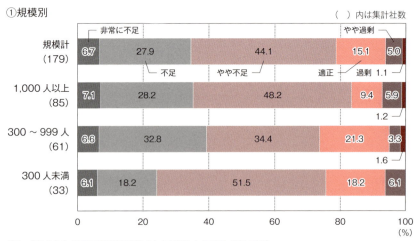

[注] 集計対象は「人事の専門部署がある」と回答した179社（②も同じ）。

② 所属人数別

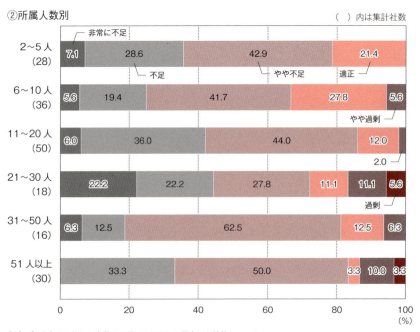

[注] 「1人」と回答した企業は1社のみのため、図表から除外している。

第4章　人事パーソンのキャリア、育成、学びに関するアンケート

　人員数が「適正」と感じている企業の割合を規模別に見ると、300 〜 999 人
（21.3％）と 300 人未満（18.2％）が 2 割前後であるのに対し、1000 人以上で
は 9.4％と 1 割に満たない。

　また、所属人数別で見ると、10 人以下の企業は 2 割台が「適正」と感じて
いる一方で、11 〜 50 人以下の企業は 1 割台前半にとどまる［**図表 6 −②**］。
所属人数の多い人事部門では対応すべき業務量も増えることから、人員不足を
感じる企業も一定数ある実情がうかがえる。

② 担当業務と満足度、やりがい、キャリア

現在・過去の担当業務 ［図表 7 〜 8］
**現在担当している業務は「人事戦略・人事制度の企画立案」「人事制度
の運用」が約 7 割、過去に担当したことのある業務は「労働時間、勤怠
管理」「募集・採用」が 4 割超で最多**

　人事の仕事を 14 業務に分け、現在担当している業務と、過去に担当したこ
とのある業務を尋ねた。

■現在担当している人事業務
　現在担当している業務（複数回答）は「人事戦略・人事制度の企画立案」が
73.1％で最も多く、以下、回答割合が 50％を超える業務は「人事制度の運用」
68.7％、「要員管理、配置・異動」58.2％、「人材育成、キャリア開発、教育・
研修」56.7％、「健康、安全衛生、メンタルヘルス」50.2％となっている［**図表
7**］。

　役職別では、役員・部長クラスで「人事戦略・人事制度の企画立案」が 8 〜
9 割台（役員クラス 91.3％、部長クラス 86.3％）と突出している一方、課長ク
ラスでは 60.0％にとどまり、「人事制度の運用」が 68.6％で最多となっている。
また、役員クラスでは「労使交渉」「ダイバーシティ」がともに 60.9％、部長
クラスでは「健康、安全衛生、メンタルヘルス」「人事データ活用、HR テク
ノロジー推進」がともに 54.8％と、5 〜 6 割に上る点が特徴的である。

195

図表 7 ● 現在担当している人事業務（複数回答）

― （社）、%―

区　　　分	役職計	役員クラス	部長クラス	課長クラス
合　　　計	(201) 100.0	(23) 100.0	(73) 100.0	(105) 100.0
人事戦略・人事制度の企画立案	① 73.1	① 91.3	① 86.3	② 60.0
人事制度の運用	② 68.7	③ 65.2	② 69.9	① 68.6
給与計算、社会保険	23.4	17.4	21.9	25.7
福利厚生	36.3	26.1	39.7	36.2
労働時間、勤怠管理	38.3	30.4	39.7	39.0
要員管理、配置・異動	③ 58.2	② 69.6	③ 68.5	④ 48.6
海外拠点の人事管理	17.9	21.7	27.4	10.5
人材育成、キャリア開発、教育・研修	④ 56.7	56.5	④ 60.3	③ 54.3
組織開発	40.3	52.2	46.6	33.3
募集・採用	45.3	52.2	50.7	40.0
健康、安全衛生、メンタルヘルス	⑤ 50.2	43.5	⑤ 54.8	④ 48.6
労使交渉	45.3	④ 60.9	42.5	43.8
人事データ活用、HR テクノロジー推進	44.3	34.8	⑤ 54.8	39.0
ダイバーシティ	39.3	④ 60.9	37.0	36.2

[注]　①～⑤は上位 5 項目を示す（以下同じ）。

②過去に担当したことのある人事業務

　過去に担当したことのある業務（複数回答）としては、「労働時間、勤怠管理」「募集・採用」がともに 43.3％で最多となっており、以下、「福利厚生」39.8％、「給与計算、社会保険」38.8％、「人材育成、キャリア開発、教育・研修」37.8％と続く［図表 8］。

　役職別で見ると、役員クラスでは、「福利厚生」「労働時間、勤怠管理」が 6 割台に上り、「給与計算、社会保険」「募集・採用」「健康、安全衛生、メンタルヘルス」が 50％を超える。部長クラスでは「労働時間、勤怠管理」が 46.6％と最多で、「募集・採用」が 43.8％で続き、「人事制度の運用」「要員管理、配置・異動」がともに 42.5％と 4 割台に上る。課長クラスでは「募集・採用」の 41.0％が最も多く、次いで「福利厚生」「労働時間、勤怠管理」「人材育

第 4 章　人事パーソンのキャリア、育成、学びに関するアンケート

図表 8 ● 過去に担当したことのある人事業務（複数回答）

－（社）、％－

区　　　分	役職計	役員クラス	部長クラス	課長クラス
合　　　計	(201) 100.0	(23) 100.0	(73) 100.0	(105) 100.0
人事戦略・人事制度の企画立案	25.9	21.7	30.1	23.8
人事制度の運用	32.8	43.5	③ 42.5	23.8
給与計算、社会保険	④ 38.8	③ 56.5	⑤ 39.7	⑤ 34.3
福利厚生	③ 39.8	① 65.2	35.6	② 37.1
労働時間、勤怠管理	① 43.3	② 60.9	① 46.6	② 37.1
要員管理、配置・異動	32.8	34.8	③ 42.5	25.7
海外拠点の人事管理	24.4	34.8	26.0	21.0
人材育成、キャリア開発、教育・研修	⑤ 37.8	39.1	38.4	② 37.1
組織開発	23.9	21.7	27.4	21.9
募集・採用	① 43.3	④ 52.2	② 43.8	① 41.0
健康、安全衛生、メンタルヘルス	31.8	④ 52.2	34.2	25.7
労使交渉	23.9	26.1	28.8	20.0
人事データ活用、HR テクノロジー推進	22.9	43.5	17.8	21.9
ダイバーシティ	25.4	26.1	27.4	23.8

成、キャリア開発、教育・研修」がいずれも 37.1％となっている。

現在まで担当した、あるいは担当したことのない業務の中で今後担当したい業務 ［図表 9 ～ 10］

現在までに担当したことのある業務の中では、「人事戦略・人事制度の企画立案」が 87.2％で突出して多く、担当したことのない業務の中では「人事データ活用、HR テクノロジー推進」が 84.0％で最も多い

■ 現在まで担当したことのある業務の中で今後も担当したい人事業務

担当業務の回答結果を受け、現在までに担当したことのある業務の中で今後も担当したい人事業務（複数回答）を尋ねたところ、「人事戦略・人事制度の企画立案」が 87.2％と突出しており、「人材育成、キャリア開発、教育・研

修」61.8％、「人事データ活用、HR テクノロジー推進」59.5％、「組織開発」58.5％が6割前後で続く **[図表9]**。一方、「労働時間、勤怠管理」「給与計算、社会保険」などは1割台にとどまることから、労務管理系の業務よりも経営戦略に関わる業務への意欲が高いことがうかがえる。

❷現在まで担当したことのない業務の中で今後担当したい人事業務

現在まで担当したことのない業務の中で、今後担当してみたい人事業務（複数回答）は、「人事データ活用、HR テクノロジー推進」が84.0％で最も多く、

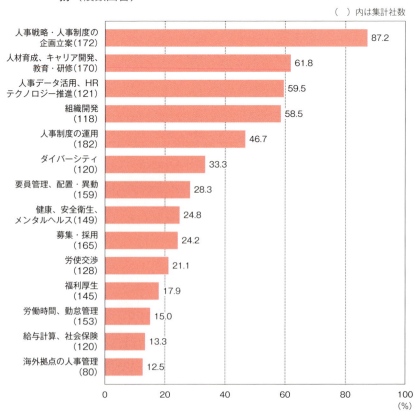

図表9 ● 現在まで担当したことのある業務の中で今後も担当したい人事業務（複数回答）

第4章 人事パーソンのキャリア、育成、学びに関するアンケート

次いで「人事戦略・人事制度の企画立案」と「人材育成、キャリア開発、教育・研修」がともに75.0％、「組織開発」が65.4％と続いており、おおむね［図表9］と同様の傾向である［図表10］。

なお、最多の「人事データ活用、HRテクノロジー推進」は［図表9］の担当したことのある業務の中で今後も担当したい業務でも3番目に多く、DX推進や生成AIの台頭、タレントマネジメントシステムの普及などの影響を受け、人事担当者の興味・関心がより高まっていると推察できる。

図表10 ● 現在まで担当したことのない業務の中で今後担当したい人事業務
（複数回答）

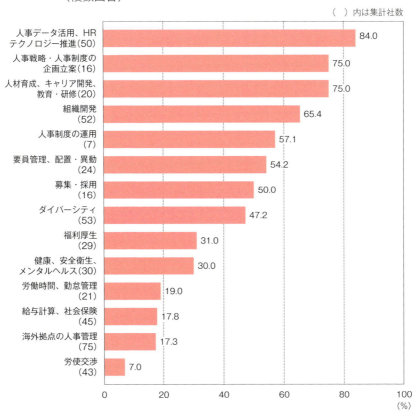

199

現在までの人事業務が今のキャリアにどの程度役立っているか

[図表11、事例1]

「人事戦略・人事制度の企画立案」「人事制度の運用」の平均スコアが
4.6点と最も高い

　現在まで担当した人事の業務経験が、今のキャリアにどの程度役立っているかを尋ねた結果が［図表11］である。ここでは、全体と役職別の集計結果を見ていく。

1 全体

　「まったく役立っていない」「あまり役立っていない」「どちらともいえない」「やや役立っている」「大いに役立っている」の5段階で尋ね、その回答社数の割合を示したものが［図表11−①］であり、さらに各段階を1～5点に点数化して平均スコアを算出したのが［図表11−②］である。

　全体で見ると、いずれの業務も「やや役立っている」「大いに役立っている」が大半を占めるが、平均スコアでは「人事戦略・人事制度の企画立案」「人事制度の運用」がともに4.6点と最も高い。一方、相対的にスコアが低いのが「福利厚生」「海外拠点の人事管理」「人事データ活用、HRテクノロジー推進」「ダイバーシティ」で、3.6～4.0点にとどまる。近年関心が高まっている「人事データ活用、HRテクノロジー推進」「ダイバーシティ」は、各社とも着手してまだ日が浅く、試行錯誤の段階であることから、現状のキャリアにおいて「大いに役立っている」という実感を得るまでには至っていないケースが多いと思われるが、今後の動向に注目したい。

2 役職別

　役職別は平均スコアのみを［図表11−③］に示した。いずれの役職も「人事戦略・人事制度の企画立案」「人事制度の運用」が4.4～4.7点と高い。

　一方、役職によって差があるのが、「給与計算、社会保険」「福利厚生」「労働時間、勤怠管理」「人事データ活用、HRテクノロジー推進」である。「給与計算、社会保険」は役員・部長クラスが相対的に低く（4.1～4.2点）、課長クラスが高い（4.5点）。「福利厚生」「労働時間、勤怠管理」「人事データ活用、HRテクノロジー推進」は役員クラスが低く（3.6～3.8点）、部長・課長クラスが高い結果（4.0～4.4点）となっている。

第 4 章　人事パーソンのキャリア、育成、学びに関するアンケート

図表 11 ● 現在までの人事関連の業務経験が今のキャリアにどの程度役立っ ているか

①全体

集計社数：201 社
—％—

区　　　分	まったく役立っていない	あまり役立っていない	どちらともいえない	やや役立っている	大いに役立っている
人事戦略・人事制度の企画立案		1.2	5.9	24.1	**68.8**
人事制度の運用		0.5	6.6	29.7	**63.2**
給与計算、社会保険		0.8	12.5	**43.3**	**43.3**
福利厚生	0.7	1.4	21.5	**53.5**	22.9
労働時間、勤怠管理	0.7	1.3	11.1	43.1	**43.8**
要員管理、配置・異動		0.6	13.8	**44.0**	41.5
海外拠点の人事管理	1.3	12.5	27.5	**45.0**	13.8
人材育成、キャリア開発、教育・研修		0.6	8.8	41.8	**48.8**
組織開発		0.8	14.4	**44.1**	40.7
募集・採用		2.4	10.3	**44.8**	42.4
健康、安全衛生、メンタルヘルス	0.7		14.1	**51.0**	34.2
労使交渉	0.8	1.6	11.7	**43.8**	42.2
人事データ活用、HR テクノロジー推進		2.5	22.3	**44.6**	30.6
ダイバーシティ	0.8	2.5	26.3	**51.7**	18.6

［注］　無回答を除く（②、③も同じ）。

②平均スコア

集計社数：201 社

	平均スコア（点）
人事戦略・人事制度の企画立案	**4.6**
人事制度の運用	**4.6**
給与計算、社会保険	4.3
福利厚生	4.0
労働時間、勤怠管理	4.3
要員管理、配置・異動	4.3
海外拠点の人事管理	3.6
人材育成、キャリア開発、教育・研修	4.4
組織開発	4.2
募集・採用	4.3
健康、安全衛生、メンタルヘルス	4.2
労使交渉	4.3
人事データ活用、HR テクノロジー推進	4.0
ダイバーシティ	3.8

［注］　「大いに役立っている」＝5点、「やや役立っている」＝4点、「どちらともいえない」＝3点、「あまり役立っていない」＝2点、「まったく役立っていない」＝1点として集計し、項目ごとに平均値化した（③も同じ）。

201

③役職別に見た平均スコア

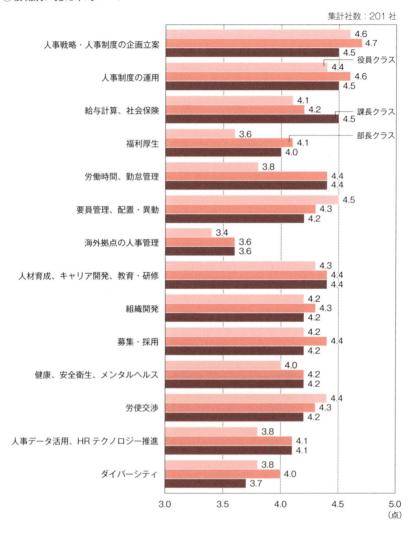

反対に、役員クラスが部長・課長クラスを上回るのが「要員管理、配置・異動」と「労使交渉」で、いずれも部長・課長クラスは 4.2 〜 4.3 点であるのに対し、役員クラスは 4.4 〜 4.5 点という結果である。

［事例1］では、現在までの人事関連業務の経験が今のキャリアに役立っている理由と背景について、得られた回答を役職別にまとめている。

役員クラスでは、「会社の全体像を俯瞰的に把握できるようになった」「人的資本がクローズアップされ、人事戦略立案のキャリアが重宝されるようになった」などの回答があり、全社的な視座を得ることや、経営的視点の重要性と価値についての言及などがあった。

部長クラスでは、「人事関係の業務はすべてが連携しているため、実務の経験が非常に役に立った」「人事戦略・人事制度の企画立案に関して、運用オペレーションの実務経験があったことで、運用面も考慮した戦略・制度設計ができた」「土台となる給与・勤怠を理解していないと、人事制度の企画立案をするときに給与など他に波及するかしないか気づかない場合がある」など、人事制度を構築する上で現場の実務が役立ったという意見が複数見られた。

課長クラスでは、「経営戦略と人事戦略をつなぐための取り組みで視野・視座を高めることができた」「人事戦略・人事制度の企画立案業務を通じ、他社との比較によって自社の立ち位置を知ることができた」など、視野が広がり、自社を客観的に見られたといった回答のほか、「給与計算の業務に携わることで会社の給与に関する仕組みが理解でき、後のシステム開発に積極的に関与できた」「制度策定・運用、要員管理を通じて全社的な課題を把握し、人材育成や組織開発などの施策に落とし込むことができた」といった、他の業務との具体的なつながりも触れられており、全体として示唆に富む回答が得られた。

事例 1 ● 現在までの人事関連業務の経験が今のキャリアに役立っている理由と背景（役職別）

[注] 「規模」は「A」＝従業員数 1,000 人以上、「B」＝同 300 〜 999 人、「C」＝同 300 人未満を表す（以下同じ）。

業種	規模	年齢	人事の経験年数	役立っている理由と背景
役員クラス				
化学	B	50〜59歳	3〜5年	人事戦略・人事制度は上位の考え方から構築し、人事戦略を体系的に検討できたことから、今後の基盤になる機会となった。ダイバーシティも今後外すことができない状況であることから知識を得る機会になった
商業	A	60歳以上	20年以上	子会社への出向経験を通じて、人事業務全般を直接担当するとともに、出向期間中に 2 回の企業再編・統合に携わり、人事制度統合を経験したことが現在の業務の基盤となっている
商業	B	50〜59歳	10〜15年	制度設計する前提として給与計算や年末調整を通して労働法制を理解できた
倉庫・運輸関連	B	50〜59歳	20年以上	会社の全体像を俯瞰的に把握できるようになった。制度改定や組織改編、あるいは法改正対応といった場面では、バランスよく対応できる人材が欠かせない
情報・通信	B	40〜49歳	1〜3年	「経営」と「社員」の期待を調査・分析し、解決策を設計しながら、費用面でのシミュレーションを実施し、経営から必要な投資の承認を得ていくプロセスは、まさに事業の発展に直結すると考えている
サービス	B	60歳以上	20年以上	給与計算、社会保険：以前は手計算の時代だったので、仕組みを理解していないと数字自体が出せず、基本を学ぶ上では良い経験になった
サービス	B	50〜59歳	10〜15年	人的資本がクローズアップされるようになり、現在の企業や労働市場の中で人事戦略立案などのキャリアが重宝され、市場価値も上がっていると感じる
部長クラス				
水産・食品	A	60歳以上	20年以上	人事関係の業務はすべてが連携しており、それらを包括的に把握し、かつ細部まで構想するために実務の経験が非常に役に立っている。特に制度の見直しに当たっては導入後の運用において、どのようなことが予測されるかを想定するために、これらの経験が不可欠であった
水産・食品	C	50〜59歳	20年以上	人事制度の運用は、法改正等で社内での在り方も変わるので対応を検討することが多いが、過去の業務経験から基本的な考え方や知見が備わっていたことが、現在の業務で役に立っている

204

業種	規模	年齢	人事の経験年数	役立っている理由と背景
電気機器	C	40～49歳	20年以上	現在メインのミッションである人事戦略・人事制度の企画立案に関して、運用オペレーションの実務経験があったことで、運用面も考慮した戦略・制度設計ができていると思う
その他製造	B	40～49歳	10～15年	さまざまな業務経験を通じて役員・従業員との信頼関係が構築できた。また、求職者との交流を通じて当社への入社を決意された方々が増えており、入社された方が活躍していることを聞くと、自身の業務の意義を再認識する
建設	B	50～59歳	20年以上	新入社員のころから人事関連のさまざまな業務を主担当あるいは補助的な役割として担当し、当社の人事業務の基礎知識を得られた。現在、人事部門の責任者という立場になり、部署の運営から経営層への提案まで関わる中で、基礎的なところを前提として提案できていると思っている
倉庫・運輸関連	C	40～49歳	20年以上	土台となる給与・勤怠を理解していないと、人事制度の企画立案をするときに給与など他に波及するかしないか気づかない場合がある。採用は社内の面談とも通じる内容もあり、人とのコミュニケーションにおいて双方の経験が役に立っている
サービス	C	50～59歳	20年以上	労務関連は知識と経験の積み上げであり、法改正など複雑化する制度の背景を理解する上でベースの知識があることが優位に働く

課長クラス

業種	規模	年齢	人事の経験年数	役立っている理由と背景
水産・食品	A	40～49歳	15～20年	経営戦略と人事戦略をつなぐための取り組みで視野・視座を高めることができた。また、組織開発や人財開発を体系的に行っていくために必要な経験になっていると感じた
水産・食品	C	40～49歳	10～15年	給与計算の業務に携わることで会社の給与に関する仕組みが理解でき、後のシステム開発に積極的に関与することができた
紙・パルプ	C	40～49歳	5～10年	人事データ活用、HRテクノロジー推進：IT活用の遅れた会社で勤務しているので、効率化の付加価値が大きい
化学	B	40～49歳	1～3年	人事戦略・人事制度の企画立案を実施する中で、社内だけでなく社会全体の流れを理解でき、会社が進むべき方向を検討できるため
化学	B	40～49歳	10～15年	人事に関連する業務を幅広く担当した経験から、現在の担当業務だけでなく、周辺の業務に関する知識を活かして業務遂行や社内調整ができているため

業種	規模	年齢	人事の経験年数	役立っている理由と背景
ゴム	B	50～59歳	20年以上	給与計算や勤怠管理：管理職として労務管理する際に考えるベースとなっている 人材育成・研修、ダイバーシティ推進：人が成長していく過程を見ることができるところにやりがいがある
非鉄・金属	A	50～59歳	20年以上	人事戦略・人事制度の企画立案については、人事制度の運用と併せ、全社的視点で人事を捉え、課題を導き出す視点を得ることに役立った
機械	A	40～49歳	10～15年	ダイバーシティ推進・組織開発：多様な視点で物事を捉え、個々の特性をいかに組織の力にするかという考え方につながっている 人材育成、キャリア開発：人事制度という仕組み（ハード面）で、どのように人の育成・キャリア開発を支援するかを考える上で役立っている
電気機器	B	40～49歳	15～20年	人事戦略・人事制度の企画立案：業務を通じて他社との比較により自社の立ち位置を知ることができたこと。また、制度を検討する上でどのような分析が必要なのか知ることができた 人事制度の運用：人事の立場では良い制度を構築したつもりでも現場の感じ方は異なることがあり、制度によっては従業員からの意見を聴取する必要があることを理解できた 労働時間、勤怠管理：法律で規定されているため、そちらの面の知識を深めることができた 募集・採用：必要な人材の採用は簡単ではなく、業務内容や処遇のみならず、求人訴求のためには会社としてのプレゼンス・各種制度も整える必要があることを理解できた
輸送用機器	B	30～39歳	15～20年	人事戦略・人事制度の企画立案：コンサルタント、役員層と打ち合わせを何度も行う中で視野も広がり、人事業務に興味を持つことができた 募集・採用：会社が進む方向に必要な人材について、実際の業務を行いながら他部署や役員と議論できたことで視野の広がりがあった
精密機器	A	40～49歳	5～10年	前職が中小企業で人事機能をすべて経験していたことで、大企業に転職しても人事領域のあらゆる分野の知識が活かされ、各方面を意識した制度設計を検討できている
その他製造	B	50～59歳	10～15年	労使交渉の経験は社員側の考えを理解することに役に立っている
その他製造	B	40～49歳	3～5年	教育・研修：7年ほど前に「次世代人材育成研修」を1年にわたって担当し、研修の出席者と密なコミュニケーションを取っていたところ、その後、その出席者が部長・役員クラスへ昇格し、今でも話がしやすい関係性が築けている

業種	規模	年齢	人事の経験年数	役立っている理由と背景
商業	A	40〜49歳	20年以上	採用・教育以外の人事業務を広く経験したことで、人事業務全般についての理解・見識を得ることができた。現在は課長級として業務に当たっているが、過去の経験のおかげで、とても悩ましいと感じるとか、何をすればよいか分からないといったことはない
倉庫・運輸関連	A	40〜49歳	5〜10年	人事戦略・人事制度の企画立案：会社の方向性を検討する上で必然的に会社の置かれている状況や運用状況を知ることになり、他の人事業務に役立っている
情報・通信	A	40〜49歳	15〜20年	社員のエンゲージメントを高め、能力発揮させるためには適切な評価制度や処遇・職場環境の提供が不可欠であり、組織としての競争優位性を確立するための施策立案において必要な視点であるため
	B	40〜49歳	3〜5年	健康、安全衛生、メンタルヘルス：現職は制度としてまとまりがなかったため、前職での経験が役に立っている
サービス	A	40〜49歳	15〜20年	人事業務はすべてがつながっており、広範な領域の人事経験があることで俯瞰して見ることができる
	A	60歳以上	20年以上	給与計算、社会保険：社会保険労務士の資格を活かすことができ、会社が違っても税金・社会保険の仕組みは同じであるため、業務の即戦力になれた 労働時間、勤怠管理：上記同様、法知識は会社が変わっても共通で、業務の即戦力になれた 健康、安全衛生、メンタルヘルス：現在所属する会社の人事業務の範疇（はんちゅう）ではないが、健康経営につながる知識があることで、社員からの相談に対応できている
	A	40〜49歳	10〜15年	制度策定・運用、要員管理を通じ、全社的な（主に人材育成上の）課題を把握することにもつながるため、人材育成や組織開発などの施策に落とし込みやすい。また、どのようなデータが必要で、どのように可視化し、活用していくかがイメージできるようになった

現在の仕事や職場に対する満足度 ［図表12］
「仕事の量」「社内の他部署（従業員）からの評価」の満足度は相対的に低い

■全体

　ここでは、「とても不満である」「やや不満である」「どちらともいえない」「やや満足している」「とても満足している」の5段階で尋ね、各段階を1～5点に点数化して平均スコアを算出した ［**図表12－①**］。

　「仕事の内容」「職場の人間関係・雰囲気」「役割・責任の大きさ」が3.9～4.1点と高めに出ているのに比べ、「仕事の量」「社内の他部署（従業員）からの評価」は3.4～3.5点とやや低い。

■役職別

　役職別に見ると、差異が顕著なのは「仕事の内容」と「役割・責任の大きさ」で、いずれの項目も役員クラスは4.5点なのに対し、部長・課長クラスは3.8～4.1点にとどまる ［**図表12－②**］。また、どの役職も「仕事の量」「社内の他部署（従業員）からの評価」は3.3～3.6点と相対的に低い。

　前掲 ［**図表6**］ で見たように、人事部門の人員不足感は高い。そのため現状いる人員で一定の仕事の量をこなさざるを得ないことから、いきおい「仕事の量」に関する満足度は低くなっているものと考えられる。また、人事部門は会社の方針に関与するケースが多く、規則・ルールを作り、守らせるという立場上、他部署や従業員からは厳しく見られる傾向にあることから、「社内の他部署（従業員）からの評価」への満足度は低めに出ることが考えられる。

人事業務に携わる中でどのような実感を得ているか ［図表13］
上位役職者になるほど、自分の仕事が"会社や部門の業績に貢献している""社員の役に立っている"という実感度合いが高い

　人事業務に携わることを通じて、組織や社員への貢献、自身の成長などについて、どの程度実感が得られているかを尋ね、平均スコアを算出した。

■全体

　平均スコアを見ると、「自分の仕事が会社や部門の業績に貢献していると感

第4章　人事パーソンのキャリア、育成、学びに関するアンケート

図表12 ● 現在の仕事や職場に対する満足度（平均スコア）

①全体

集計社数：201社

	平均スコア（点）
仕事の内容	4.1
仕事の量	3.5
役割・責任の大きさ	3.9
職場の人間関係・雰囲気	4.0
社内の他部署（従業員）からの評価	3.4

[注] 1. 無回答を除く（②も同じ）。
2. 「とても満足している」＝5点、「やや満足している」＝4点、「どちらともいえない」＝3点、「やや不満である」＝2点、「とても不満である」＝1点として集計し、項目ごとに平均値化した（②も同じ）。

②役職別

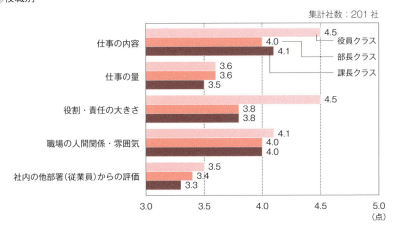

じる」「自分の仕事が社員のために役に立っていると感じる」「仕事を通じて自分が成長していると感じる」のいずれも4.0～4.1点と高めに出ている［図表13－①］。

2 役職別

　平均スコアは、「自分の仕事が会社や部門の業績に貢献していると感じる」「自分の仕事が社員のために役に立っていると感じる」が上位役職者になるほど高い［図表13－②］。

　一方、「仕事を通じて自分が成長していると感じる」は、部長クラスが相対

図表13 ● 人事業務に携わる中でどのような実感を得ているか（平均スコア）

①全体

集計社数：201社

	平均スコア（点）
自分の仕事が会社や部門の業績に貢献していると感じる	4.0
自分の仕事が社員のために役に立っていると感じる	4.0
仕事を通じて自分が成長していると感じる	4.1

［注］ 1. 無回答を除く（②も同じ）。
2.「よく当てはまる」＝5点、「やや当てはまる」＝4点、「どちらともいえない」＝3点、「どちらかというと当てはまらない」＝2点、「まったく当てはまらない」＝1点として集計し、設問ごとに平均値化した（②も同じ）。

②役職別

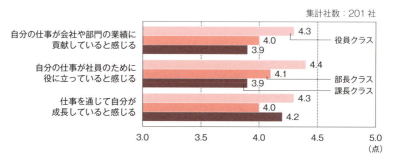

的に低く（4.0点）、役員クラスと課長クラスが同程度のスコア（4.2～4.3点）である。

人事業務のやりがい ［図表14、事例2］
「経営層の目線に立って物事を考える」が約7割で最多だが、そのほかは役職によってバラつきが見られる

1 人事業務でやりがいを感じている点

　人事業務でやりがいを感じている点を複数回答で尋ねたところ、全体では「経営層の目線に立って物事を考える」が最多で69.7％、「社員の意見や反応を業務に活かす機会がある」が60.7％で続き、以下、「経営層と関わる機会がある」57.2％、「現場に寄り添って困りごとを解決する」52.2％、「社員の成長を

感じる機会がある」50.7%、「社員全員の生活に関わる人事制度を扱う」50.2%
となっている［図表14］。

　役職別では、「経営層の目線に立って物事を考える」がいずれも最多だが、
下位の役職ほど割合は低くなり、役員クラスと課長クラスでは18.8ポイント
の差がある。また、「現場に寄り添って困りごとを解決する」は部長・課長ク
ラスではそれぞれ57.5%、51.4%と半数を超えるが、現場と比較的距離のある
役員クラスは39.1%と低い。一方で、「社員の成長を感じる機会がある」「社員
全員の生活に関わる人事制度を扱う」は課長クラスが40%台とやや低く、役
員・部長クラスは5割後半～6割に達する。課長クラスでは、「専門知識を活
かして業務を遂行する」「他社でも通用するスキルが身に付く」（ともに
50.5%）ことにやりがいを感じている点も特徴の一つといえる。

図表14 ● 人事業務でやりがいを感じている点（複数回答）

－（社）、%－

区　　　　分	役職計	役員クラス	部長クラス	課長クラス
合　　　計	(201) 100.0	(23) 100.0	(73) 100.0	(105) 100.0
経営層の目線に立って物事を考える	① 69.7	① 82.6	① 74.0	① 63.8
社員の意見や反応を業務に活かす機会がある	② 60.7	④ 60.9	③ 60.3	② 61.0
経営層と関わる機会がある	③ 57.2	② 65.2	② 61.6	③ 52.4
現場に寄り添って困りごとを解決する	④ 52.2	39.1	57.5	④ 51.4
社員の成長を感じる機会がある	⑤ 50.7	② 65.2	④ 58.9	41.9
社員全員の生活に関わる人事制度を扱う	50.2	⑤ 56.5	④ 58.9	42.9
専門知識を活かして業務を遂行する	47.3	30.4	47.9	⑤ 50.5
他社でも通用するスキルが身に付く	38.3	26.1	24.7	⑤ 50.5
現場の管理職と連携して業務を進める	34.3	17.4	37.0	36.2
社内・社外の関係者と折衝を行う	28.9	30.4	26.0	30.5
情報やデータの集計・分析を行う	25.4	13.0	23.3	29.5
給与や人事異動といった機密情報を扱う	17.4	4.3	20.5	18.1
人前で話す機会が多い	14.4	4.3	12.3	18.1
その他	1.0		2.7	
特にない	1.0			1.9

2 最もやりがいを感じたエピソード

これまでの人事業務を通じて最もやりがいを感じたエピソードを尋ね、役職別に回答を［事例2］にまとめた。

役員・部長クラスでは、「経営トップや労働組合との交渉」「人事部門未経験の中での制度改善に向けた取り組み」など、上位役職者ならではのエピソードが見られた。

課長クラスでは、「新たな研修制度の構築」「自己啓発支援制度の新設」「ダイバーシティ&インクルージョンの取り組みの提言」「人事関連データの分析や見える化」「新人事制度の設計や各種調整」など、現場レベルでの実務に関するさまざまな回答が得られたので、ぜひ参考にしてもらいたい。

また、いずれの役職でも、「採用・育成に関わった人材の活躍」をやりがいとする回答があり、社員個々の成長を気に掛ける人事の思いが垣間見える。

事例2 ● 人事の仕事の中で最もやりがいを感じたエピソード（役職別）

業種	規模	エピソードの内容
役員クラス		
非鉄・金属	B	3年かけて現在の人事・給与制度をリニューアルした。特に複線型の職能考課制度や選択型DC導入を進めたこと
機械	B	社員のことを考え、トップの考えに正面切って反対意見を伝えたこと。直後は言い争いになったが、その後相互理解に至った
	C	労使交渉において組合側の要望を斟酌し、会社としての判断を下せたこと
その他製造	C	人事評価制度の見直しを行い、社員から納得感があると言われたこと
商業	B	入社してきた新人がさまざまな場面で活躍しているのを見聞きするとき。また、新たな制度をつくり、労使交渉や社内説明などを経てなんとか導入できた際には、大きな達成感を味わえる
倉庫・運輸関連	B	100人規模の事業所が当該地域から撤退する際、正社員、契約社員、派遣社員等に対して最適な対処方法を立案し、経営陣、現場、組合等とそれぞれ調整を行いながら進めたこと。退職手続き等の負荷も大きかったが、無事にすべて完了できた。転勤を打診して慰留した社員数名は、現在異動先で主力メンバーになっている

第4章　人事パーソンのキャリア、育成、学びに関するアンケート

業種	規模	エピソードの内容
情報・通信	B	人事部門の経験がない中で、新社長から要請を受けて人事総務部門の執行役員に就任したが、経験値の高いメンバーのサポートを得つつ、マーケティングで培った「お客さまの期待に応え続ける」というアプローチを人事領域でも活かし、制度改善を続けることができている点。特にデータを基にした意思決定を重視し、新たなエンゲージメント調査の実施・分析から改善施策の実行まで、"費用"ではなく"投資"として経営陣に認めてもらい、リソースを確保して進められていることは自社の発展に貢献する気持ちにつながっている
サービス	B	他社の内定を辞退して当社に就職してくれた人材が、実際に会社をけん引する存在として活躍している様子を見た際、会社にとっても本人にとっても良い選択ができたと感じた
	B	人事制度の改定を通じて多くの社員と関わることができ、全社的な課題解決に向けた施策の提案実行ができたことで会社や社員の成長を感じられたこと

部長クラス

業種	規模	エピソードの内容
水産・食品	A	ある職場で不適合となり、なげやりになっていた社員を異動させたところ、その社員が再生して、大いに活躍したこと。このときの対応について本人から感謝の気持ちを聞けたことがあった
	A	グループ会社の大規模な組織再編に伴う人事制度統合や人事基盤づくりを、グループ会社の社員とともにやり遂げたこと
	A	分社化における円滑な人材配置の実現と制度移行、人事給与業務の企業グループの集約とシェアードサービス化
化学	C	理系の新卒採用において各大学・高専の研究室、指導教員の教授とのやりとりを通じて人脈ができ、採用難の現在でも比較的、当社で活躍する人材を確保できていること
ゴム	C	人事考課制度の改定に当たり、係長時代に各部の部門長・役員と調整をしながらやり切ったこと
非鉄・金属	B	労働組合からの提案を受け、労使一体となって従業員のモチベーションを上げる制度を検討し、実行できたこと
機械	A	親会社の人事制度改革を自社に合った内容へとアレンジすべく、親会社関係部門や自社経営陣と協議・調整して実現にこぎつけられたこと
電気機器	B	新卒社員の採用・教育に携わり、彼ら彼女らが会社の中枢を担う管理監督職に昇格したとき
その他製造	B	次世代リーダーの開発・育成業務。当社の本部長・事業部門長の代替わり時期等の社内環境対応に向けて、次世代リーダーを戦略的かつ計画的に開発・育成するプログラムを立ち上げた。その結果、多くの従業員が昇級・昇格することになり、やりがいにつながった
建設	A	社員の成長に寄与できたと感じること。リーダー候補との1on1などを通じてコーチングを行い、候補者がリーダーとなって活躍していく姿を見守ることができた

213

業種	規模	エピソードの内容
金融・保険	A	転勤廃止などリードしたプロジェクトが日本社会にインパクトを与える内容として受け止められたこと
倉庫・運輸関連	C	採用した新入社員が戦力として現場から高い評価を受けたとき。自分の検討した施策をグループ全体に導入・浸透させたとき
情報・通信	A	経営層と何度も議論してつくった新人事制度を社員に展開するに当たり、社員目線で改革の意味を伝え、共感を導く活動（説明会や質疑応答）を行ったこと。組織を変えようと指揮を執ることにやりがいを感じている
	C	社員へのヒアリングやデータ分析から課題を抽出し、それを人事戦略としてまとめて、経営陣に提言し、同意を得られたこと
サービス	A	新たな制度を導入して、それが定着し、会社の原動力となっていること。また、従業員にとって不利益になる制度変更をきちんと説明し、納得のいく形で正しく進め、その結果、会社が良い方向に向かうなど、困難な道のりを経て実現したことはやりがいを感じる
	C	育成に関わった世代が成長したと感じたとき。仮説どおりの採用ができたとき

課長クラス

業種	規模	エピソードの内容
水産・食品	A	社員情報の見える化（タレントマネジメントシステムの導入と、社員情報のオープン化）を企画・実行できたこと。最初は反対意見が多かったものの、数年がかりで進め、最近では、本人が自分の努力をPRしたり、それらの情報を活用して配置を検討したりするなど、当たり前なものとして定着してきたため、頑張ったかいがあったと感じている
紙・パルプ	B	合併などの特別な業務において資格を取得していたことにより、その知識を活用できた
化学	B	これまで自社では重視されていなかった管理職研修の重要性を説き、実現することができたこと。賛否両論はあったものの、今後の研修の型を見いだすことができた
	B	ダイバーシティの一環として障害者雇用を社内で立ち上げ、悩みながらも障害のある社員が生き生きと働いている現場を目の当たりにしたこと
	B	毎年のことながら、新卒採用の社員がしばらくして成長した姿を見たときは、採用から育成に関わっていて良かったと感じる
	C	会社の中で何の仕組みもないところから、キャリア研修を企画・立案し、実際に導入・運営していること
ゴム	A	自己啓発支援制度の新設。それまで通信教育に限定されていた自己啓発に通学制のコースへの費用補助を導入し、コンピテンシーに紐づくコース選定や予算確保等をゼロから立ち上げた
機械	A	ダイバーシティ＆インクルージョンの取り組みを経営層に提言し、トップダウンとボトムアップで活動を推進した経験
	A	人事情報の分析によって、これまで抽象的だった課題が具体的に可視化されたこと

第4章　人事パーソンのキャリア、育成、学びに関するアンケート

業種	規模	エピソードの内容
電気機器	B	会社の構造改革に伴い、人事のミッションである希望退職制度を関係者とともに構築・実行し、退職者の目標数を達成できたこと
輸送用機器	A	エンゲージメント調査の結果が各活動によって改善されたこと
輸送用機器	B	管理職層から一般・再雇用・パートまでを対象とする新人事制度の設計から運用までを業務としてやり切ったこと
精密機器	A	会社の中期経営計画の作成に関わり、売り上げ目標や利益目標から1人当たりの生産性までを数値として見える化し、その改善計画を事業計画に盛り込み、各事業部や経営層と一緒に要員計画を作成・実行し、会社のコスト構造の改革を行ったこと
その他製造	B	会社の経営危機の際に人件費を削減しながら社員の安定的な生活を考えて制度の見直しを行ったこと
その他製造	B	中途採用時、当初は求める人材がなかなか採用できずに苦労したが、最終的に非常に優秀な人材を希望どおり採用できたこと。"こちらの対応が細かく丁寧だったため、安心して入社できた"と言ってもらえた
海・空運	A	採用した人材が職場や顧客から高い評価を受け、社会に貢献できていると実感できたとき。特にそこに情感や共感の伴うエピソードがあると忘れられなくなる。これが年に数回はあるのでやりがいになっている
倉庫・運輸関連	A	会社の合併等に伴い人事処遇制度の統合について企画・立案し、完了させたこと
情報・通信	A	やって当たり前のことが多いので、社員から感謝されたり、経営陣から賞賛されたりすることはあまりないので、自己満足の世界かなと思う。会社・社員の両方にとってメリットのある制度設計や仕組みの導入ができたときはやりがいを感じる
情報・通信	A	採用選考のためのグループワークを作成したこと。候補者のコミュニケーション能力・協調性・主体性・リーダーシップ・問題解決能力を評価するツールとして制限時間内に情報共有しながら架空のプロダクトを制作するというもの。通常の面接よりも行動特性が表れ、多面的なスキルを見極めることができたことにやりがいを感じた
情報・通信	B	時間外労働を削減し、年休取得率が向上するなど、働き方改革を推進してきたことで全社の生産性が向上したこと
情報・通信	B	初めてベースアップを実施することになり、社内外の調整に奔走したこと。特に社外の調整は、自らの判断でタイムリーに動いたが、その結果として計画どおりに実行できたと感じており、日ごろの人脈形成や行動力が活きた場面だと感じた
情報・通信	C	確定拠出年金の導入を経営陣へ提案し、自身が主体となって導入・運用を開始したこと

215

業種	規模	エピソードの内容
電力・ガス	B	組織開発のプロジェクトにおいて、コーチングなどを学べたのと同時に、社内に展開する役割を担えたこと。また、専門的な知識を保有し、積極的に業務に関与することで、部署のメンバーからも頼りにされたこと
	C	人事制度の構築から運用までひと通りの経験ができ、さらにはその再構築まで今後携わることができることには非常にやりがいを感じている
サービス	A	前職で人事システムの導入を担当した際に、さまざまな制約がある中でいかに現場のためになるものができるかを複数の部署と協力しながらつくり上げたことは、やりがいにも自信にもつながった
	C	中途採用の内定時、併願企業と入社を迷われている応募者へオファー面談や密な連絡を取り、入社前の不明点や不安要素をできる限り取り除くことで当社への入社を決めてもらえたこと

今後のキャリアの方向性 ［図表15］
「自社の人事部門でマネジメント職としてキャリアアップしたい」が40.1％で最も多い

今後のキャリアの方向性として最も近いものを選んでもらったところ、「自社の人事部門でマネジメント職としてキャリアアップしたい」が40.1％で最も多く、「自社の人事部門で専門職（非マネジメント職）として働きたい」と合わせると55.6％となり、2人に1人が今後も自社の人事部門で働きたいと考えていることが分かる。

また、「自社の人事部門以外の職種に異動したい」は15.5％、「人事部門以外の職種に転職したい」は3.2％にとどまり、大半が今後のキャリアとして"人事の道"を歩み続けたいとの意向を示している。

「その他」の回答では「自社の経営陣（取締役）に加わっていくこと」など、経営に携わりたいとする回答が複数見られた。

第4章　人事パーソンのキャリア、育成、学びに関するアンケート

図表 15 ● 今後のキャリアの方向性

－（社）、％－

区　　　分	役職計	役員クラス	部長クラス	課長クラス
合　　計	(187) 100.0	(18) 100.0	(65) 100.0	(104) 100.0
自社の人事部門でマネジメント職としてキャリアアップしたい	**40.1**	**61.1**	**38.5**	**37.5**
自社の人事部門で専門職（非マネジメント職）として働きたい	15.5	11.1	12.3	18.3
自社の人事部門以外の職種に異動したい	15.5	5.6	13.8	18.3
転職し、他社の人事部門でマネジメント職を担いたい	6.4		12.3	3.8
転職し、他社の人事部門で専門職（非マネジメント職）として働きたい	1.6			2.9
人事部門以外の職種に転職したい	3.2		3.1	3.8
人事を支援する職種に転職したい（社会保険労務士等）	4.3	5.6	3.1	4.8
独立・起業したい	5.9		9.2	4.8
その他	7.5	16.7	7.7	5.8

[注]　1.　無回答を除く。
　　　2.　「その他」は“自社の経営陣（取締役）に加わっていくこと”“人事部門に限定せず、マネジメント職として組織に貢献したい”など。

217

3 人事分野の関心テーマ

ここでは、人事分野で関心のあるテーマを複数回答で尋ねた［図表16］。

採用・人材確保［図表16－①］
「優秀人材の採用・定着」が75.5%で最多、次いで「キャリア採用強化」が64.3%で続く

採用・人材確保では、「優秀人材の採用・定着」（75.5%）が最も関心が高く、「キャリア採用強化」（64.3%）、「新卒採用強化」（49.5%）と続く。近年よく耳にする「アルムナイ採用・リターン雇用」も32.7%に上ることから、自社の人材流出を課題に感じ、即戦力となる人材確保のため、キャリア採用やアルムナイ採用（自社退職者の再雇用）への関心が高まっていると推察できる。

人材育成［図表16－②］
「次世代経営人材の育成」が59.8%で、関心が最も高い

人材育成では、「次世代経営人材の育成」（59.8%）が最多で、「中堅社員の育成」（51.3%）、「育成体系の見直し・拡充」（48.7%）が約半数の割合である。会社の中核を担う人材に対する育成への関心の高さがうかがえる。

人事管理［図表16－③］
「適所適材の人材配置」「賃金・等級・評価制度の見直し」がともに60%台

人事管理では、「適所適材の人材配置」（62.7%）と「賃金・等級・評価制度の見直し」（60.7%）が6割台で、「タレントマネジメントの推進」も50.7%と半数を超える。職務や役割を基準とした人事制度や人的資本経営への関心の高まりから、上記テーマへの注目が集まっているといえるだろう。

評価・処遇［図表16－④］
「評価者のスキル向上」が最多の73.7%、次いで「評価結果の人材育成への活用」が64.9%

評価・処遇では、「評価者のスキル向上」（73.7%）が最も多く、「評価結果

の人材育成への活用」（64.9%）も6割台で、この2テーマが他を大きく引き離している。被評価者への適切なフィードバックや、評価内容と人材育成との連動に課題を抱えていることがうかがえる。

企業風土改革、職場環境整備 ［図表16－⑤］
「従業員エンゲージメント向上」が82.8%で突出して高い

企業風土改革、職場環境整備では、「従業員エンゲージメント向上」（82.8%）が突出し、8割を超える。自社への貢献意欲を意味する「従業員エンゲージメント」を高めることは、他分野でも高い関心を示していた"優秀人材の定着"や"経営人材の育成"にも通じるところであろう。

そのほかは「社内コミュニケーションの活性化」（59.1%）が60%弱、「ワーク・ライフ・バランスの向上」（44.4%）、「従業員のメンタルヘルス対策」（43.4%）、「ハラスメント対策」（40.9%）、「企業理念・ビジョンの浸透」（39.4%）が40%前後で、同程度の関心を集める。「社内コミュニケーションの活性化」への関心は、コロナ禍を経てオンラインツールや在宅勤務が普及したことの影響も読み取れる。

ダイバーシティ推進 ［図表16－⑥］
「女性リーダーの登用・活躍推進」への関心が66.5%と最も高い

ダイバーシティ推進では、「女性リーダーの登用・活躍推進」（66.5%）が最も多く、「障害者の雇用・活躍推進」（52.1%）も5割台となっている。女性管理職比率の向上を掲げる政府方針や、障害者の法定雇用率の引き上げなどの社会的背景が関心の高さにつながっていると思われる。

その他 ［図表16－⑦、事例3］
「人的資本経営の推進」「人事データの活用」がともに5割台後半

ここでは、上記の分野とは切り離して、昨今話題となっているテーマについて関心の有無を尋ねた。

「人的資本経営の推進」（58.8%）、「人事データの活用」（56.8%）がともに5割台後半と多くの関心を集めた。ChatGPT等の生成AIを含む「AIの業務利用」（49.2%）もおよそ半数に上る。

なお、［図表16－③］の人事管理では「適所適材の人材配置」（62.7％）への関心が高かったが、適所適材をうたう「ジョブ型人事制度」（29.6％）そのものへの関心度合いは、さほど高くない点は気に留めておきたい。人事制度は、各社のこれまでの経緯、社風、人事制度に対する考え方、組織の在り方などを反映することから、ジョブ型を志向する企業ばかりではないことがうかがえる。
　また、ここまで尋ねたテーマ以外で興味・関心のあるテーマと、その理由を回答してもらい、規模別にまとめたのが［事例3］である。「上位役職者層の教育」や「管理職制度の見直し」のほか、「ジョブクラフティング」や「心理的安全性」など、さまざまなテーマについて記載があるので、理由も含めて参考にしてほしい。

図表16 ● 人事分野で関心のあるテーマ（複数回答）

①採用・人材確保

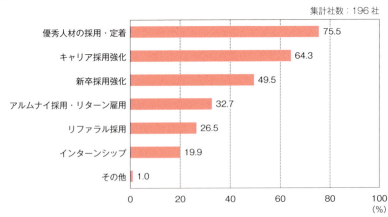

［注］　1．無回答を除く（②～⑦も同じ）。
　　　2．「その他」は"パートタイマーの社員登用"など。

②人材育成

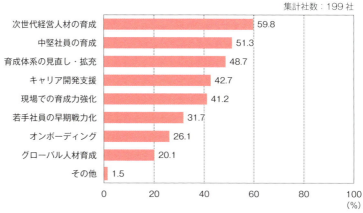

[注]「その他」は"社内インターン""シニア人材の成長支援"など。

③人事管理

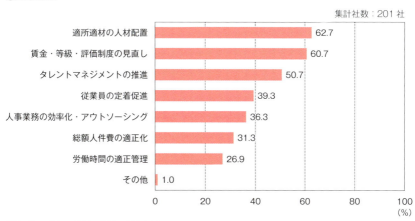

[注]「その他」は"定年再雇用の制度充実"など。

④評価・処遇

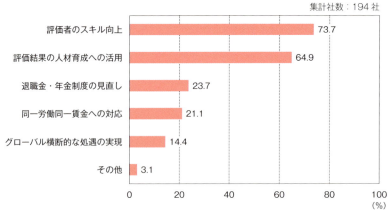

[注]「その他」は"被評価者の評価に対する理解促進""多様な人材評価の仕組み構築"など。

⑤企業風土改革、職場環境整備

⑥ダイバーシティ推進

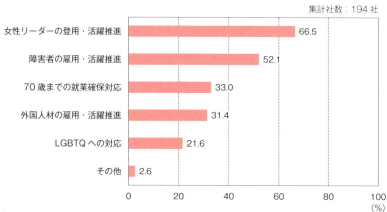

［注］「その他」は"IT関連人材との融合""個々のテーマにとどまらないダイバーシティ意識の向上"など。

⑦その他

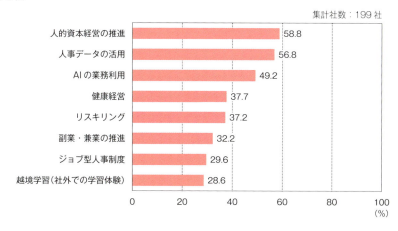

事例3 ● その他、興味・関心のあるテーマとその理由（規模別）

業種	役職	テーマ	理　　由
1,000 人以上			
水産・食品	部長クラス	労働組合の経営参加の仕組みづくり	重要なステークホルダーである労働組合をいかに経営参加させるかは、今後の企業の発展にとって非常に重要なファクターになると考えるため
非鉄・金属	課長クラス	個社にとどまらないキャリア形成	旧来の日本的な組織運営（特に製造業）は限界を迎えており、根本的な発想の転換が求められていると考える。その試金石の一つとして考えるべきテーマだと認識している
電気機器	部長クラス	事業開発を行う人材育成と処遇	新規事業の立ち上げにつまずいているため
その他製造	課長クラス	完全リモート勤務	既に導入している会社の具体的な運用について興味がある
建設	課長クラス	自己啓発・資格取得	自ら学び、成長する意識が低いため
商業	役員クラス	デジタルリテラシーの向上	デジタル人材の育成および組織全体のデジタルリテラシーの向上は喫緊の課題であるため。デジタル人材の外部からの採用はコストが高すぎることも理由の一つである
情報・通信	課長クラス	インナープロモーション	各種施策が社員に効果的に刺さっておらず、認知度も低いため
サービス	部長クラス	組織活性化	個々に優秀な社員をいくら確保したところで、組織としての成果につながるとは限らない。一方で、それほど優秀な社員をそろえられなくても、組織の組み方次第ではすばらしい成果を発揮できることもある
	課長クラス	上位役職者層の教育	ピーターの法則〔編注：有能さを発揮できていた地位から、無能ぶりを露呈する地位まで昇進させられることにより、組織全体に無能な人間があふれてしまう法則〕への対処法を考えたい
	課長クラス	ジョブクラフティング	一般的に単調でマンネリになりがちな浅い仕事であっても、いかに働きがい、やりがいを見いだせるか対応策を検討したいため
300 ～ 999 人			
紙・パルプ	課長クラス	心理的安全性	あらゆる不安を和らげ、安心を与える会社でありたいと最近考えるようになってきたから
化学	課長クラス	働き方改革	世間でも働き方が多様化しているため
電気機器	課長クラス	自律的キャリアの形成	配属された部署で、特に何も考えないまま日々を過ごす従業員が多いため。自らの将来像をイメージし、主体的な姿勢で臨んでほしいため

第4章　人事パーソンのキャリア、育成、学びに関するアンケート

業種	役職	テーマ	理　　　由
情報・通信	役員クラス	人事部門社員が経営視点を持って育成・成長できる仕組みづくり	タレントマネジメントを進めていくと、どうしても、縦割り型の狭いキャリア構築が是となってくる。しかし、人事部門の経験だけでは企業の成長への貢献に関して課題解決に有効な対応がしづらくなると感じているため
	部長クラス	ニューロダイバーシティ	障害者雇用や人的資本経営の一部だとは思うが、これまでにない人材を活かす取り組みとして取り上げた。現在、大学卒を一つの目安として採用しているが、その枠にとどまらず可能性を探りたいと考える
	課長クラス	経営理念の明確化・具体化	人事の施策の前に経営理念がないと実のないものになる。流行だけで新しい施策をしても意味がないと思うから

300人未満

業種	役職	テーマ	理　　　由
紙・パルプ	課長クラス	ジョブローテーション	ここでいうジョブローテーションとは"職種異動"を指している。タコツボ化を防止し視座を高めるためには、いいかげんにローテーションをしても意味がない。会社全体と社員個人の両者にとって、得るところがより大きくなるローテーションのありようを考える必要がある
化学	部長クラス	定年後再雇用制度	定年後の再雇用はどちらかといえば厚生年金の支給までのつなぎといった位置づけだと思うが、各人が持っている能力をもっと会社に活かせるような仕組みを考えてみたい
機械	役員クラス	人事評価制度の改定	数十年前の規定であり、チャレンジングの評価を高めて就業意欲を向上させることが必要と考えている
商業	役員クラス	働く意識、マインドの醸成	責任感、達成意欲の差が世代間・個人間で生じているため
倉庫・運輸関連	課長クラス	サバティカル休暇	働く年齢が長くなったことや時代の変化に対応するため、長期休暇を利用した学び直しの機会や経験などが必要だと思う
情報・通信	課長クラス	金融教育	さまざまな人と話していると、将来の自身の経済状況に漠然と不安を持っている人がかなり多い。ただし、マネジメント層など自信を持っている人々は、そのような実態に対して意外なほど関心を持っていない。正しい公的年金の知識や確定拠出年金、保険などの知識を身に付けてもらうことで、そうした不安を解消したり、実際に各自で対策したりすることが可能になる。そのように社員の安心感を高めることが結果的に会社の活気につながる
	課長クラス	管理職制度の見直し	社員のキャリアプランに多様性を持たせるため

225

4 人事担当者の育成

人事担当者の育成計画 ［図表 17］
43.8％が「計画的には行っておらず、慣行上の育成パターンもない」

　人事担当者の育成を長期的視点に立って計画的に行っているかという問いに対して、「計画的には行っておらず、慣行上の育成パターンもない」が43.8％と最も多く、次いで「計画的には行っていないが、慣行上おおまかな育成パターンがある」が41.3％と拮抗している。一方で、「計画的に行っている」は12.9％にとどまっており、人事担当者を計画的に育成している企業は少ないという実態が明らかになった。

　規模別に見ると、1000人以上では「計画的には行っていないが、慣行上おおまかな育成パターンがある」が47.1％で最多であるのに対し、300人未満では「計画的には行っておらず、慣行上の育成パターンもない」が51.1％と最も多い。一方で、「計画的に行っている」は、1000人以上で7.1％、300〜999人で17.4％、300人未満で17.0％となっており、1000人以上と999人以下では約10ポイントの差がある。規模が大きいほど業務が多岐にわたり、しかも異動の頻度も高いことから、計画的に育成することは現実問題として難しいという背景があると思われる。

図表 17 ● 人事担当者の育成計画

－（社）、％－

区　　　　分	規模計	1,000 人以上	300 〜 999 人	300 人未満
合　　　計	(201) 100.0	(85) 100.0	(69) 100.0	(47) 100.0
計画的に行っている	12.9	7.1	17.4	17.0
計画的には行っていないが、慣行上おおまかな育成パターンがある	41.3	47.1	40.6	31.9
計画的には行っておらず、慣行上の育成パターンもない	43.8	42.4	40.6	51.1
その他	2.0	3.5	1.4	

［注］　「その他」は、"計画を立てた段階で、これから運用する"など。

第4章　人事パーソンのキャリア、育成、学びに関するアンケート

人事担当者の配属パターン ［図表18］
「他部門からスタート→人事部門」が44.8%で最多

　各社における人事担当者の配属について、直近3年程度で最も多いパターンを尋ねたところ、「他部門からスタート→人事部門」が44.8%で最も多く、次いで「一貫して人事部門（人事部門内でのローテーション）」が25.4%、「社外から経験者を採用」が16.9%となっている。

　規模別に見ても、いずれの規模も「他部門からスタート→人事部門」が最多である。一方、「社外から経験者を採用」は、規模が小さいほど割合が高くなる傾向があり、1000人以上で10.6%、300～999人で17.4%、300人未満で27.7%となっている。人手不足を背景に、社内での育成・登用に重きを置くよりも、即戦力となり得る人事パーソンを外部から採用している中小企業が一定数あると思われる。

図表18 ● 人事担当者の配属パターン

― (社)、% ―

区　　　分	規模計	1,000人以上	300～999人	300人未満
合　　　計	(201) 100.0	(85) 100.0	(69) 100.0	(47) 100.0
一貫して人事部門（人事部門内でのローテーション）	25.4	27.1	20.3	29.8
人事からスタート→他部門→人事部門	10.0	11.8	11.6	4.3
他部門からスタート→人事部門	**44.8**	**47.1**	**49.3**	**34.0**
社外から経験者を採用	16.9	10.6	17.4	27.7
その他	3.0	3.5	1.4	4.3

［注］　1.　「直近3年程度で最も多いパターン」を回答いただいた。
　　　　2.　「その他」は、"経験者、非経験者問わず社外から採用" など。

227

人事担当者育成のための研修やセミナー ［図表19、事例4］
76.1％がセミナーに「参加させている」

人事担当者を育成するために、76.1％の企業が、業務時間を使って研修やセミナーに参加させている［**図表19**］。

具体的な研修やセミナーの内容を［**事例4**］にまとめた。「新任人事担当者向けセミナー」や「法改正セミナー」「面接手法」といった実務的なスキルを学ばせる企業が多い。また、「データ分析」や「DXおよびAI活用」といったITスキルを身に付けてもらおうとする企業も一定数ある。

図表19 ● 人事担当者育成のための研修やセミナーへの参加

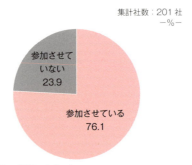

［注］ 業務時間内に参加するものに限って回答いただいた。

事例4 ● 研修やセミナーの具体的な内容

［注］ ［図表19］で研修やセミナーに参加「させている」と回答した企業の事例。

業種	規模	内容
製造業		
水産・食品	A	新任人事担当者向けセミナー、労働安全衛生関係のセミナーなど
水産・食品	B	給与計算、それ以外の労務、ハラスメント対策など
水産・食品	C	社会保険、給与、年末調整、問題社員対応等
紙・パルプ	C	障害者雇用等のOJTの難しい分野
化学	B	給与関係の実務、最新の裁判例などを含めたセミナー、女性活躍など他社事例が学べるセミナー等

第4章　人事パーソンのキャリア、育成、学びに関するアンケート

業種	規模	内　　　容
ゴム	C	労務管理の基礎、人事制度・等級制度設計
非鉄・金属	B	労務管理、給与制度、人材育成に関するセミナー
機械	A	人材育成、組織開発、ダイバーシティ、人事制度変革、人的資本経営等、個々の業務に関連するテーマやHR全般のトレンド
電気機器	B	人事労務の基礎、社会保険の基礎、年末調整、面接スキル、ファシリテーション、PCスキル
輸送用機器	A	新任人事担当者向けの基礎知識、法改正、人事の個別知識（労働時間管理、ダイバーシティ、メンタルヘルス、海外人事、問題社員対応等）
	B	面接スキル、研修企画、人事制度の基本、海外赴任者の制度設計
その他製造	B	メンタルヘルス、介護、採用
	C	ペイロール〔編注：給与支払いシステムの総称〕、社会保険、労働基準法など
	C	人事の基礎的なスキルの不足が見られるため、人事の基礎コース等
非製造業		
建設	B	人事担当者向けの法令や基礎知識を学ぶ研修、階層別のマネジメントやリーダーシップに関する研修、他社の参加者と交流できる講演会
商業	A	DXおよびAI活用
	A	給与計算、社会保険、労働法、採用等
	B	給与計算、社会保険関係、労働法規等の外部の専門研修
	B	法改正、研修講師育成、面接官トレーニング
不動産	B	労働基準法、人事制度、面接手法等
倉庫・運輸関連	A	東京労働大学講座の受講
	A	新任担当者向けセミナー、法改正対応、データ分析
	A	新任担当者の基礎知識、法改正対応、人事関連のトレンドに応じたセミナー、異業種交流等
	B	人事制度全般の学習、評価者育成、ハラスメント対応、リスク管理
情報・通信	B	法改正セミナー、労働法に関する知識を深めるセミナー、人材育成担当者向けセミナーなど
	B	HRを超えたトピックの研修
	B	新任担当者向けの労働法セミナー
電力・ガス	B	人事担当者としての心構え、育成、制度、採用等
	C	基礎知識研修、法改正、ハラスメント
サービス	A	ラーニングイノベーション論、キャリアコンサルタント等
	B	採用企画、採用力向上

229

人事担当者の自己啓発を支援する制度等 [図表20]

74.6％が「自己啓発を支援する制度がある」。具体的には「社員が希望するセミナー受講への費用補助」が80.0％

　人事担当者は最新の人事トレンドや法改正、労働市場の動向等を常に把握しておく必要があり、自主的に学ぶ姿勢や自己啓発への取り組みが求められる。各種費用の援助や学習機会の提供など人事担当者のための「自己啓発を支援す

図表20 ● 人事担当者の自己啓発を支援する制度等

－（社）、％－

区　　　　分		規模計	1,000人以上	300～999人	300人未満
合　　　計		(201) 100.0	(85) 100.0	(69) 100.0	(47) 100.0
自己啓発を支援する制度がある		74.6	75.3	76.8	70.2
自己啓発を支援する制度がない		25.4	24.7	23.2	29.8
「ある」場合の内容（複数回答）	小　　　計	(150) 100.0	(64) 100.0	(53) 100.0	(33) 100.0
	社員が希望するセミナー受講への費用補助	① 80.0	① 70.3	① 86.8	① 87.9
	人事関連の公的・民間資格取得に対する費用補助	② 58.0	③ 54.7	③ 64.2	③ 54.5
	業務に関連する雑誌等の購入・回覧	② 58.0	53.1	② 66.0	③ 54.5
	業務に関連する書籍等の購入に対する費用補助	54.0	51.6	52.8	② 60.6
	業務に関連する書籍・セミナー等の情報提供	50.7	② 57.8	54.7	30.3
	社内勉強会の開催	38.7	46.9	37.7	24.2
	オンラインで利用できる「学び放題」サービスの提供	35.3	40.6	34.0	27.3
	他社の人事担当者との交流機会の提供	24.0	29.7	26.4	9.1
	その他	2.7	4.7	1.9	

[注]　1.　「自己啓発を支援する制度等」とは、各種費用の援助や学習機会の提供等を行う社内制度等を指す。
　　　2.　「その他」は"通信教育受講に対する費用補助"など。

る制度がある」企業は74.6％である。規模別に見ても、いずれの規模でも「自己啓発を支援する制度がある」企業が7割を超える。

自己啓発支援の具体的な内容（複数回答）で最も多いのは「社員が希望するセミナー受講への費用補助」で80.0％、次いで「人事関連の公的・民間資格取得に対する費用補助」と「業務に関連する雑誌等の購入・回覧」がいずれも58.0％で続く。ほかにも過半数の企業が採用している取り組みとしては「業務に関連する書籍等の購入に対する費用補助」54.0％、「業務に関連する書籍・セミナー等の情報提供」50.7％となっている。

規模別に見ると、いずれの規模も「社員が希望するセミナー受講への費用補助」が最多で7〜8割台である。一方で、「業務に関連する書籍・セミナー等の情報提供」は、1000人以上で57.8％と2番目に多いが、300〜999人で54.7％、300人未満で30.3％と、規模が小さいほど割合が低くなっている。また、最近多くの企業が関心を寄せている「オンラインで利用できる『学び放題』サービスの提供」についても、1000人以上では40.6％が導入しているが、300人未満では27.3％と規模が小さいほど割合が低い。「社内勉強会の開催」「他社の人事担当者との交流機会の提供」でも同様の傾向が見られ、大企業ほど人材育成に対して費用補助プラスアルファの労力・コストをかけていることが読み取れる。

人事初任者の成長を促すために経験させたいこと ［図表21］
「人事部門での複数の業務経験」が80.6％で最多

人事初任者には、基礎的なスキルを身に付けた上で幅広い業務経験を積み、成長していくことに期待がかかっている。そこで、"人事の先輩"に当たる回答者に、人事初任者の成長を促すために経験させたいこと（複数回答）を尋ねたところ、「人事部門での複数の業務経験」が80.6％で最も多く、以下、「専門分野に関する知識の習得」が59.7％、「人事制度の設計、企画提案」が47.8％で続く［図表21−①］。

規模別に見ても、いずれの規模も「人事部門での複数の業務経験」が最多で、次いで「専門分野に関する知識の習得」となっている［図表21−②］。一方で、「異業種交流・社外勉強会への参加」は1000人以上で47.1％と3番目に多いが、300人未満では27.7％と20ポイント近い差がある。また、「他部署

図表21 ● 人事初任者の成長を促すために経験させたいこと（複数回答）

①全体

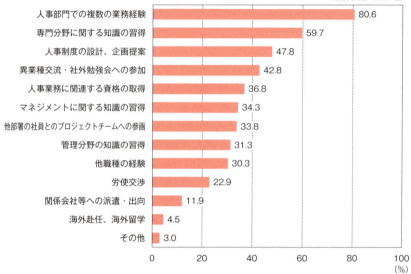

集計社数：201社

項目	%
人事部門での複数の業務経験	80.6
専門分野に関する知識の習得	59.7
人事制度の設計、企画提案	47.8
異業種交流・社外勉強会への参加	42.8
人事業務に関連する資格の取得	36.8
マネジメントに関する知識の習得	34.3
他部署の社員とのプロジェクトチームへの参画	33.8
管理分野の知識の習得	31.3
他職種の経験	30.3
労使交渉	22.9
関係会社等への派遣・出向	11.9
海外赴任、海外留学	4.5
その他	3.0

［注］「その他」は"HRBP的なビジネス視点の経験"など（②も同じ）。

②規模別

― (社)、% ―

区　分	規模計	1,000人以上	300～999人	300人未満
合　計	(201) 100.0	(85) 100.0	(69) 100.0	(47) 100.0
人事部門での複数の業務経験	① 80.6	① 83.5	① 82.6	① 72.3
専門分野に関する知識の習得	② 59.7	② 56.5	② 63.8	② 59.6
人事制度の設計、企画提案	③ 47.8	④ 45.9	③ 52.2	③ 44.7
異業種交流・社外勉強会への参加	④ 42.8	③ 47.1	④ 47.8	27.7
人事業務に関連する資格の取得	⑤ 36.8	28.2	⑤ 46.4	④ 38.3
マネジメントに関する知識の習得	34.3	32.9	40.6	27.7
他部署の社員とのプロジェクトチームへの参画	33.8	⑤ 41.2	30.4	25.5
管理分野の知識の習得	31.3	32.9	24.6	④ 38.3
他職種の経験	30.3	34.1	30.4	23.4
労使交渉	22.9	24.7	20.3	23.4
関係会社等への派遣・出向	11.9	15.3	10.1	8.5
海外赴任、海外留学	4.5	9.4	―	2.1
その他	3.0	4.7	2.9	―

の社員とのプロジェクトチームへの参画」は 1000 人以上で 41.2％と 5 番目に多い一方、300 人未満では 25.5％にとどまる。大企業では、他部署や社外とのプロジェクトに参画する機会も多いため、人事の "外" に出る機会が成長に欠かせないと考える人事の役員、部課長クラスが多いようだ。

300 人未満に着目すると、「人事業務に関連する資格の取得」「管理分野の知識の習得」がいずれも 38.3％と 4 番目に多く、業務の土台となる知識習得を重視する傾向がうかがえる。

人事初任者の成長を促すために経験させたい人事以外の職務
［図表 22］
「経営企画」が 59.7％で最多、次いで「経理・財務」が 45.3％と続く

［図表 21］と同様の観点から、人事初任者の成長を促すために経験させたい人事以外の職務（複数回答）を選んでもらった。

「経営企画」が最も多く 59.7％、「経理・財務」が 45.3％、「総務」と「営業・販売」がいずれも 43.3％、「法務」が 35.8％と続く［図表 22 －①］。この上位 5 項目は、主として人事業務との親和性が高い職務といえるが、「営業・販売」については、"人事だけの目線にとどまらない、現場目線も兼ね備えた人事担当者に成長してほしい" との思いが込められていると推察する。

参考までに役職別に見ると、役員クラスで「情報システム・IT」が 3 番目（34.8％）に入り、「営業・販売」が上位 5 項目から外れていることを除けば、いずれの役職でも全体で見られた上位項目が経験させたい職務に選ばれており、「経営企画」が最も多い点も共通している［図表 22 －②］。一方で、2 番目に多いのは、役員クラスでは「経理・財務」（52.2％）、部長クラスでは「営業・販売」（50.7％）、課長クラスでは「総務」（47.6％）となっており、役職によって成長に資すると考える職務経験には違いがあるのが特徴といえる。

人事の専門性を身に付けるために重要と考える知識・スキル
［図表 23］
「コミュニケーション力」が 82.1％で最多、「労働法規」「論理的思考力」が続く

人事初任者が人事の専門性を身に付けるために重要だと考える知識・スキル

図表 22 ● 人事初任者の成長を促すために経験させたい人事以外の職務（複数回答）

①全体

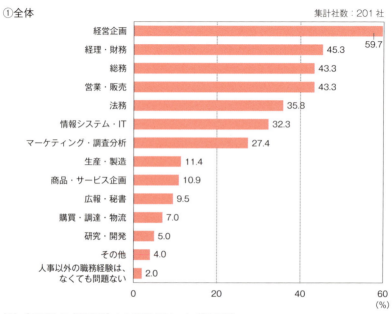

集計社数：201 社

[注]　「その他」は"現場経験"とする回答が多かった（②も同じ）。

②役職別　　　　　　　　　　　　　　　　　　　　　　　　　　　　　　　　　　　　　－（社）、％－

区　　　　分	役職計	役員クラス	部長クラス	課長クラス
合　　計	(201) 100.0	(23) 100.0	(73) 100.0	(105) 100.0
経営企画	① 59.7	① 60.9	① 65.8	① 55.2
経理・財務	② 45.3	② 52.2	③ 42.5	③ 45.7
総務	③ 43.3	③ 34.8	④ 39.7	② 47.6
営業・販売	③ 43.3	30.4	② 50.7	④ 41.0
法務	⑤ 35.8	③ 34.8	④ 39.7	⑤ 33.3
情報システム・IT	32.3	③ 34.8	35.6	29.5
マーケティング・調査分析	27.4	13.0	31.5	27.6
生産・製造	11.4	13.0	16.4	7.6
商品・サービス企画	10.9	13.0	12.3	9.5
広報・秘書	9.5	13.0	11.0	7.6
購買・調達・物流	7.0	4.3	6.8	7.6
研究・開発	5.0	4.3	2.7	6.7
その他	4.0	4.3	2.7	4.8
人事以外の職務経験は、なくても問題ない	2.0	4.3	2.9	2.1

第4章 人事パーソンのキャリア、育成、学びに関するアンケート

図表23 ● 人事初任者が専門性を身に付けるために重要と考える知識・スキル（複数回答）

①全体・上位10項目

集計社数：201社

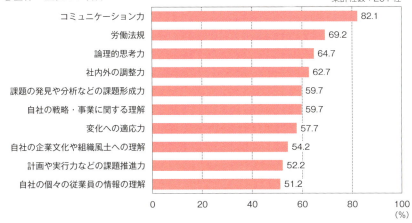

コミュニケーション力	82.1
労働法規	69.2
論理的思考力	64.7
社内外の調整力	62.7
課題の発見や分析などの課題形成力	59.7
自社の戦略・事業に関する理解	59.7
変化への適応力	57.7
自社の企業文化や組織風土への理解	54.2
計画や実行力などの課題推進力	52.2
自社の個々の従業員の情報の理解	51.2

［注］「労働法規」は労働基準法や労働安全衛生法などの法律を指す（②も同じ）。

②役職別
― (社)、% ―

区　　分	役職計	役員クラス	部長クラス	課長クラス
合　　計	(201) 100.0	(23) 100.0	(73) 100.0	(105) 100.0
コミュニケーション力	① 82.1	① 78.3	① 86.3	① 80.0
労働法規	② 69.2	⑤ 69.6	③ 72.6	② 66.7
論理的思考力	③ 64.7	56.5	③ 72.6	③ 61.0
社内外の調整力	④ 62.7	② 73.9	63.0	④ 60.0
課題の発見や分析などの課題形成力	⑤ 59.7	② 73.9	60.3	⑤ 56.2
自社の戦略・事業に関する理解	⑤ 59.7	65.2	② 74.0	48.6
変化への適応力	57.7	60.9	⑤ 65.8	51.4
自社の企業文化や組織風土への理解	54.2	65.2	58.9	48.6
計画や実行力などの課題推進力	52.2	52.2	63.0	44.8
自社の個々の従業員の情報の理解	51.2	② 73.9	56.2	42.9
データ集計・分析処理スキル	44.8	47.8	49.3	41.0
モチベーション、キャリアに関する心理学	41.3	43.5	43.8	39.0
経営・経済に関する知識・感覚	39.3	52.2	49.3	29.5
人材育成力	30.8	34.8	31.5	29.5
労働判例	25.9	21.7	34.2	21.0
組織行動論	22.9	26.1	24.7	21.0
人的資源管理論	19.4	30.4	20.5	16.2
異文化マネジメント力	13.9	13.0	15.1	13.3
その他	1.0	4.3	―	1.0

［注］「その他」は"General Cognitive Ability"（一般的な認知能力。Google社が採用の際に求める要件の一つ）、
"インストラクショナルデザイン"（学習を効果的・効率的・魅力的にするための手法）。

235

（複数回答）は、「コミュニケーション力」が82.1％で最も多く、以下、「労働法規」69.2％、「論理的思考力」64.7％、「社内外の調整力」62.7％、「課題の発見や分析などの課題形成力」と「自社の戦略・事業に対する理解」がいずれも59.7％で続く ［図表23 −①］。人事担当者には、人事特有の知識・スキルだけでなく、自社への理解や汎用的なビジネススキルも求められていることが分かる。

　役職別に見ても、「コミュニケーション力」がいずれの役職でも最多だが、2番目以降に選ばれている項目にはバラつきがある ［図表23 −②］。例えば、役員クラスでは「社内外の調整力」「課題の発見や分析などの課題形成力」「自社の個々の従業員の情報の理解」がいずれも73.9％で2番目に多いが、部長クラスでは「自社の戦略・事業に関する理解」が74.0％で2番目、「労働法規」と「論理的思考力」がいずれも72.6％で3番目となっている。一方、課長クラスでは「労働法規」が66.7％で2番目、「論理的思考力」が61.0％で3番目に多い。各役職の責任と権限、これまでの経験や担当業務などの影響により、役職ごとに“見えている風景”の傾向が異なるといえる。

部下・後輩を育成するために日頃から心掛けていること ［図表24］
「仕事について相談に乗ったり、助言したりしている」が87.1％で最多

　部下・後輩を育成するために日頃から心掛けていること（複数回答）としては、「仕事について相談に乗ったり、助言したりしている」が87.1％と最も多い。次いで「段階的に高度な仕事を担当させるようにしている」が51.7％で半数を超えた ［図表24 −①］。

　役職別に見ても、「仕事について相談に乗ったり、助言したりしている」がいずれの役職も最多である ［図表24 −②］。役員・課長クラスでは、全体と同じく「段階的に高度な仕事を担当させるようにしている」が2番目に挙げられている一方、部長クラスは「目指すべき姿や担うべき役割を示している」が2番目（54.8％）になっている。また、部長・課長クラスでは「研修・セミナー等の情報を提供している」が3～4番目に挙げられており、学ぶ機会の提供に努めていることが分かる。

図表 24 ● 部下・後輩を育成するために日頃から心掛けていること（複数回答）

①全体

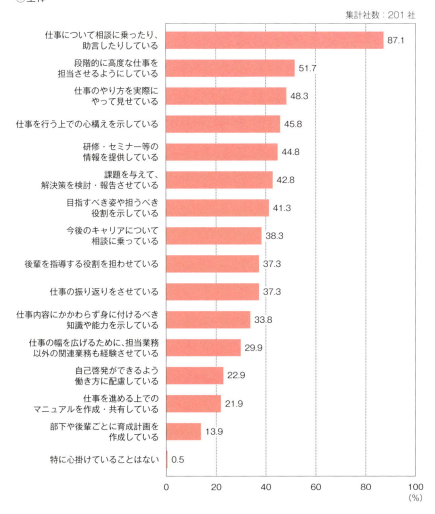

②役職別

－（社）、％－

区　　　分	役職計	役員クラス	部長クラス	課長クラス
合　　　計	(201) 100.0	(23) 100.0	(73) 100.0	(105) 100.0
仕事について相談に乗ったり、助言したりしている	① 87.1	① 87.0	① 87.7	① 86.7
段階的に高度な仕事を担当させるようにしている	② 51.7	② 56.5	③ 52.1	② 50.5
仕事のやり方を実際にやって見せている	③ 48.3	⑤ 43.5	49.3	③ 48.6
仕事を行う上での心構えを示している	④ 45.8	② 56.5	③ 52.1	⑤ 39.0
研修・セミナー等の情報を提供している	⑤ 44.8	26.1	③ 52.1	④ 43.8
課題を与えて、解決策を検討・報告させている	42.8	④ 47.8	47.9	38.1
目指すべき姿や担うべき役割を示している	41.3	39.1	② 54.8	32.4
今後のキャリアについて相談に乗っている	38.3	34.8	45.2	34.3
仕事の振り返りをさせている	37.3	26.1	50.7	30.5
後輩を指導する役割を担わせている	37.3	39.1	38.4	36.2
仕事内容にかかわらず身に付けるべき知識や能力を示している	33.8	26.1	39.7	31.4
仕事の幅を広げるために、担当業務以外の関連業務も経験させている	29.9	17.4	39.7	25.7
自己啓発ができるよう働き方に配慮している	22.9	17.4	21.9	24.8
仕事を進める上でのマニュアルを作成・共有している	21.9	8.7	20.5	25.7
部下や後輩ごとに育成計画を作成している	13.9	8.7	15.1	14.3
特に心掛けていることはない	0.5			1.0

人事担当者の成長のために「本人がすべきこと」と「周囲がサポートすべきこと」［事例5］

積極的・自律的に幅広く学ぶことに期待。周囲は伴走的なサポートを心掛けるべき

　人事担当者が重要な能力を伸ばしたりスキルを身に付けたりするために、「本人がすべきこと」と「周囲がサポートすべきこと」の二つの観点から自由記入で回答してもらった。

■1 本人がすべきこと

　本人がすべきことについては、「自発的な情報収集や学び、向上心や探究心を持つこと」「アンテナを高く張り、人事を含む人に関係する情報を常にキャッ

チすること」など、各自の積極性・自律性に期待する声がある。また、「自分自身の中で業務範囲を限定せず、一見関わりがないような業務やプロジェクトの中でも学びを得ようと捉えて関わること」「特定の業務に偏らず、広く業務を担当すること」など、人事の内外を問わず、幅広い学びの機会を獲得すべきとの指摘もある。

2 周囲がサポートすべきこと

　周囲がサポートすべきこととしては、「本人の成長志向を把握するとともに、本人の個性・適性を勘案し、どのようにすれば本人の能力がより伸長するかを構想し、本人と話し合うこと。そして、場合によっては必要な経験（OJT、Off-JT）を提供すること」「日常的な関わりの中で見える情報をつかみ、本人が困っていること、迷っていることを理解した上でアドバイスをすること」など、伴走的な支援が必要と考える回答が複数ある。また、「自己啓発する意欲があっても、残業時間が多すぎると対応不可となるため、残業時間削減」といった働き方のフォローや、「それぞれの業務担当（この人は何を担当し、何をミッションとしているのか）を理解し、失敗したり、うまくいかなかったりすることがあっても、バカにしたり相手を見下したりしないこと」といった心理的安全性への配慮を重視する意見も見られる。

事例5 ● 人事担当者の成長のために「本人がすべきこと」と「周囲がサポートすべきこと」（規模別）

役職	本人がすべきこと	周囲がサポートすべきこと
1,000 人以上		
役員クラス	自分で調べる習慣を身に付けること	仕事の機会を提供し、行った結果をフィードバックすること
部長クラス	業務に役に立つ情報（現場の課題、他社の事例など）がないかを意識して、常に収集に努めること	情報ソース（誰と話すべきか）の提供
	まずは自分のなりたい「将来像」を描き、現在の自分に不足している知識・スキルを把握する。そして、その情報を自分の上司または先輩に正しく伝えること	本人の成長志向を把握するとともに、本人の個性・適性を勘案し、どのようにすれば本人の能力がより伸長するかを構想し、本人と話し合うこと。そして、場合によっては必要な経験（OJT、Off-JT）を提供すること

役職	本人がすべきこと	周囲がサポートすべきこと
部長クラス	人事領域で伸ばしたい分野に関する自己啓発やセミナー・社外交流会への積極的な参加。また、管理職については、MBA等の最低限の経営視点を身に付けること	• 未経験な業務へアサインして、分からないところは知識・経験の共有を通じて成長する機会を与えること • 自己啓発する意欲があっても、残業時間が多すぎると対応不可となるため、残業時間削減 • 良い書籍・セミナーなどの紹介
	自発的な情報収集や学び、向上心や探求心を持つこと	• 上位者による成長を促すための目標設定とフォローアップ • 知識の共有や、時間等の環境面の整備
	専門性と汎用性の両面のバランスを意識して、学びや経験を深めること	顧客（経営・事業・社員）への価値やメッセージの伝わり方など、客観的もしくは第三者的な視点を提供すること
	経済や企業の動きを常にキャッチしておくこと。常に業務関連の知識習得に努めること	情報については常に共有化できる環境を整えること
課長クラス	基本的な業務を複数担当することから、その業務がどのように会社に影響を与えているのかを意識すること	日々の業務から、何を習得しなければならないのか、それがどのように将来役に立つのか（役に立つ可能性があるのか）を、定期的に伝えていくこと
	自ら積極的に幅広い人事分野の知識を習得したり、他の担当者と協業したりする努力	不足している点に気づきを与える指導や、1人では解決が難しい場合のサポート
	アンテナを高く張り、人事を含む人に関係する情報を常にキャッチすること	自分の考えや価値観に偏ったり固執したりせずに、さまざまな観点や価値観があることを意識するために、周囲は自分の考えを積極的に発信すること
	• 人事関連の最新トレンドにキャッチアップし、かつ、社内の状況把握のために積極的に情報収集し、関係者とコミュニケーションを取ること • データ分析のスキルを身に付けること	社内外の人脈とのネットワーキングのサポート、継続的なフィードバック
	• 自身の現状を客観視し、明確な目標を持ってスキル習得のために行動すること • 情報や思考を整理し、論理的に、かつ多角的に物事を考えること	• 目標に対する進捗確認などのサポート • 思考を整理するためのダイアログや、定期的な1on1の実施
300 〜 999 人		
役員クラス	自己啓発、そのための情報収集	チャレンジできる場の提供、必要に応じた成長支援

役職	本人がすべきこと	周囲がサポートすべきこと
役員クラス	書籍等による理論を実務に適用して考えてみること	他部門の複数業務を経験させたり、社外の研修や勉強会に積極的に参加させたりすること
部長クラス	自身の業務経験を棚卸しして、"MUST-CAN-WILL" を整理した上で、今後のキャリアアップを進めていくこと	上司：本人が描くキャリアビジョンを実現するために、定期的にコミュニケーションを取りながら側面支援していくこと 周囲：本人の役割等級や価値観等に応じた関わり方を意識して、協調的に行動すること
	スキルを身に付けることの意義・重要性を理解し、そのために何が必要かを自分で考えること	それぞれの業務担当（この人は何を担当し、何をミッションとしているのか）を理解し、失敗したり、うまくいかなかったりすることがあっても、バカにしたり相手を見下したりしないこと
	自分自身の中で業務範囲を限定せず、一見関わりがないような業務やプロジェクトの中でも学びを得ようと捉えて関わること	日常的な関わりの中で見える情報をつかみ、本人が困っていること、迷っていることを理解した上でアドバイスをすること
	• 人事部内の他の担当業務との関連性を理解して業務遂行すること • 失敗の経験を次に活かすこと • 自身の業務相談・報告を適切なタイミングで行うこと • 仕事に興味を持つこと	• 経験の機会を提供し自信を与えること • 情報共有や情報提供により視座を高めること • ねぎらいの言葉や感謝を伝えること
課長クラス	• 複数業務の経験（ジョブローテーションによって自身の格付け以下の業務経験をするケースもあるが、それも含めて人事担当者として必要な業務と認識してもらうこと） • 作業として習得するのではなく、趣旨・目的まで理解すること	• 人事担当者は会社の中枢で、社員の人生がかかった仕事であることの想いや責任を伝え、認識してもらうこと • マニュアルどおりにいかないことが多いため、必要な時にサポートすること
	• 自ら広く学ぶ意識を持つこと • いろいろな人と話す機会を持ち、対応能力を磨くこと	• 本人の立ち回りを観察し、指導・アドバイスを都度行うこと • 中長期で目指す人材像について期待を込めて伝えていくこと
	積極的に案件等の情報を仕入れ、意見が出せるようになること	目標が分かりにくいことが多いため、適切なタイミングでのコーチングが必要
	• 特定の業務に偏らず、広く業務を担当すること • 自らの考えや意見を持って、表明すること • 業務に改善の余地がないか、常に検討すること	• 心理的安全性を確保すること • 異なる業務経験をできるだけ多く積ませること

役職	本人がすべきこと	周囲がサポートすべきこと
課長クラス	世の中や社内で起きるさまざまなことに興味を持つこと、人間に興味を持つこと、気になったら調べること	• 一つの事象が起きたら、どこまで派生するのか、どのような問題が出てくるのか、想像力を広げるように促すこと • 人によってさまざまな価値観があり、会社で働いている以上、すべての従業員の要求に応えることはできないため、どこかで折り合いを付ける必要のあることを教えること
300 人未満		
役員クラス	• 問題意識を持つこと • 現状で満足しないこと • 関係者とのコミュニケーションを積極的に取る姿勢	• 気づきを与えること • 困りごとを抱えているかどうかを観察すること
部長クラス	人事に関するアンテナを高くし、情報収集をすること。また収集した情報を自分なりに調査、解釈し、周りと意見交換を行うこと	• 情報共有、情報収集の手段などの提供 • コミュニケーションを適切に行い、自ら行動するように直接的な声掛けをすること
	興味関心のある分野を中心に知識を身に付けること	人事関連業務の中で、まずは得意分野を持てるようにアサインしていくこと
課長クラス	簿記、FP、人事に関係する法規、年金制度、マネジメント等、勉強をし続けること	積極的に仕事を割り振り、その上で業務の相談に乗ること
	• 社内の人間や自社ビジネスについてよく知ること • 社員と一線を引き、対応に当たり公平性を重視すること	• 人事分野の業務を満遍なく経験させること • 人事以外の視点を軽視しないようにさせること
	• 現場部署での管理職経験 • 社員とのコミュニケーション	自社の人事部門だけでなく、関連各社や社外の人事担当者とコミュニケーションが取れる機会をつくること
	法令や法改正等の情報収集	情報収集や情報整理の仕方、習得業務の順位付けを教えること

人事担当者の育成に関する課題 [図表 25]

「育成・能力開発を行う時間的余裕がない」が 61.7%で最多

　人事担当者の育成に関する課題（複数回答）としては、「育成・能力開発を行う時間的余裕がない」が 61.7%で最も多く、次いで「育成・能力開発のための知識やノウハウが足りない」が 50.2%、「業績上の目標達成に追われて、育成・能力開発が後回しになりがち」が 42.3%となっている。

　規模別に見ても上位 3 項目に変動はなく、人事部門における慢性的な人手不足が、こうした課題の背景にあると推察される。

第4章　人事パーソンのキャリア、育成、学びに関するアンケート

図表 25 ● 人事担当者の育成に関する課題（複数回答）

－（社）、％－

区　　　分	規模計	1,000 人以上	300〜999 人	300 人未満
合　　　計	(201) 100.0	(85) 100.0	(69) 100.0	(47) 100.0
育成・能力開発のための知識やノウハウが足りない	50.2	49.4	53.6	46.8
育成・能力開発を行う時間的余裕がない	**61.7**	**62.4**	**66.7**	**53.2**
育成・能力開発を行う予算が不足している	19.9	20.0	21.7	17.0
会社全体のニーズに合わせた育成・能力開発ができていない	33.8	41.2	31.9	23.4
業績上の目標達成に追われて、育成・能力開発が後回しになりがち	42.3	43.5	46.4	34.0
その他	5.0	3.5	4.3	8.5
特に課題はない	5.0	4.7	5.8	4.3

［注］ 「その他」は "中核を担える該当者がいない" など。

5　人事担当者の学び

人事担当者が 1 週間で自己啓発に費やす時間 ［図表 26 〜 27］
年齢層別では 30 〜 39 歳が 7.4 時間、役職別では役員クラスが 6.8 時間で最長

　人事担当者が過去 3 カ月を平均して、週にどれくらいの時間を業務時間外の自己啓発に費やしているかという問いに対して、年齢層別の平均では「30 〜 39 歳」が 7.4 時間で最も長く、全体平均（5.0 時間）を上回っている。以下、「60 歳以上」が 5.1 時間、「50 〜 59 歳」が 4.9 時間、「40 〜 49 歳」が 4.8 時間と続く **［図表 26 －①］**。最長の「30 〜 39 歳」と最短の「40 〜 49 歳」の時間差は 2.6 時間である。

　役職別の平均を見ると、「役員クラス」が 6.8 時間と最も長く、「部長クラス」が 5.4 時間、「課長クラス」が 4.4 時間で、上位の役職ほど時間が長くなっ

243

図表26 ● 1週間のうち、業務時間外で自己啓発に費やす時間

①年齢層別

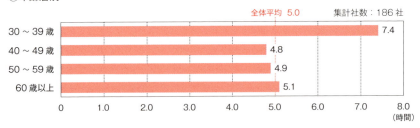

②役職別

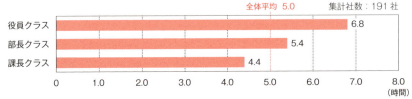

[注] 過去3カ月を平均して、1週間当たりに自己啓発（業務時間外）に費やしている時間を回答いただいた（[図表27] も同じ）。

ている[図表26－②]。また、最長の役員クラスと最短の課長クラスの時間差は2.4時間である。

　年齢層別に費やす時間の分布を見ると、いずれの年齢層でも「0～5時間未満」が最も多く、4～6割弱を占める[図表27－①]。一方で、30～39歳では「10～15時間未満」が30.0％に上り、これは他の年齢層に比べ2倍以上の割合となっている。

　役職別では、役員クラスで「5～10時間未満」、部長クラスと課長クラスで「0～5時間未満」の割合が最も多い[図表27－②]。

　なお、年齢層別の「30～39歳」と「60歳以上」は、他の年代よりも母数が少ない点に留意いただきたい。

人事担当者の資格・検定の保有状況 [図表28]
61.2％が人事業務関連の資格や検定を「保有している」

　人事業務関連の資格や検定の保有状況を聞いたところ、61.2％が「保有して

図表27 ● 1週間のうち、業務時間外で自己啓発に費やす時間の分布

①年齢層別

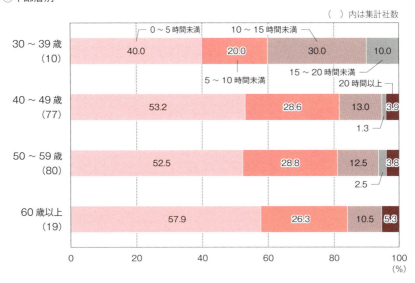

②役職別

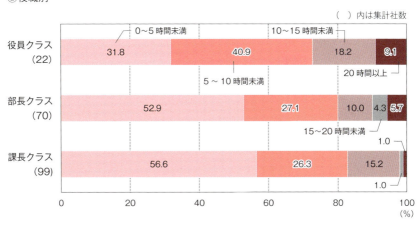

図表 28 ● 人事業務関連の国家資格や公的検定、民間資格・民間検定の保有
　　　　の有無

①規模別

－（社）、％－

区　　　　分	規模計	1,000 人以上	300 〜 999 人	300 人未満
合　　　　計	(201) 100.0	(85) 100.0	(69) 100.0	(47) 100.0
保有している	61.2	62.4	58.0	63.8
保有していない	33.3	32.9	36.2	29.8
無回答	5.5	4.7	5.8	6.4

②役職別

－（社）、％－

区　　　　分	役職計	役員クラス	部長クラス	課長クラス
合　　　　計	(201) 100.0	(23) 100.0	(73) 100.0	(105) 100.0
保有している	61.2	34.8	54.8	71.4
保有していない	33.3	56.5	38.4	24.8
無回答	5.5	8.7	6.8	3.8

　いる」と回答している ［図表 28 －①］。規模別に見ると、「1000 人以上」が
62.4％、「300 〜 999 人」が 58.0％、「300 人未満」が 63.8％と、規模にかかわ
らず保有率はおおむね 6 割前後である。
　役職別に見ると、「課長クラス」が 71.4％と最も高く、「部長クラス」は
54.8％、「役員クラス」は 34.8％と、職位が上がるにつれて保有率が下がる傾
向が見られる ［図表 28 －②］。

具体的な保有資格・検定 ［図表 29］
「第一種衛生管理者」43.1％、「キャリアコンサルタント」30.9％、「第
二種衛生管理者」27.6％
　［図表 28］で「保有している」と回答した人が、どのような資格や検定を保
有しているか（複数回答）を示したのが ［図表 29］ である。

第4章　人事パーソンのキャリア、育成、学びに関するアンケート

図表29 ● 保有している人事業務関連の国家資格や公的検定、民間資格・民間検定（複数回答）

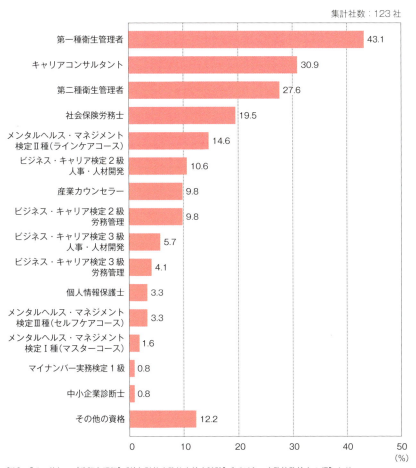

集計社数：123社

- 第一種衛生管理者　43.1
- キャリアコンサルタント　30.9
- 第二種衛生管理者　27.6
- 社会保険労務士　19.5
- メンタルヘルス・マネジメント検定Ⅱ種（ラインケアコース）　14.6
- ビジネス・キャリア検定2級 人事・人材開発　10.6
- 産業カウンセラー　9.8
- ビジネス・キャリア検定2級 労務管理　9.8
- ビジネス・キャリア検定3級 人事・人材開発　5.7
- ビジネス・キャリア検定3級 労務管理　4.1
- 個人情報保護士　3.3
- メンタルヘルス・マネジメント検定Ⅲ種（セルフケアコース）　3.3
- メンタルヘルス・マネジメント検定Ⅰ種（マスターコース）　1.6
- マイナンバー実務検定1級　0.8
- 中小企業診断士　0.8
- その他の資格　12.2

［注］「その他」は"公認心理師""給与計算実務能力検定試験""ビジネス実務法務検定2級"など。

247

保有率が最も高いのは「第一種衛生管理者」で43.1%、次いで「キャリアコンサルタント」30.9%、「第二種衛生管理者」27.6%となっている。

保有率20%超は上記の三つのみで、以下、「社会保険労務士」（19.5%）、「メンタルヘルス・マネジメント検定Ⅱ種（ラインケアコース）」（14.6%）、「ビジネス・キャリア検定2級　人事・人材開発」（10.6%）と続く。

取得した資格がどの程度仕事で役立っているか ［図表30］
最も保有率が高かった「第一種衛生管理者」の"役立ち度"は4.0点。
役立ち度が最も高かったのは「社会保険労務士」で4.6点

［図表29］で保有率が高かった上位8位の資格・検定について、現在の仕事にどれくらい役立っているかを5段階で評価してもらい、「役立っている」5点、「やや役立っている」4点、「どちらともいえない」3点、「あまり役立って

図表30 ● 取得した資格が現在の仕事にどれくらい役立っているか

（ ）内は回答数

	平均スコア（点）
第一種衛生管理者 (53)	4.0
キャリアコンサルタント (38)	4.3
第二種衛生管理者 (34)	4.1
社会保険労務士 (24)	4.6
メンタルヘルス・マネジメント検定Ⅱ種（ラインケアコース） (18)	3.9
ビジネス・キャリア検定2級　人事・人材開発 (12)	4.1
産業カウンセラー (12)	4.1
ビジネス・キャリア検定2級　労務管理 (12)	4.0

［注］「役立っている」＝5点、「やや役立っている」＝4点、「どちらともいえない」＝3点、「あまり役立っていない」＝2点、「役立っていない」＝1点として、保有率上位8位（「その他の資格」を除く）までの資格・検定について集計し、資格・検定ごとに平均値化した。

いない」2点、「役立っていない」1点として点数化し、“役立ち度”として平均スコアを算出した。

最も“役立ち度”が高かったのは「社会保険労務士」で4.6点、次いで「キャリアコンサルタント」4.3点、「第二種衛生管理者」と「ビジネス・キャリア検定2級　人事・人材開発」「産業カウンセラー」がともに4.1点となっている。

社会保険労務士や衛生管理者は、労務管理や作業環境の管理、労働者の健康管理に役立つ資格であり、キャリアコンサルタントや産業カウンセラーは対人支援だけでなく、労務にも活かせる資格といったように、“役立ち度”の高い資格・検定は実務に直結している点が特徴といえる。

人事担当者が書籍やセミナー・講習、研修などで学んだことがある内容 ［図表31］

「コーチング」が66.2％で最多。そのほか、「人材育成・能力開発」「労働関係法令」「基幹人事制度（等級、報酬、評価)」が6割以上

人事の業務がより広範にわたり、複雑化する中で、学ぶべき知識、体得すべきスキルも増加している。そこで、人事担当者が現在まで書籍やセミナー・講習、研修を通して学んだことがある内容（複数回答）を尋ねた。

最も多かったのは「コーチング」で66.2％。以下、「人材育成・能力開発」（64.7％)、「労働関係法令」（64.2％)、「基幹人事制度（等級、報酬、評価)」（60.7％）と続き、上位4項目が6割超である ［図表31］。そのほかでは、「経営戦略」（58.2％)、「メンタルヘルスケア」（54.2％)、「労働判例」（50.7％）が半数を超えており、「その他」を除く全21項目のうち7項目について、2人に1人以上が「学んだことがある」と回答している。

いずれも人事業務を遂行していく上では理解しておくべき学習領域であり、人事部内の“共通言語”として、知っていると知らないとでは働きぶりにも影響を与えかねないという特徴があるといえよう。

規模別で見ると、1000人以上では「コーチング」が67.1％で最多だが、300～999人では「人材育成・能力開発」が63.8％、300人未満では「基幹人事制度（等級、報酬、評価)」が74.5％でトップである。いずれの規模も最も割合が低いのが「産業カウンセリング」で、300人未満で12.8％、1000人以上では4.7％

図表 31 ● 書籍、セミナー・講習、研修などで現在までに学んだことがある
内容（複数回答）

－（社）、％－

区　　　　分	規模計	1,000人以上	300～999人	300人未満
合　　　計	(201) 100.0	(85) 100.0	(69) 100.0	(47) 100.0
コーチング	① 66.2	① 67.1	② 62.3	② 70.2
人材育成・能力開発	② 64.7	② 65.9	① 63.8	④ 63.8
労働関係法令	③ 64.2	③ 64.7	② 62.3	③ 66.0
基幹人事制度（等級、報酬、評価）	④ 60.7	⑤ 61.2	50.7	① 74.5
経営戦略	⑤ 58.2	③ 64.7	49.3	⑤ 59.6
メンタルヘルスケア	54.2	51.8	④ 53.6	⑤ 59.6
労働判例	50.7	52.9	49.3	48.9
募集・採用	49.8	45.9	⑤ 52.2	53.2
退職・解雇	45.8	43.5	47.8	46.8
社会保険	42.8	38.8	37.7	57.4
ファシリテーション	37.8	37.6	40.6	34.0
キャリアコンサルティング	35.8	34.1	36.2	38.3
組織開発	34.8	43.5	29.0	27.7
財務・会計	33.3	31.8	34.8	34.0
心理学	33.3	35.3	33.3	29.8
給与計算	32.8	27.1	33.3	42.6
配置、昇進・昇格	22.9	18.8	20.3	34.0
統計解析	18.4	22.4	14.5	17.0
労務CSR・内部統制・内部監督	17.9	15.3	15.9	25.5
異文化コミュニケーション	13.4	14.1	10.1	17.0
産業カウンセリング	8.0	4.7	8.7	12.8
その他	1.0	2.4		

にとどまる。産業カウンセリングは専門的な領域であるため、企業で働く従業員の相談に乗ったり、職場環境の改善をサポートしたりする仕事を専門に担当しない限りは、興味関心を喚起しづらいことに起因しているものと思われる。

書籍、セミナー・講習、研修などで今後新たに学んでみたい内容
[図表32]
「キャリアコンサルティング」が37.8%で最多

書籍、セミナー・講習、研修などで現在まで学んだことがなく、新たに学んでみたいと考えているもの（複数回答）を選択してもらったところ、1位は「キャリアコンサルティング」で37.8%、2位が「経営戦略」35.4%、3位が「心理学」28.8%となっている。

一方、10%未満だったのは「社会保険」（8.8%）、「退職・解雇」（8.4%）、「給与計算」（6.8%）、「募集・採用」（4.0%）であり、これらの項目は初任時などに日常業務におけるOJTでスキルやノウハウを習得するケースが多いため、新たに学ぶ必要まではないと考える人事担当者が多いといえよう。

人事担当者としてキャリアを積む部下や後輩に対して、伝えたい思いやメッセージ [事例6]
人事は社員、社内の各部署に深く関わり、会社の経営にも重要な役割を果たす

人事の先輩に当たる役員、部課長クラスに、人事担当者としてキャリアを積んでいくことを目指す部下や後輩に対して、伝えたい思いやメッセージを自由記入で回答してもらった。

まず全体的な傾向として、人事は会社と社員を支える重要な仕事である点がクローズアップされている。「自分たちの行っていることが企業や社員、ひいては日本社会のためになっているという実感を持ちながら一緒に頑張ろう」「人事は社員と会社双方の視点で物事を考える必要がある」「人事は会社にとって欠かせない部門」「人事部門の業務は、従業員全体の働きがい、働きやすさ、ひいては幸せに直結する」「人事は会社の将来に関わる重要な部署だが、会社だけでなく、その人自身の将来も左右することを忘れずに、自己啓発によって自分自身を高めていってほしい」といったように、人事の業務が常に会

図表32 ● 書籍、セミナー・講習、研修などで現在まで学んだことがなく、新たに学んでみたい内容（複数回答）

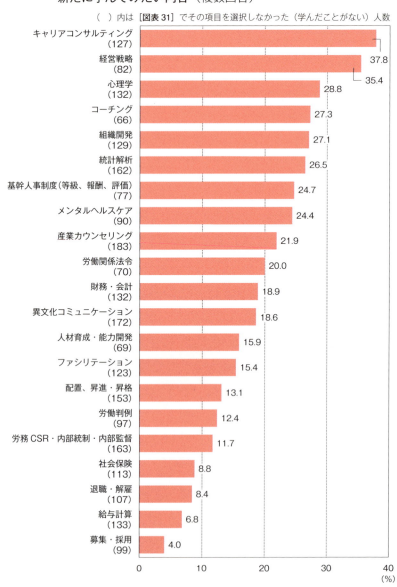

社と社員の両方に大きな影響を与えていることへの強い自覚を促す声が多く寄せられている。

次に、人事業務のやりがいや難しさ等に関しての言及も多い。「人事業務は人を相手にする仕事なので、なかなか思い通りに進むことがない。また、達成感を多く味わえる業務でもない。ただ、多くのやりがいをもたらしてくれる仕事でもある」「人事業務は従業員等の生活に関わることが多く、タフなメンタルが要求される。人事担当本人が壊れないよう心のバランスに注意しながら、人事としてのキャリアアップに努めてほしい」「達成感を得られる機会に乏しいながらも、変化を実感できる立場として、つらさをやりがいに置き換えることができれば、楽しい役割である」「人事の業務は何かすぐにモチベーションが上がるようなことは起きない。しかし、何か少しでも自分自身で達成感を得られるような『小さなやりがい』を積んでいこう」などのコメントから、人事業務は難解で、時に煩雑で、骨を折るような仕事だからこそ、やり遂げた際の達成感も大きいと感じている回答者が多いことがうかがえる。

また、他者と関わる機会も多い業務であるため、「『人』と関わる仕事だからこそ、たくさんの人と会話することを継続してほしい」「人事のことしか知らない人材は成長の幅が限られる。人事の仕事に愛着があったとしても、特に20～30代のうちは他部署で多様な経験を積んで幅を広げ、仕事の深みを増してほしい」「自身の業務と自身のキャリア育成にもっと関心を持って、勉強をしてほしい」など、会社と社員、それぞれにとって理想の人事担当者になるために、対話やスキルアップ、キャリア形成を要するとの声が多く集まっている。

そして、「人事の仕事は経営そのものだと思う。自らが良き経営者となるという思いで、職務および自分自身の育成に取り組んでほしい」「目線を高くし、経営戦略上必要な人材をいかに確保し、働きがいのある組織と制度を共有できるかという視点から、制度運営を考える目を養いながら活動してほしい」「人事だけでなく経営企画やリスク管理など、会社全体を異なる視点から見ることも成長につながるので、将来的に経営に携わりたいという思いがあるのであれば、ぜひチャレンジすることをお勧めする」「人事の仕事は経営に直結する大切な仕事である。やりがいと意志を持って臨んでもらいたい」「人事という職種は、経営層との密接な関係があり、会社経営における屋台骨であり、推

進力でもある。そこには自分が会社を動かす一翼を担っているというやりがいがあり、誇りを持てる。これこそが人事業務の醍醐味だと感じる」など、人事業務が会社の経営において非常に重要な役割を果たしているという趣旨の回答も多く見られる。

「近代日本経済の父」と称される渋沢栄一は、「できるだけ多くの人にできるだけ多くの幸福を与えるように行動するのが我々の義務である」との言葉を残したが、その「我々」に当たるのが、まさに現代の人事担当者といえるだろう。示唆に富むコメントが多く寄せられているので、一つひとつ含意をくみ取りながら読み解いてほしい。

事例6● 人事担当者としてキャリアを積んでいくことを目指す部下や後輩に対して、伝えたい思いやメッセージ（規模別）

業種	役職	年齢	内　　容
1,000 人以上			
水産・食品	課長クラス	40〜49歳	陰の力持ちといった役割が多いが、自分たちの行っていることが企業や社員、ひいては日本社会のためになっているという実感を持ちながら一緒に頑張ろう
	部長クラス	60歳以上	人事の仕事は経営そのものだと思う。自らが良き経営者となるという思いで、職務および自分自身の育成に取り組んでほしい
	部長クラス	60歳以上	目線を高くし、経営戦略上必要な人材をいかに確保し、働きがいのある組織と制度を共有できるかという視点から、制度運営を考える目を養いながら活動してほしい
紙・パルプ	課長クラス	50〜59歳	業務がAI化されることが見込まれる中でも、人的資本経営は今後も変わりなく重要視されるものと思われる。人事で担当するどの業務も、そういった意味では経営に寄り添うやりがいのある仕事なので、できるだけ多くのキャリアを積んで、会社と自分を成長させていってほしい
化学	課長クラス	50〜59歳	さまざまな業務経験が今後のキャリア形成に役立つので、社内外の人脈を求めて異文化交流を推奨する
	課長クラス	50〜59歳	時代の変化に終わりがなく、また多様過ぎる社員それぞれを理解し、寄り添い、一方で経営に大きく影響を与える制度などに携わる仕事として、広い視点と深い洞察力を養い、企業をより良く成長させられるよう、日々精進してもらいたい
ゴム	課長クラス	40〜49歳	人事は社員と会社双方の視点で物事を考える必要がある。また非常に多岐にわたる法律や社内規程についての知識も求められ、大変な面も多いが、やりがいのある仕事である

第 4 章　人事パーソンのキャリア、育成、学びに関するアンケート

業種	役職	年齢	内　　　容
非鉄・金属	課長クラス	50〜59歳	変化を求められている状況の中で、過去にとらわれず、未来志向で活躍してもらいたい
機械	課長クラス	40〜49歳	人事は会社にとって欠かせない部門であり、重要な存在であるので、積極的に学び知識と経験を積んでいってほしい
電気機器	課長クラス	40〜49歳	人事の仕事はやりがいにあふれている。忙しいとは思うが、勉強を積み重ねて成長してほしい
	部長クラス	50〜59歳	ビジネスに貢献することがすべての社員の目標であり、人事も例外ではない。「ルールをつくって守らせる」という制度の番人のような仕事の仕方ではなく、管理職を含めた全社員がパフォーマンスを発揮できる環境をつくることを意識してほしい
輸送用機器	課長クラス	30〜39歳	会社にとって人事は重要なので、人事の話題に限らず幅広く情報を取りに行き、さまざまな知見を持ち、各施策に活かすようにしてほしい。自分でここだけと決めずに、いろいろなことにチャレンジしてほしい
その他製造	課長クラス	50〜59歳	座学に頼るのではなく、自分から情報を取りに行く姿勢が何よりも大切。視野を広く、バランスの良い人事担当者を目指してほしい
建設	部長クラス	60歳以上	人事業務は人を相手にする仕事なので、なかなか思い通りに進むことがない。また、達成感を多く味わえる業務でもない。ただ、多くのやりがいをもたらしてくれる仕事でもある。自分の強みをよく知り、その強みを活かした得意分野を見つけてほしい
商業	役員クラス	60歳以上	行動したことがすぐに業績につながる仕事ではないが、着眼大局、着手小局の考えに立ち、長期的、根源的、多面的な視点での判断力を養い、実行していってもらいたい
金融・保険	課長クラス	40〜49歳	人事の仕事は責任は重いが、いい意味で責任を意識することで、自身の成長にもつなげることのできる仕事である。謙虚な気持ちは忘れず、高いミッションを意識しながら、キャリアを積んでいってほしい
	課長クラス	50〜59歳	「人」と関わる仕事だからこそ、たくさんの人と会話することを継続してほしい
	部長クラス	40〜49歳	人事はどの会社にも存在する機能であり、かつ、そのキャリアの伸ばし方次第でやりがいや報酬が雲泥の差となる分野である。自己のキャリアを意識的・戦略的にデザインすることをお勧めする
倉庫・運輸関連	課長クラス	40〜49歳	人事の仕事は非常に奥が深くやりがいがあり、いろいろな学習、経験を通じて自己の成長を感じられる仕事である。大変なことも多いが、目の前の課題に前向きに取り組んで成長して行こう

255

業種	役職	年齢	内　　容
倉庫・運輸関連	部長クラス	50〜59歳	人事業務は決められた手順、ルールにのっとって従事する部分もあるが、人を相手にするため常に流動的な対応が求められる。しかし、自分自身にしっかりとした軸がないと相手からは共感が得られない。自分の中に確固たる軸を持ってほしい
	部長クラス	50〜59歳	会社の将来を左右する、重く難しい仕事だが、自分自身の取り組み次第で将来を変えることができる、やりがいのある仕事である。自分自身が会社を成長させるという気概を持って取り組んでほしい
情報・通信	課長クラス	40〜49歳	自己管理に努め、鳥の目、虫の目、魚の目を持って業務に取り組んでほしい
	課長クラス	40〜49歳	直接売り上げや業績に反映されない仕事なので、やりがいが見えにくいかもしれないが、長期的な視点に立つと社員の成長ひいては組織の成功に直結する非常に重要な役割を担っている。多様な業務をこなしつつ、組織文化を醸成するためにも、常に経営層との対話を心掛け、目線を合わせることを意識してほしい
	課長クラス	50〜59歳	相手の立場を思いやりながら制度設計を進めるとともに、理想も追い求める必要がある。片方だけに特化すると制度の陳腐化・形骸化が早まる
	課長クラス	50〜59歳	人事の仕事は、他の部署からは評価されにくく、またとても煩雑な作業が多い。また、要員も多く配置されていないため、目の前の作業をこなすことで精いっぱいのことも多いと思うが、本来人事部門は、努力次第でさまざまな分野の仕事にチャレンジでき、その結果、自分だけでなく従業員の成長を促すような制度設計も可能であり、会社の成長に直結できる部署である
	部長クラス	40〜49歳	すべての知識・経験・作業は、最終的には自分のためになる。時には嫌な仕事の対応も迫られることがあると思うが、最終的に自分自身がレベルアップするために役立つので、アサインされた仕事は徹底的にやり抜くことをお勧めする
	部長クラス	40〜49歳	人事の仕事は、経営の実践を支え社員の人生を支える、責任があり、かつ、やりがいのある仕事なので、その仕事の面白さを実感しながら、必要な能力や知識を身に付けていってもらいたい
	部長クラス	50〜59歳	会社の活動の源泉は社員であり、その社員一人ひとりと接することのできる人事の仕事は、裏方のように見えるかもしれないが、実はとてもやりがいのある仕事である。また、人事だけでなく経営企画やリスク管理など、会社全体を異なる視点から見ることも成長につながるので、将来的に経営に携わりたいという思いがあるのであれば、ぜひチャレンジすることをお勧めする

業種	役職	年齢	内　　　容
電気・ガス	課長クラス	40〜49歳	人事は業務をこなすのではなく、「人」や「組織」とどう向き合うかが大切。社員の気持ちや業務を理解する姿勢を持ち続けながら、押し付けでない施策を立案し、実行することが求められる
サービス	課長クラス	40〜49歳	組織は人の集まり。人ほど不安定で不確実なものはないが、人ほど面白いものはない。そうした「人」に関わる仕事は深くて広くて興味深い
	部長クラス	40〜49歳	人事領域は幅広いので、どこかに専門性の軸足を持ちつつも、狭くなりすぎないように興味関心は広く持って、バランスを取りながらキャリアを積んでほしい
300〜999人			
化学	課長クラス	40〜49歳	人事の仕事は経営に直結する大切な仕事である。やりがいと意志を持って臨んでもらいたい
	課長クラス	40〜49歳	定量化することが難しく、成果が分かりにくい仕事である一方、丁寧に対応することで感謝されることも多く、やりがいがある仕事である。いろいろと勉強し悩みながら、良い会社になるように尽力してほしい
	課長クラス	40〜49歳	人を相手にする仕事なので、常に社員の幸せや、家族との生活を忘れずにいてほしい。幅が広く、知識や経験も重要である。大変な思いをするときもあるが、必ず未来の糧になるので、未来の自分につながると思って挑戦していってほしい
	役員クラス	50〜59歳	人事は、人や組織の成長を間近で見ることができ、必要な制度を適用できる、やりがいのある職務である
ゴム	課長クラス	50〜59歳	人に関わって仕事を進めることで、自然と思いやりや奉仕の精神が身に付く。直接利益は出さないが、ライン部門が動きやすくするために欠かせない部門である。ぜひ日々の仕事の中でやりがいを見つけてほしい
電気機器	課長クラス	40〜49歳	人事部門の業務は、従業員全体の働きがい、働きやすさ、ひいては幸せに直結する
その他製造	課長クラス	40〜49歳	合理的に物事を考える力も大事だが、効率的ではない感情に配慮して業務を進めることも必要。バランスよく成長してもらいたい
	課長クラス	40〜49歳	人事のことしか知らない人材は成長の幅が限られる。人事の仕事に愛着があったとしても、特に20〜30代のうちは他部署で多様な経験を積んで幅を広げ、仕事の深みを増してほしい

業種	役職	年齢	内　　容
その他製造	課長クラス	40〜49歳	社内で顔を合わせたこともない人や年代が上の方に給与や制度のことで不満を言われたり、怒られたりすることもあり大変だが、なぜそう言われるのか、想像力を働かせてみてほしい。相手も悪人ではなく、考え方や価値観が異なるだけのことが多い。違う立場、違う価値観の人にできるだけ理解してもらえるように、話の落としどころを見つけ、かみ砕いて説明することを心掛けてほしい
	部長クラス	40〜49歳	さまざまな知識・経験を積み重ねることはとても重要なことだが、一番重要なことは豊かな人間性を持ち続けることである。どんなに正しいことを進めていたとしても、豊かな人間性がなければ、物事がうまく進まないことが多々ある。人間性を磨くためには、感謝の気持ちを持って、周囲の方々に敬意を表し、学ぶ姿勢を絶やさず、さまざまなことを前向きに吸収し行動することが重要だと考える。パーソナルパワーを徐々に高められる習慣化を行い、一歩ずつ成長していくことを願っている
商業	部長クラス	50〜59歳	人事業務は従業員等の生活に関わることが多く、タフなメンタルが要求される。人事担当本人が壊れないよう心のバランスに注意しながら、人事としてのキャリアアップに努めてほしい
不動産	部長クラス	50〜59歳	人事はやりたいと思っても誰でもできる仕事ではないので、人事に配属されたら、その期間はできるだけ多くのことを学んでほしい。そうすれば必ず将来に活かせる
倉庫・運輸関連	課長クラス	50〜59歳	人事という職種は、経営層との密接な関係があり、会社経営における屋台骨であり、推進力でもある。そこには自分が会社を動かす一翼を担っているというやりがいがあり、誇りを持てる。これこそが人事業務の醍醐味だと感じる
情報・通信	課長クラス	40〜49歳	人事担当としての正解はない。とにかく、30代までは幅広く主体的にさまざまな業務を経験し、40代以降は経営的な視点も入れながら、戦略策定など経営に寄与できる人材になっていくことが望まれる。また、HRテックなどITリテラシーも高めながら、プロフェッショナルとして人事の道を歩み続けてほしい
	課長クラス	50〜59歳	人事は外からは見えないつらくて大変な仕事もたくさんあるが、人事担当者としての矜持を忘れず、主体的に業務に取り組んでいってほしい
	課長クラス	50〜59歳	社員をクライアントとみなして傾聴すること。人事にとって社員の声が最前線の一次情報である。一方で、経営の理念をきちんと読み解いて具体策に落とし込めるようにする。つまりは聞く力を磨くことが重要である

業種	役職	年齢	内　　容
情報・通信	部長クラス	50〜59歳	人事の仕事をするに当たり、勉強するのは当たり前で、経営、マーケティング、IT や統計分析、財務に関する知識も必要かと思う。そして、忘れられがちなのがソフトスキル。コミュニケーション能力やプレゼンテーション能力といったテクニカルなことだけでなく、寄り添う力、傾聴力、人への関心とケアなどの素養も必要になる
	役員クラス	40〜49歳	企業の成長（売り上げ、利益、キャッシュフローの中長期的な増加）に人事部門の社員として貢献できているか、危機感を持って具体的に考えてみてほしい。どんなに人事制度や給与体系、福利厚生、評価制度を改善しても、企業が成長しなければ無意味となる
電気・ガス	課長クラス	40〜49歳	人事の仕事は、理屈だけでは解決できない要素が多分にあることから、対話を基本にどうステークホルダーとの調整を進めるのがよいのか、いろいろな場面に積極的に向き合って、人事担当者としてのスキル向上に努めてもらいたい
サービス	部長クラス	60歳以上	信頼してもらうこと、人間関係構築力、フレキシビリティーが大切である
	役員クラス	60歳以上	多少なりとも就労者（社員、アルバイト、取引先等）の人生に影響を及ぼす仕事であるだけに、結果や結論にかかわらず、徹頭徹尾真摯であることが求められる。この点を自ら顧みることを繰り返してほしい

300 人未満

業種	役職	年齢	内　　容
水産・食品	課長クラス	40〜49歳	従業員の話をよく聞き、いつでも相談に来られる雰囲気をつくることが大切
紙・パルプ	課長クラス	40〜49歳	他部署勤務や兼務、副業を含め、幅広い経験を積んでほしい。経営は絶えず変化するもので、その流動性に対応するためには、人材戦略および個別施策も柔軟に発想して対応していく必要がある。人事担当は扱う業務の機密性から異動が少ない傾向にあると思う。世間知らずの人事担当では経営層や現場から期待されるような支援を提供できない。視野が狭くならないように自戒しよう
化学	課長クラス	50〜59歳	達成感を得られる機会に乏しいながらも、変化を実感できる立場として、つらさをやりがいに置き換えることができれば、楽しい役割である
	部長クラス	50〜59歳	人事の仕事は、社員が安心して仕事するための環境や個々が成長するための仕組みづくりをして、会社全体を支えていくことに本質がある
石油	部長クラス	50〜59歳	今後、人事領域の仕事内容は大きく変わっていくと予想されるので、情報を積極的にキャッチアップしてほしい

業種	役職	年齢	内　　　容
ゴム	部長クラス	50～59歳	自分の人生を豊かにするために自分がどうなりたいかを明確にし、そのために何をいつまでにすべきかを自ら決めて実行していってほしい
機械	役員クラス	50～59歳	人事は会社の将来に関わる重要な部署だが、会社だけでなく、その人自身の将来も左右することを忘れずに、自己啓発によって自分自身を高めていってほしい
その他製造	役員クラス	60歳以上	人事は経営者の代理として社員に向かい合い、社員の代理として経営に向かい合う。そうした役割と立場を自覚して仕事に臨んでもらいたい
商業	役員クラス	60歳以上	どんなに優れた制度をつくっても、現場の運用がすべて。トップともラインとも密なコミュニケーションが必須である。人それぞれに人生があることを前提に一人ひとりを大切にしていってほしい
倉庫・運輸関連	部長クラス	40～49歳	人事の業務は何かすぐにモチベーションが上がるようなことは起きない。しかし、何か少しでも自分自身で達成感を得られるような「小さなやりがい」を積んでいこう。少しずつ積めれば後に大きな達成感を得られる仕事になる。その日まで頑張っていこう
電気・ガス	課長クラス	50～59歳	個人の成長と会社の成長の両面で自身の力を発揮し、自身や他者の成長を実現（実感）していくことに喜びを感じることが、人事に携わる者の一番の醍醐味だと考える
サービス	部長クラス	50～59歳	自身の業務と自身のキャリア育成にもっと関心を持って、勉強をしてほしい
	役員クラス	50～59歳	コミュニケーションの重要性、自ら学ぶ姿勢と行動が必要。いろいろな情報と経験を積んでほしい

第5章

次代を担う人事パーソン へのメッセージ

人事プロフェッショナル5人のインタビュー

MESSAGE > 01

前へ進み続ける
人事の役割は「強くて良い人と組織づくり」

三菱マテリアル株式会社
執行役常務 CHRO

野川 真木子 ● のがわ まきこ

1994年3月一橋大学社会学部卒業。同年4月花王株式会社入社、1999年8月ヒューイット・アソシエイツ(現キンセントリック・ジャパン合同会社)入社、2001年9月ゼネラル・エレクトリック・インターナショナル・インク日本支社入社、2012年4月、日本アイ・ビー・エム株式会社理事GTS事業人事、米国IBMコーポレーション出向を経て、2015年6月同社執行役員GBS事業人事、2016年8月スリーエム ジャパン株式会社執行役員人事担当、2021年3月三菱マテリアル株式会社入社、同年4月執行役員人事部長、2022年4月執行役常務戦略本社人事戦略部長を経て、2023年4月より現職。

「組織は人である」を信念に、変革に邁進

　野川真木子氏が三菱マテリアルの執行役員人事部長に迎え入れられた2021年当時、同社は経営改革の最中だった。

　2017年に発生した子会社の品質不正問題を契機に、ガバナンスと組織能力の強化に力を注いでいた同社は「目指す組織・風土」を定義し、その実現を加速するために、「四つの経営改革」を打ち出した。そのうちの一つがHRX（Human Resources Transformation）である［図表］。

　HRXで目指したことの一つ目が、事業競争力の徹底追求と役割の明確化、CX（Corporate Transformation）を実現していく中での遠心力と求心力のバランス維持であり、それを実現するための主な施策として、管理職層対象の

図表 ● 四つの経営改革のイメージと概要

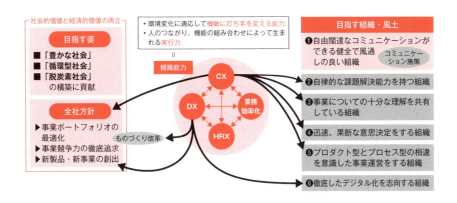

① CX（Corporate Transformation）
　最適なグループ経営形態（組織・経営管理）への改革。「グループ戦略を司（つかさど）る本社」と「高度化・効率化を担う本社間接機能部門」と「自律経営を行う強い事業部門」の組み合わせを目指す。

② DX（Digital Transformation）
　データとデジタル技術活用による改革により、ビジネス付加価値・オペレーション競争力・経営スピードの向上を図る。

③ HRX（Human Resources Transformation）
　変化に適応する自律的な人材の確保・育成に向けた人事制度、働き方の改革。新たな仕事の仕方や価値観、外部の視点や人材を積極的に取り入れながら、過去150年かけて築いてきた当社の強みと融合することによって、複雑化する事業環境における市場競争力の維持向上を図る。

④ 業務効率化
　組織、仕事（のやり方）の見直しおよび働き方の見直しにより、企業価値向上につながる業務への集中とコストダウンの徹底を実践し、「事業競争力の徹底追求」を図る。

「職務型人事制度」と「次世代経営人材育成」の仕組みを導入した。二つ目は、同社の「目指す組織・風土」にも掲げている〝変化への適応、自律的に課題に取り組む能力、会社とともに成長していこうとする意識の醸成と行動の推進〟を目的として、「社内公募制度」や研修体系の刷新を行った。三つ目が、多様な個性を認め合い尊重する組織風土の醸成による新たな価値創造と持続的成長の実現であり、ダイバーシティ・エクイティ＆インクルージョン施策を積極的に展開している。

組織・風土を刷新するには大胆な改革が必要だ。ビジョンを打ち出すことはできても、それを実行するのは容易ではない。しかも同社は 2021 年に創業 150 年を迎えた日本の伝統ある大企業であり、旧習を改めることさえ簡単なことではない。

変革には新しい取り組みも多く含まれたため、外部から野川氏が招かれた。野川氏が入社した時点で、いくつかの主な施策について議論は始まっていたが、四つの経営改革の中の人事変革（HRX）については、全体像を描きながらそれぞれの施策の細部を詰めていくのはこれから、というフェーズだった。「2021 年中に導入に向けた準備を整え、1 年後の 2022 年 4 月には職務型人事制度を含む変革を実行するというスケジュールだけは確定していました」と語る。

就任早々、約 1 年という時間軸であらゆる制度を刷新するのは至難の業である。職能資格制度から職務型人事制度に移行するだけでも、制度の細部設計と役員会議での討議、対象社員への説明まで膨大な時間を要するはずだ。また、野川氏はこれまでゼネラル・エレクトリック（GE）や IBM、3M など、長らく外資系企業の人事畑を歩んできた。当然、外資系企業とは勝手が違うことも多く感じたであろうことは想像に難くない。

そんな野川氏を変革へと突き動かしたものは何か。一つは同社の経営陣の改革への熱意だった。

「面談での会話の中から、会社をもっと良くしたい、変えていこうという情熱を感じました。『経験のある人材を外部から連れてくれば変わるだろう』としか考えていない経営者は、話をすればすぐに分かりますが、当社の経営陣はそうではありませんでした。信頼ができると思いましたし、一緒に変革に携わりたいと思いました」

もう一つ、野川氏には長年の強い思いがあった。

「『組織は人である』という信念をずっと持ち続けてきました。日本社会や日本企業がもっと元気になるには『人を強くし、良くすること』が今こそ必要ではないかと感じていました。『縁があれば日本企業に戻って、自分のこれまでの経験を活かして組織に貢献したい』と40代後半ぐらいから考えており、日本企業に戻るなら今まで経験したことがない業界、これまでとは全く異なる環境で仕事をしてみたいと思っていました」

経験したことがない業界と環境にあえて飛び込もうとする飽くなき挑戦意欲、そして人事に対する強い信念は、どのように育まれたのだろうか。その原点は「日本企業に戻る」と野川氏が言うように、最初に入社した日本企業での人事の経験に端を発している。

サークル経験から「組織は人」を学ぶ
営業の最前線から人事のキャリアへ

野川氏は大学を卒業した後、花王に入社した。職種別採用が一般的ではない時代だったが、当初から人事への配属を希望していたという。人事の仕事を志すきっかけは学生時代のサークル活動であるオーケストラでの経験だった。オーケストラの編成は一般的にはだいたい80人、大編成になると100人近くの大所帯になる。その活動の中でさまざまな人間模様を見てきた。

「メンバーは大学1年生から4年生までいますし、大学生になってから楽器を始めた初心者もいれば、プロ級の腕前の経験者もいます。その中で、演奏が上手で個人プレーが得意な人がいる一方、楽器演奏は発展途上ながらも自ら進んでオーケストラ運営上の大変な仕事を引き受けてくれる人など、いろいろな人がいました。学年ごとに役割がありましたが、学年を問わず、協調的な人、カリスマ性がある人、周囲を動機づけるのが上手い人など、リーダーシップの在り方も人それぞれでした。オーケストラに限ったことではありませんが、『組織の力を引き出すのは、結局"人"なんだ』と痛感する場面を何度も見てきました。組織のパフォーマンスは『一人ひとりの行動を最大化し、それをチームとしての成果に活かせるか次第』だと感じていましたし、そうした組織と人とが織りなすアウトプットへの効果に興味を持ち、組織と人の行動に焦点を当てたテーマを取り上げるゼミを専攻しました。その影響もあり、就職活動

では人事の仕事を希望しました」

　しかし、花王での最初の配属先は販売子会社の支店での営業担当だった。本社の人事担当とキャリア面談があると「面接では人事の仕事をやりたいと言っていたのに」と、希望していない仕事への配属について不満を口にしたこともあった。しかし、今になって思えば「会社と消費者の接点である最前線の仕事に携わり、自社製品と市場との窓口に当たる営業の仕事を通じて、社会人として、ビジネスパーソンとしてのマインドセット養成につながる経験ができて、本当によかった」と振り返る。

　その後、本社人事部の人事企画に異動。人事制度の改定や就業規則の変更、各種制度の運用など、全社の人事諸制度全般を手掛ける業務を担当。さらに海外人事業務の担当では、日本から海外現地法人へ赴任する駐在員の処遇制度の改革にも力を注いだ。その際に外部の人事コンサルティングファームとのプロジェクトで一緒に仕事をしたことを契機に、さまざまな会社の制度設計に携わる人事コンサルタントという仕事に興味を持ったことが、外資系人事コンサルタントへの転職につながる。

孤軍奮闘の中から学び、自信を得る

　野川氏は、花王を退職して1999年に外資系人事コンサルティングファームへ転職する。当時はバブル崩壊後の経営改革の一環として組織・人事制度変革が盛んに行われた時代であり、数多くのプロジェクトに携わった。そして2001年にはGEの日本支社に入社する。当時のGEは航空機エンジン、電力、医療機器、家電、シリコン・プラスチック等の素材、鉄道、メディア事業、加えてGEキャピタルに代表される金融事業を手掛けるコングロマリット企業だった。野川氏はGEのリーダー人材養成のための「リーダーシップ・プログラム」の中の一つ、人事リーダー養成プログラムであるHRLP（HRリーダーシップ・プログラム）に選抜され、海外を含む事業会社での実践と米国クロトンビル研修所での研修を兼ねた"修羅場の経験"を積んだ。

　そして、人事パーソンとして大きな転機となる経験に遭遇したのがGEの電力部門の人事マネジャーを務めていたときだった。

　「GE時代はどの局面を切り取っても、多くの学びを得られた半面、苦労に満ちた思い出もあります。30代前半で電力部門の人事マネジャーを担当して

いた時代は、事業を担当する人事が日本では実質的に私1人ということもあって非常に苦労しました。もちろんシェアードサービス部門からの支援もありましたが、採用から育成、昇進をはじめ、コンプライアンス研修の実施や懲戒処分まで、1人で全部を担当しなければならない。今すぐ相談したくても直属の上司や同じ事業部門担当の同僚は皆海外にいて、対面で相談する相手がおらず、まさに孤軍奮闘の日々でした」

そんな中で、どのようにして難局を乗り越えたのか。一つはGEの元上司とのメンタリングや、日本の人事仲間たちとのコミュニケーションだった。

「当時のGEには同じような経験をしている同僚も多く、事業部門の垣根を越えてお互いに助け合う土壌もあり、元上司からは部署が変わってもメンターとして私の強み・弱みを踏まえた上での実践的なアドバイスをいただくことができ、大いに救われました」

こうした支援に助けられ、野川氏は「とにかく前へ進むこと」が、結果として経験につながり、自信に変えられるという体験を得ることができた。

「誰かに相談はできても、最後に決断するのは自分しかいませんし、決断を実行するのは自分自身です。失敗しても一つひとつの経験から学び、次に活かしていくしかありません。トライアル・アンド・エラーの経験を自分の中で消化し体験化して、それを自信に変えていくことが重要だと学びました。つらい経験でも諦めずに次に活かそうとし続けたことで乗り越えられましたし、今の自分があると考えています」

外資系企業の人事責任者として、
説明の"勘所"を身に付ける

その後、IBM、3Mでも人事責任者として活躍の幅を広げていく。その中で、外資系企業特有のコミュニケーションの難しさを乗り越え、事情を知らない人にも物事を分かりやすく説明するための"勘所"が身に付いたと語る。

「外資系企業の日本法人では、本社（海外）の上司や同僚に対して、限られた時間の中で正確かつ簡潔に日本の雇用慣行や労働市場の状況を理解してもらえるよう、"ゼロ"から説明する必要があります。"相手が何を知っていて、何を知らないか"を先回りして考え、どういう順番でどのように説明をすると理解が得られるか、という"勘所"が鍛えられました。このような対応は、国や

言葉を問わず、日本人同士のコミュニケーションにおいても必要な能力だと思います。IBM や 3M では人事としてもビジネスパーソンとしても尊敬できる素晴らしいリーダーたちと、日本国内はもちろん、米国本社でも一緒に仕事する機会に恵まれました。彼ら、彼女らの、性別・国籍・年齢などの属性にかかわらず一人ひとりに個として敬意を持って接する姿に触れ、国を超えて共通する対話の姿勢を学びました」

三菱マテリアルの入社後に携わった職務型人事制度への転換においても、制度の理解と浸透に注力している。

「職能資格制度から職務型人事制度に転換する際、役割で職務グレード（等級）が決まることを、いろいろな機会を通じて説明しました。最初は『こういう例えを使えば理解が得られるかな』と思って説明するのですが、すぐには伝わりません。"ゼロ"から説明し、役割でポジションや等級が決まり、役割が上がる・下がるとはどういうことなのかについて、いろいろな言い換えをしながら説明をします。しかし、説明しただけでは伝わりません。制度を導入して3年目に入り、実際に自分自身もしくは周囲の役割が変わるという実体験を通じて、実感として理解が広がるよう、制度浸透を進めています」

人事制度を導入するだけでは、変革は終わりではない。時間がたてば、経営環境も変わっていく。野川氏は「『いかにして今の当社が必要とする形にしていくか』を心掛けることが大切だと考えています。制度を浸透・定着させるフェーズ、そして改善・改良のフェーズに向けて、解決すべき課題はまだまだあります」と話す。創業以来の大変革ともいえる経営改革の一翼を担う野川氏は「これまでの人事としてのキャリアやビジネスパーソンとしてのキャリアの中でも、光栄なことだと思っています」と、現在の心境を語る。

「人、そして組織を強く、良くすること」
が人事の基本的な役割

最後に、野川氏にこれから人事に関わる人たちへのメッセージを伺うと、「『強くて良い組織づくり、そのための人づくり』に目を向けてほしい」と語った。

「どんなに素晴らしい制度や仕組みをつくっても、それを運用するのは人であり、リーダーです。人材をより強くし、より良くすること。その人によっ

て、組織をより強く、より良くしていく。強いといっても、単に高いパフォーマンスを発揮するだけでは不十分で、インテグリティ（誠実さ・高潔さ）を備えた人材であるべきです。自分が成長するだけではなく、周りの人が仕事をしやすくなるように、年次や性別などの属性を問わず仲間を一個人として尊重しながら支援することで、一人ひとりが強い組織を目指すことが重要です。この『人を強く、良くすること』、そしてそれを可能にする器としての制度や働き方を含めた職場環境をつくっていくのが、人事の仕事です。私は社会人生活をスタートした花王から、GE、IBM、3M時代と、常にそのことを考えて仕事をしてきました」

「人事初任者が最初から重要な仕事を任せられるわけではありません。採用面接の調整から会社説明会の会場設営、あるいは人事制度改定のための説明資料の作成など、さまざまな仕事を担当することになるでしょう。時には『この仕事はこれからの人事キャリアの役に立つのだろうか』と疑問に思うこともあると思います。でも、自分が担当している一つひとつの仕事が最終的には人を、そして組織をより強く、より良くしていくことにつながっていると意識して進めることができると、日々の仕事の面白みが増していくと思います」

「強くて良き企業市民」は、特定の企業・業界を超えたグローバルで普遍的な価値を持つ人物像である。バブル崩壊後の1994年にキャリアをスタートし、その後、人事の世界でさまざまな困難に遭遇しながらも、それを乗り越えることで経験を積み重ねてきた野川氏の言葉だけに説得力がある。

取材・文：溝上憲文（ジャーナリスト）

MESSAGE > 02

仕事は楽しくきちんと
人を動かすには、人事自身が動いてこそ

株式会社リコー
コーポレート執行役員 CHRO
人事総務部 部長
長久 良子 ●ながひさ りょうこ

1993年3月慶應義塾大学法学部政治学科卒業。同年4月、日産自動車株式会社 部品事業部海外部品部入社、2001年4月より人事部門に異動、2018年4月ボルボ・カー・ジャパン株式会社入社 人事総務部ディレクター、2021年4月株式会社リコー入社 人事部HRBP室室長、人事部タレントアクイジション室室長、2022年4月人事部人事室室長・人事部タレントアクイジション室室長、2023年2月人事部人事室長、人事部タレントアクイジション室室長、プロフェッショナルサービス部人事総務センター所長、同センターHRIS室室長、同センター人事サポート室室長を経て、2024年4月より現職。

畑違いの配属

　長久良子氏は、2024年4月に、株式会社リコーのコーポレート執行役員兼CHRO人事総務部部長に就任した。

　「実は私は、キャリアの前半で人事の仕事がしたいと希望を出したことは一度もないんです。新卒で日産自動車に入社した当時は『海外営業がしたい』と話した記憶があります。海外向けの部品営業部で約8年間過ごした中で、人事に良いイメージを抱いたことはなかったというのが、正直なところです」

　部品営業部での仕事にも慣れて、やりがいを感じるようになったときに、長久氏は人事異動で人事の業務に携わることになる。長久氏にとってはまさに青天の霹靂ともいえる異動だった。2001年に同社海外人事部に配属となり、海外出向者に関する採用以外の人事業務全般を担うことになった。長久氏は、こ

のとき幅広く人事業務に携わった経験が、人事としてのキャリアの基礎になったという思いがあるものの、そのこととは裏腹に、それまでとは畑違いの部門で大きな壁にぶつかった苦い思い出を語ってくれた。

「当時の人事部は、中途採用者や他部門から異動してくる者が少ない環境でした。人事プロパーが多い中で必死に勉強しましたが、新卒から人事に配属されて経験を積んできた同僚たちの知識には追いつけません。中堅社員に差し掛かる時期で、悩みだらけでした。本音では、人事を希望したわけでもないのに、どうしてこんな思いをしなければいけないのかという気持ちもあり、半ば自信をなくしていました」

最初の壁を乗り越えられた言葉

そんな中、人事として最初の壁を乗り越える出会いが訪れた。

「当時の日産自動車は、フランスに本社を置くルノー社とのアライアンスを開始した初期段階で、役員層にはルノー社からの出向者が多くいました。その中の1人で海外人事部担当の役員が、『何か悩んでいるの？』と私に声を掛けてくれました」

ある意味で"よそ者"という同じ立場から心配してくれていたのかもしれません、と長久氏はその当時を振り返る。

「その役員は、人事に一番大切なのは『常識を持つこと』とアドバイスをしてくれました。就業規則や労働三法など、守らなければいけないルールに沿う仕事は誰でもできる。また、それらは完全に覚えていなくても調べれば分かる。しかし、人を相手に仕事をする上で、ルールに当てはまらない問題が出てくるからこそ、人事としての存在意義がある。そうした事態に対処する際には『常識を持つこと』が最も大切だと教えてくれました。知識不足は大きなハンディではない。『常識』が分かるあなたなら良い人事になれると励ましてもらえたことに、当時とても救われました。その言葉は今でも私の心に刻み込まれており、今では自分が部下に伝えていて、私自身も定期的に振り返るようにしています」

ただし、「常識」とは何かというと、人によって物差し（判断基準）が異なるので一律の基準を設定しづらいのも確かだ。そこで長久氏は「常識」を次のように解釈することにした。

「私は、社内外を問わずアンテナを高く張って、いろいろなことを見聞きし、人によって異なるさまざまな尺度や考え方を学ぶことで、自分なりの物差しが持てるようになると考えています。どうしても白黒つかない人事の問題に決断を下すとき、いろいろな要素を踏まえて判断することで、常識的な感覚を得られるのではないでしょうか。また、時間を守るとか、親切な対応を心掛けるとか、本当に基本的なところも常識の一つですよね。当時は自分の人事としての力量不足に悩むことが多かったのですが、それまでお客さまを相手に仕事をする中で大事にしてきたことや信念を、人事の仕事でも同じように大事にしていこうと思い直すことができました」

人事としてのターニングポイント

また、長久氏は、人事に配属になった後に別の上司から掛けられた言葉が人事としてのターニングポイントになったという。

「先ほどの上司とは別の方ですが、当時の人事部の課長に掛けられた言葉は、今でもよく思い出します。それは『自分の色を出しなさい』というものです。初めは意味が分からなかったので聞き返したところ、それは"自分の強みを出す"ということだ、あえて教えないから自分で見つけてほしい、と言うのです」

そこで、長久氏は、周囲を観察してみんなができていないことをできるようになろうと考えた。競争の少ないところを探したら、手っ取り早く自分の強みが得られると踏んだわけだ。

「人事に配属される前は、本来の仕事もあるのに、人事部に言われた提出物や資料を準備しなければならないことへの"やらされ感"が強かったんでしょうね……。"人事は人にあれこれとお願いばかりして締め切りに厳しいくせに、自分たちは締め切りを守れていないじゃないか！"という不満が湧いてきました。そこで"どんなことでも必ず締め切りの少し前に提出する"ことを意識してみました」

そうした行動を続けているうちに、当時厳しかった人事部の大先輩が『長久さんだけがちゃんとやってくれる』と言ってくれたという。

「それが部内で話題になって、少し世界が変わりました。『自分の色を出しなさい』と言ってくれた上司は、『もっとあなたらしさがあるはずだから、それ

を追求してみるといいよ』と背中を押してくれました」

長久氏を信じて、あえて言葉で教えなかった上司は、さらに勇気づけるアドバイスもくれたという。

「その上司は、『間違ったときは自分が謝るから、とにかく思ったようにやってみて』とアドバイスしてくれました。実際、本当にたくさん代わりに謝ってもらいました。すごく感謝しています。もちろん仕事なので、やって良いことと悪いことはありますが、そう言われるだけで部下としては気持ちが変わりますよね。マネージャーになってから、今度は自分が部下に掛けてあげようと思った言葉です」

これらの言葉一つひとつが、長久氏の人事としての立ち上がりを支え、今でも強く心に残り、支えてくれているという。

相手の立場に立つ意識

人事に配属された当初は仕事に悩んでいた長久氏だが、上司やチームメンバーに後押しされ、前向きに仕事に取り組むようになっていった。そこで配属前に感じていた人事へのマイナスイメージを、人事として自分の手で払拭したいと考え始めたという。

「外から見ていたときに感じていた、人事へのマイナスイメージを『そういう人事にならないようにしよう』と切り替えて考えるようになりました。初めは単純に、人事以外の人にとってアクセスしやすい存在になるにはどうしたらよいか、と考えました。少なくとも、感じ悪いな、嫌だなと思われないように……。それは今でも意識しています。配属前の人事に抱いていた感情を忘れないようにしようと思ったのです」

長久氏は、キャリアを重ね、本社人事から事業部の人事（HRBP）を経験する。事業部の人事は、社員との距離感が近いのが本社人事と違う点である。そうした環境の中で、一層意識した思いがあるという。

「私は今でも『自分のお客さまと同じ言葉を使うこと』を意識しています。会社内で部門を越えた異動をすると、転職したくらいの気持ちになるとよく言われます。とりわけ人事は専門用語が多くて、知識がないと何を言っているのか分からないことがよくあります。人事の中で普通に使っている言葉でも、別の部門では意外に伝わらないことが多いのです。実は私自身、人事に配属され

た当初は、初めて聞く言葉に戸惑いました。例えば"控除"という言葉は人事や経理ではよく使いますが、意外と一般社員には伝わらないことも多いのです。ただ、そのような社員でも"差し引かれる"と言えばすぐに分かります。このように言い換えれば伝わる言葉って、考えたらたくさんあるのです。人事にとってのクライアントは、経営層と社員です。クライアントと同じ目線になって同じ言葉を使おうと、今も部下に話しています」

人事を客観的に見る視点も大事

2024年春からCHROとして活躍している長久氏だが、人事を客観的に見る視点は人事としてのキャリアをスタートした当時から変わらない。

「人事である前に"いち社員"であるという意識を持つようにしています。それというのも、人事は他の社員が見ることのできない機微な情報にアクセスできることで、どうしても特権意識を持ちやすい立場にあると感じています。ただ、それは人事の仕事をしているからであって、自分たちが特別な人間だからではないですよね。でも、そういう意識が自然に芽生えてしまうものだと思うので、注意しないといけないと自分を戒めています」

「また、人事は労務管理上の手続きや新しい制度の導入などで、社員にお願いをすることが多い仕事です。しかし、考えてみれば自分もまた、お願いされる側の社員の1人なのです。そのように立場を変えて見た場合に、果たして自分は求められることがきちんとできているのだろうかと思い返すことがよくあります。部下には『自分もお願いされる側の1人だという気持ちを忘れないで』と話しています。そして、お願いするときには、相手がやる気になる言葉、分かりやすい言葉で説明するように心掛けています。私自身、人事という仕事に慣れすぎて人事以外の周囲の視点をなくしてしまわないよう、常に意識していることです」

人事の仕事の楽しさとは

長久氏に、人事の仕事の楽しさ・やりがいについて問うと、"決して主役ではないが、先んじて動く究極のプロデューサーであること"という答えが返ってきた。

「あえて言うなら、人事の楽しさは、『会社を動きやすくする』ということで

第5章　次代を担う人事パーソンへのメッセージ

はないでしょうか。人事は会社を直接動かす仕事ではなく、また、主役でもないと個人的には考えています。物事が動きやすいように、目立たないけれどお膳立てする役割。それは、この後に何が起こるのかを見越して、先んじて必要な情報や機会を提供するプロデューサーのようなイメージだと思っています」

　長久氏は、自分が直接何かをするより、自分が仕掛けて誰かがそれに乗って物事がうまくいったときや、そのことがいつかどこかでその人に分かってもらえて「ありがとう」と言われるときがすごく楽しいし、うれしいと感じるという。いうなれば、根っからのプロデューサー気質といえるだろう。

　「気づけば人事の仕事を20年以上していますが、今でもこんなに知らないことがあるんだ、といつも感じるくらい勉強の範囲が広い仕事だと思います。これまで3社を経験してきましたが、業界の差、労働組合の有無、日系と外資系といった違いから、会社を移るたびに知らないことが増えるという感覚がありました。そして、それぞれの経験が自分にとって勉強になりました。ただ、どこの会社にも人事の仕事はありますから、ある意味で"つぶしが利く"仕事だとも感じています」

仕事は楽しくやりましょう

　このように人事の仕事と真摯に向き合ってきた長久氏だが、仕事のスタイルは素朴に「楽しい」を大切にしている。

　「『仕事は楽しくやりましょう』と、自分のチームには常に言っています。例えば、人事は社員のエンゲージメントを高める活動を展開している立場でもあります。でも、エンゲージメントを高めようと言っている人事自身が不幸せそうだったら、社員には全く響かないでしょう。そもそも人は起きている時間の半分以上は仕事している方がほとんどだと思うのですが、その時間が楽しくないとしたら、どうでしょう」

　また、長久氏は、周りから『あそこに行きたいな』と思われるチームづくりを目指しているという。そのために、メンバーが楽しく仕事をしていることが周囲に分かるよう工夫した。

　「当社のHRBP室長を務めていたとき、HRBP導入から日が浅いこともあって、チーム外にHRBPが何をやっているのか伝わっていないなと感じていました。『人事部内のミーティングでHRBPをやって楽しかったこと、面白かっ

275

たこと、良いと思ったことを全員1個ずつ発表するのはどう？』と提案したところ、メンバーが賛成してくれて、おのおのがなんだか楽しそうに仕事の醍醐味を語ってくれました。そうすると、メンバーは自分の仕事が楽しいと、さらに思えるようになったようで、すごくいいチームになりました。実際、エンゲージメントスコアも当時の人事部の中で一番良くなりました」

さらに長久氏は、仕事が楽しいと思えるようになる秘訣を以下のように語る。

「人事は真面目な人が多いと思うのですが、せめて他の社員に対応するときは、楽しいと思われる態度でいたいですよね。本当は、人事自身が仕事を楽しめていないといけないと考えています。とはいえ、簡単に『楽しい』にたどり着けるものでもないと思います。それでも、悩んだり努力したりしながら自分のエンゲージメントが高まるところにたどり着いたなら、他の社員が悩む気持ちも理解できるようになるのではないでしょうか。また、例えば、新しいことに挑戦するときや学ぶとき、『大変だ』と思わないで、『知識が1個増えた！』と思ったらプラスに捉えられるようになります。とにかく何でもポジティブに受け止めようとすることが大事だと考えています」

CHRO としての立ち位置

長久氏は、現在 CHRO の立場にあるが、CHRO としての仕事の向き合い方にも独特の信念を持っている。

「これは人事に配属された当初感じていたことですが、人事のところには怒っている人か困った人しか相談に来ません。でも、このような社員に対して、人事はアドバイスしてあげられる仕事です。『ちょっと調べてまいります』といったん預かって回答していたのが、その場で自力で答えられるようになったときが、人事の仕事を始めて一番最初にうれしかった出来事でした。人事に相談に来た人が、今度は『いいことがあったよ』と報告に来てくれるような関係性をつくれたらと、今でも思っています」

「そして、自分はスーパーナンバー2でいたいと、いろいろなところで話してきました。なぜかというと、一歩引いたほうが物事を冷静に見られる気がするからです。よく考えてみると、CHRO は人材と組織に関する責任者として社長のナンバー2ともいえる存在です。そんなことを考えながら、今は務めて

います」

次代の人事パーソンに向けた応援メッセージ

　長久氏自身の体験を踏まえて、これから人事に関わる人たちへのメッセージを伺ったところ、①世の中の動きを知っておくこと、②社員に対して言うことは、人事がきちんとできなければいけないこと、③社外の勉強会や集まりに参加して学びを得ること、の3点を挙げてもらった。

　「一つ目に、『世の中の動きを敏感に受け入れて、理解する』ことを積み重ねていかないといけないと思います。前職で人事制度設計を行ったときには、10年間くらい変わらない人事制度をつくらなければだめだと言われて一生懸命に取り組んだのですが、結局2年くらいでマイナーチェンジすることになりました。特に最近は世の中のスピードがとにかく速く、1年単位の変化が大きいですから、もはや"10年変わらなくていい人事制度"などはあり得ません。1〜2年できちんと振り返り、手入れをしていく必要があります。そのためにも、世の中の動きを知っておくことはとても大事です」

　「二つ目は、繰り返しになりますが『社員に対して言っていることは、人事がきちんとできないといけない』と考えています。例えば、当社ではDX化を進めていますから、私が新しいシステムが分からないからといって調べもせずに『○○さん、やってよ』なんて、絶対に言ってはいけないですね。人にお願いすることは、ある程度自分もできるようにならないといけない。これの最たるものが評価です。社内に対しては、フィードバックを丁寧にやりましょうと言うのに、人事自身がきちんとできていないことが多いのではないでしょうか。人と向き合って評価し、今何が足りていないのか、本人の意見も聞きながら話し合うことができれば、評価の結果に関係なく本人の成長につながると思います。就業規則だって、人事が一番守らないといけないものです。私自身、人事部門に異動したとき、『これから私はすごく品行方正な人生を送らなければいけない……』と思いました。それで少し生きにくくなったところもあります（笑）。でも、自分がやっていないのに人に『やってください』とは言えない。それが嫌なら辞めないといけないと思いますし、それぐらいでないと説得力がないですよね」

　「三つ目は、社外の勉強会や集まりに参加することも大事だと考えていま

す。人事に配属された当初、海外人事に関して各業界から1社ずつ集まって行う勉強会に毎月参加していました。『一時帰国について』『赴任手当について』などテーマが毎回設定されているため、死に物狂いで勉強しなければならなかったのは自分のためになったのですが、なにより印象的だったのは、誰も私のことを『長久さん』と呼ばないで、"会社名＋さん付け"で呼ぶことでした。『私が言うことは個人の意見ではなく、会社の意見として受け取られるんだ』と思ったときに、一瞬ものすごい緊張感を覚え、真剣に勉強しようと思わせてくれました。そうした機会を大切に学んでいくことで、人事として成長していけるのではないでしょうか」

　人との出会いから勇気をもらい、壁を乗り越えてきた長久氏。「楽しく」仕事を、というポジティブな思考が組織全体を前向きに動かしていることが分かる。人を動かす人事の仕事にとって「きちんと」自分が動くこと、俯瞰で物事を捉えることの大切さを語るその言葉には、人事に対するぶれない軸が見えた。

MESSAGE > 03

"コミュニケーション"を"成長"へ
仕事を通じた経験・出会いを糧に

ヤンマーホールディングス株式会社
取締役 エンプロイーサクセス本部長（CHRO）
浜口 憲路 ●はまぐち のりみち

1995年3月京都大学経済学部卒業。同年4月ヤンマーディーゼル株式会社（現ヤンマーホールディングス株式会社）入社、6月経理部東京経理グループ配属。1997年7月汎用機事業本部企画管理部、1999年6月本社経営企画部、2000年4月ヤンマーエネルギーシステム製造株式会社管理部、2001年3月本社経営企画部、2002年12月本社管理部経理グループ兼経営統括本部中国室、2004年7月Yanmar Manufacturing America Corporation Treasurer、2007年1月Yanmar America Corporation Treasurer、2009年8月本社経営企画部管理部グローバル化推進グループ課長、2014年4月Yanmar International Singapore Pte. Ltd.社長、2018年4月本社経営企画部副部長を歴任。2019年9月人事部長、2020年6月取締役人事部長（CHRO）、2023年10月取締役人事担当（CHRO）を経て、2024年6月より現職。

ヤンマーの価値観"HANASAKA"の共有と浸透を担う

　浜口憲路氏がヤンマーに入社を決めた理由は"人"だった。
　「最終候補が3社ほどありましたが、ヤンマーは採用選考の担当者が醸し出す雰囲気や人柄が自分に合っていると感じました。"人"に惹かれて入社したという感じです。現在もキャリア採用で当社に入社した社員から『ヤンマーは本当に思いやりがあって、人柄の良い社員が多い』と言ってもらえます。そんなヤンマーの人事業務に携われているのは、本当に幸せなことだと思います」

2019年に人事部長に就任以降、浜口氏は矢継ぎ早に人事制度改定、働き方改革などドラスティックに制度を改革してきた。その一方で、同社の「仕事を任せてもらえる、助け合いの精神」「よい意味での穏やかな雰囲気」といった社風は守り続けたいという。それらは、同社の価値観を表す"HANASAKA（ハナサカ）"の精神に集約される。

"HANASAKA"とは、同社が創業以来112年受け継ぐ企業活動の礎になっている価値観をいう。同社には創業者の山岡孫吉氏から継承してきた「美しき世界は感謝の心から」という言葉がある。自己の利益だけでなく、他者への感謝を忘れず、人とその可能性を大切に育んでいき、未来へ向けて、大きな可能性の花を咲かせていこうという社会への想いが込められている。

「2024年6月には、私は取締役人事担当からエンプロイーサクセス本部長へと変わりました。社員一人ひとりが自律的に考え・学び・行動し、かつ会社の支援を得て、"誇りを持って働く"。そして、"成果が正当に評価され、成長してキャリアアップを図る"といった『エンプロイーサクセス』の考え方を推進することが私のミッションです。この変更を機に、チャレンジする人、またチャレンジをサポートする人を称賛する文化、"HANASAKA"文化のさらなる醸成を図りたいと考えています」

実は、浜口氏は2019年9月に人事部長に就任するまで人事の経験はなく、国内外問わず13もの部署を渡り歩いてきた。人事部長就任の直前は本社経営企画部副部長として、同社グループ戦略策定を担当していた。さらには2014〜2018年まで、同社のシンガポール現地法人（Yanmar International Singapore）の立ち上げを主導している。浜口氏が人事全体に係る実務に初めて直接的に携わったのは、シンガポールでの経験だったという。

「グループとしての挑戦で、これまでのような販売会社ではなく、人事、ファイナンス、IT、マーケティングなどの本社機能を持った現地法人の立ち上げに携わりました。現地の責任者となり、そこで初めて本格的に人事を学びました。つまり私の場合、日本の人事制度ではなく、海外の人事制度から学び始めたことになります」

海外の人事視点を持つ浜口氏は、同社がグローバルな事業展開をさらに加速させる観点からも重要な役割を担っている。全社員約2万2000人のうち、海外の社員はその3分の1に当たる約7000人に及ぶ。いまや売上比率は海外が

第5章　次代を担う人事パーソンへのメッセージ

国内を超えており、海外の社員が担う組織貢献は日々大きくなっている。グローバルに活躍できる人材の確保と育成は、同社人事部としても重要な課題の一つだ。

「グローバルの HR ミーティングを定期的に開催しています。ヨーロッパ、アメリカ、東南アジア、中国にある RHQ（地域統括会社）の HR マネージャーを集めて、グループ人事戦略を共有し、各拠点で展開すべき人事施策や課題を共有し、解決策に向けたディスカッション等を通じて意思疎通を図っています。私自身も各拠点のキーとなるマネージャーと 1 on 1 ミーティングをオンラインで実施しており、プロジェクトの進捗や各地域での課題などを常に把握するようにしています」

"数字" を扱う厳しさと主体的な知識の習得

浜口氏が、入社して最初に配属されたのは経理部で、そこで海外（貿易）の経理業務を担当した。大学では管理会計を専攻し、企業のさまざまな財務数値を分析して課題を見つけ、その対応策等を研究していたことが配属の理由だったのだろうと浜口氏は振り返る。経理部で 2 年勤務した後、滋賀県にある汎用機事業本部企画管理部に異動となる。そこでは主に予算管理・原価管理を担当した。

東京での経理業務と異なり、滋賀での工場勤務という就業環境に戸惑いながらも、「製造業に就職した限り、工場勤務は絶対に必要な経験」との思いから、実際にどのように製品が製造され、それが自分の仕事とどうつながっているのかを学ぶために現場に頻繁に足を運ぶよう心掛けた。

「転勤してから 1 カ月間は製造ラインに配置され、エンジン生産に関わるモノづくりを経験しました。また、予算管理や原価管理のみならず ISO9000 やISO14000 の内部監査員の資格を取るなど、工場勤務に必要なスキルアップに取り組みました。工場ではいかに製造コストを下げるか、在庫管理の徹底など、数字に基づく管理の厳しさを学べた貴重な 2 年間となりました」

滋賀県で約 2 年勤務した後、浜口氏は大阪の本社経営企画部に異動した。浜口氏は、これまでの部署異動を振り返り、自身のキャリアについて考えを巡らせるようになった。

「ジョブローテーションは、おおむね 3 〜 4 年のスパンで、最初の 2 年間は

281

業務を学びながら慣れていき、3年目以降に所属部門に貢献するという流れだと聞いていました。ところが自分自身を振り返ると、いずれも2年で異動していることに気が付きました。そうなると、業務を覚える期間を2年から1年に短縮しないと間に合いません。『業務をこなせるまでの速度を上げて、早く戦力にならないといけない』と思うようになりました」

そこで、浜口氏は業務に関係する知識やスキルを少しでも早く習得しようと、数多くの書籍を読みあさったという。

「本屋に行けば多種多様な書籍があります。それらを読んで知識を習得し、業務に関連する情報を蓄積することで"厚み"を持たせるのが大切だと思いました」

また、ここまでのキャリアは、一見すると勤務地や所属する部署、業務内容がいずれも異なっているように思えるが、それぞれの仕事には共通点があった。それは各業務の点と点が線でつながり、相互作用的に活かせる部分があるということだ。

「例えば、滋賀の工場では製造に係るコスト計算や標準原価計算などがメインでしたが、本社経営企画部では全社の予算管理を担当しました。東京の経理部で担当した業務も含め、入社してからの数年間で、異なる立場から"数字"を読み解く力が身に付いたと思います」

短期間の新工場立ち上げで、精神力が鍛えられる

浜口氏は、社内プロジェクトへ参画するため、大阪の本社経営企画部をわずか9カ月で去ることとなった。

「当時の上司から、『岡山に新しくエネルギーシステムの生産工場を立ち上げて、2000年6月には操業を開始するから、管理部門のリーダーをやってもらえないか』と声が掛かりました。新しく立ち上げる工場の管理部門ということで、経理・人事・総務の仕組みをゼロから構築する必要がありました」

そこで、浜口氏はスピードを上げて取り組むために、2000年3月から岡山県に駐在し、現場に張り付いて工場の新設からインフラ整備までわずか1年で一気に進めた。さまざまな業務に関わった経験について浜口氏は、「何もないところに工場を建て、生産ラインを整備して、生産に従事してもらう人を採用し、工場内に食堂をつくって、警備員を雇用するなど、業務量の多さばかりで

なく、対応する課題の幅の広さもあり、さらには関係者との調整などで日々忙しく、桁外れの対応力が求められました。関係部門の方々のサポートのおかげもあって実施項目をクリアできましたが、これまでのキャリアの中で最もハードでした。そのため、どんな苦労でも乗り越えられる精神力が鍛えられました」と述懐する。

浜口氏にとっては、限られた資金でどのようにスムーズに立ち上げを進めていくかを思案する日々でもあったという。

「通帳には資本金が○○円と印字されます。そこから人件費や諸経費を払うと預金額が減っていきます。大企業に入社して通帳を握り締めて仕事をするとは想像していませんでした（笑）。工場が本格稼働するまでは収益も出ませんから、資金繰りは大変でした。当時、ちょうどグループ会社の統廃合で廃止する拠点があり、そこには応接セットやロッカー、食堂の机・椅子などがあって廃棄するという話を聞いたので、急いでトラックを手配して駆けつけ、捨てる予定だった物品を積み込んで岡山に持ってきました。その後、社員を採用した際に、『今は汚い机やテーブルだけど、儲かったら新しいものに変えたいですよね！　皆さんで力を合わせて、１日でも早く生産を軌道に乗せられるように頑張りましょう！』とみんなを鼓舞しました」

グループ内のリサイクル・リユース情報サイトも活用し、ごみ箱やボールペンなど入手できそうなものは率先して入手し、初期費用を徹底的に圧縮した。

日々忙しく関係者と仕事をこなしていく中で、浜口氏は上司から教えてもらったことが、今でも記憶に残っている。

「当時の上司から、『自分の思いをしっかりと形にしてくれる右腕となる部下を育てること』、そして『自らの意見に対して、正直に反対意見を進言してくれる人も組織に入れなければいけないこと』を教わりました。自分にとって都合のよいイエスマンばかりを取り込んではいけない、ということですね。今でこそダイバーシティが重視されますが、やはりいろいろな考えを持った多様なメンバーでチームを編成することが大切だということを学びました」

各方面からの協力を取り付け、必要経費を極限まで削るなどの努力が結実し、工場は１年目から黒字を達成した。新工場での立ち上げの際に社員と約束した応接セット、ロッカー、食堂の机・椅子などのリニューアルも実現した。浜口氏は「社員の皆さんにとても喜んでもらえて、私自身も大変うれしかった

のを覚えています」と当時を振り返る。操業開始から1年ほどして生産が軌道に乗り始めた頃、浜口氏は次の異動が決まり、苦楽を共にした仲間たちとも別れることになった。「去るときはとても寂しくて、最後は涙を流しましたね」と浜口氏が語るように、岡山での経験は職業人生において大きな財産となっている。

　「さまざまな部署を経験することで、いろいろな人とのコミュニケーションの機会が自然と増えます。このことは人事部長としての業務に大いに役立っています。各部門のキーパーソンは、ほとんど面識がありますから、相手の懐に入っていきやすくなりますし、輪を広げやすくなります。良くも悪くもお互いのキャラクターをよく知っているので話がしやすいですし、相互理解も早いので仕事もスムーズに進みます」

財務責任者として出向したアメリカで、
コミュニケーションの大切さを痛感する

　岡山の後は大阪の本社経営企画部に戻り、工場再編に関する業務に従事。その後は本社管理部経理グループに異動し、決算業務などを担っていたが、同時に中国での合弁会社の立ち上げのプロジェクトに携わることになった。

　浜口氏はプロジェクトに2002年から参画し、合弁会社の工場の原価計算の仕組みを構築する業務を担当するとともに、上海での現地法人設立準備にも関わることとなった。2カ月ほど中国に出張しながら、現地駐在を想定して住む家を探す準備も進める中で、日本に帰国すると、浜口氏のアメリカ駐在が決定していた。

　「気持ちは中国に向いていましたが、『どうしてもアメリカから日本に帰さなければいけない社員が出たので、アメリカに行ってほしい』とのことでした。そして2004年、プレジャーボート用のエンジンの組み立て・艤装（ぎそう）（各種装備品等をエンジンに取り付ける工程）を行う会社に、財務の責任者として出向しました」

　浜口氏はアメリカ駐在中、複数あったアメリカのグループ会社を統合し、一つのヤンマーアメリカとして再編するプロジェクトに携わった。会計や生産のシステムを統合するなど大規模な再編を、多くの現地社員の協力を得ながら主導した。また、統合に伴い、海外における人事の実務にも触れることとなっ

284

た。

「拠点を一つに統合すると、当然余剰人員が発生します。つまり、人員整理や処遇の見直しをせざるを得なくなるわけです。私はあくまで財務担当でしたが、大規模な人員整理を目の当たりにし、その厳しさを肌身で感じました。同時に、社員への説明責任の重要さを学びました。クリアで納得できる説明でなければ、議論が終わらないのが海外です。現地スタッフとは言語の違いから伝えることの難しさもありましたが、非常に勉強になりました。普段から相手にしっかりと納得してもらうコミュニケーションを取ることが大切であることを実感しました」

アメリカでのプロジェクト完了後に帰国すると、本社の経営企画部管理部グローバル化推進グループに配属される。この部門はヤンマーの海外現地法人を管理・統括する組織だったが、海外ビジネスのボリュームが増えてきている中で、「本当にすべて日本で管理してよいのか」ということが議論になった。そこで、各国の海外現地法人の管理機能をシンガポールに移して、より高度化した運用へと変えていくプロジェクトが動き出す。

シンガポールで触れた人事の実務、合意形成の難しさ

浜口氏にとって、シンガポールでの人事機能をマネジメントした経験が、後の日本における新人事制度の設計に役立った。

「人事部のマネージャーに現地社員をアサインして、ジョブ型雇用の仕組み、グレードやジョブの考え方、報酬の仕組みなど、さまざまな制度の仕組みを学びました」

そこから、海外と日本との人事制度に関する考え方の違い、日本の人事制度が内包している課題などについて考えるようになった。

「最近は日本でも数年で転職する人が増え、会社としては後継人事で右往左往しがちです。『せっかく採用したのに辞めるのか』みたいな声も上がります。でも、海外では3、4年で、短ければ2年くらいで辞めるのは当たり前です。私としては『これはやり切ってもらいたい』という仕事・ミッションを与えて、『それが終わればいつ辞めてもいいよ』というスタンスで臨むようにしていました。日本企業は伝統的に『まずこれを経験させて、次にあれを経験させて』という長期的な時間軸で考えがちですが、そうした考えを変えていかな

285

いと海外では仕事が回りません」

　シンガポールでは、同社が利益を生むまでの仕組みの構築と、その運用が軌道に乗るまでにも大きな苦労があった。自社の製品・サービスを顧客に販売することで利益の獲得を目指すのではなく、コーポレート（本社）機能のサービス提供によって対価を受け取る仕組みをゼロから構築することに挑戦したからだ。

　「グループ経営のグローバル化を目指して、さまざまな取り組みをしました。例えば、適切な投資（再投資）が実行できるような資本関係の再編、グループファイナンス（グループの各社で別々に実施していた資金調達・運用をまとめて実施することで効率化し、最適配分を実現させること）を実施しました。このほかにもリインボイスの仕組み（三国間貿易によるカネやモノの流れ）を導入したりするなど、これまでにないチャレンジを数多く展開しました」

　そうした取り組みを進めるに当たって、浜口氏は各所との折衝に注力する。

　「新しいことを始める際には、必ず社内から抵抗する声が上がります。これまでやってきたことを変えることは、誰にでも不安が付きまといます。会社が今後成長していくためには、改革しなければならないという強い意志を持って、筋道を立てて抵抗する声に答えていくことが重要です。決して押し付けるようなことはせず、相手の考えていることや不安に耳を傾けて、一つひとつ丁寧に対応していくことが求められます」

人事にとってのお客さまは社員。社員目線で考える

　浜口氏の人事に対する思いの背景には、シンガポール時代の経験が息づいている。

　「管理職を対象に役割等級制度を導入する際も、『100人が100人とも納得する形は難しい』ことは理解していました。人事は、文句を言われることはあっても『ありがとう』と言ってもらえることは少ないのが現実です。それでも、人事にとってのお客さまは社員です。例えば、製品を販売する場合、社内で『これは良い、絶対に売れる』と思っていても、それが実際にお客さまの使いたいモノであるとは限りません。人事も同じです。人事目線で『絶対にこの制度は良い、社員は満足してくれるはずだ』となってはいけません。常にマー

ケットインの発想が大切です。そこで人事のメンバーには『社員目線で、この仕組みがあったらうれしい？　助かる？　満足する？』といつも問い掛けます」

重ねて浜口氏は、人事における課題を解決し、より円滑に進めていく鍵は、コミュニケーションにあると念を押す。

「誰とどのようにコミュニケーションを取っていくかについて、私自身は過去の経験によって大きく磨かれたと実感しています。何か新しいことを始める際にも、相手の意見を聞いて、懸念点などにしっかりと耳を傾けて、『可能な限り意見も取り入れつつ、自分たちの意図するところに落とし込んでいく』という姿勢が大切だと思います。最終決定した案をいきなり提示して、『これを始めますので、よろしく！』では誰も納得できません。各所から意見を聞き、上がってきた意見のうち全部は無理でも、ある程度の要素が入っていれば、相手も『まぁ、これならよいか』と納得してくれると思います。私は、両者の意見や思いが最もうまく交わる点、すなわち、納得できる点を見つけて、それらを制度や施策に活かすことで、社員が働きやすく、モチベーションを高く保てる環境にしていくことを常に意識してきました」

また、浜口氏は、コミュニケーションの取り方にもポリシーを持っている。相手がたとえメールや電話で連絡してきても、浜口氏は直接出向いて対面で話すなど、伝え方一つにも気を配っている。

「同じ文言でも、メールと対面での会話では伝わり方が異なります。メールでは、要件だけを淡々と書くので表現がきつくなる傾向があります。対面で会話することで、表現は柔らかくなり、コミュニケーションが円滑になります。人事の担当者の方には、ぜひ気に掛けて実践してもらいたいですね」

人事担当者が大切にすべき三つのポイント

昨今、人事部門を取り巻く環境は大きく変化しており、ヤンマーも例外ではない。人によって変化は重荷になるが、浜口氏にとって、変化はモチベーションの源泉そのものだ。既存の仕組みを変えることは手間もかかり、変えることですべてが良くなるという保証もない。しかし、浜口氏は「本当に現状に満足していてよいのか。変えることで今よりさらに良くなるのであれば、思い切って変えていくことが得策ではないか」という判断基準で行動しているという。

「今、人事は大きく変わろうとしています。新聞紙上でも人事関係の記事が載らない日はありません。最新のトレンドを常に把握しておくことが大切です。書店で人事や組織関連のコーナーに行けば、最新のトレンドを知ることができます。エンゲージメント向上施策、組織開発など、常に最新の情報に触れるよう心掛けています。変えるべきものは変えなければいけない。そのためには自分自身の知識も常にアップデートが必要です。常に学び続けることが、自らの成長につながります」

そして、"浜口流"の人事の肝は、やはりコミュニケーションにある。他部署との折衝はもちろんだが、自部門でも積極的にコミュニケーションを取ることを意識し、自ら部下に話し掛けていく。

「『体調どう』『今日ちょっと元気ないね』といった何気ないことから、『さっきのプレゼンは分かりやすくて良かったよ』といったように、言葉のやりとりには常に気を配ります。コミュニケーションは社内だけに限りません。社外のネットワークも有益です。人と直接話をする中でしか感じ取れないこと、学べないことがたくさんあります。苦手な人がいたとしても、相手を思いやり、リスペクトできる部分を見つけて、自らコミュニケーションを取るように心掛けるといいですね」とアドバイスする。

さらに浜口氏は、「人事担当者は机に座っているだけではダメ。積極的に現場に足を運ぶべきだ」とフットワークの大切さを説く。

「社員は日々業務に励んでいます。現場で何が起きているのか、肌身で感じることが大切です。ずっと自席に座っているだけでは社員に寄り添ったサポートはできません」

"人"とのコミュニケーションを通じ、人事担当者としての成長につなげる

最後に、浜口氏に人事担当者に向けてメッセージを語ってもらった。

「自分のキャリアを振り返ると、それぞれの仕事が必ずどこかで別の仕事につながっていました。私はプロジェクトを経験する中で、大切なことをたくさん学ぶことができました。皆さんが今は人事担当だとしても、これから違うフィールドにチャレンジすることがあるかもしれません。それは決して無駄になることはありませんので、たくさんの経験を積んで人間としての深みを培っ

第5章　次代を担う人事パーソンへのメッセージ

ていってもらいたいです」

　「DXやAIなど業務で活用できる技術は日々進化していますが、結局、会社を支えているのは"人"です。その"人"に携われる仕事というのは貴重であり、幸せなことであると人事担当者には感じてほしいのです。会社には、いろいろなタイプの人がいるからこそ、人事として乗り越えなければならない壁も高く、道は険しく長いのですが、学べることもたくさんありますし、壁を乗り越えたときに社員の笑顔を見られれば、その達成感は格別です。多くの"人"とのコミュニケーションを通じて、人事担当者としての成長につなげていってほしいですね」

　「今、人事領域においてマインドセットの変革が求められています。組織形態はヒエラルキー型組織からネットワーク型組織へ、仕事の進め方は管理統制型からエンパワーメント（上司から部下に権限委譲して、社員それぞれが自主的に動く）へ、経験と勘をベースとした画一管理からデータに基づく社員一人ひとりに寄り添う自立・活性化支援へ、人事関連情報も透明化を進めていく方向に動いています。まさに人事は変革の時を迎えています。この変革の波に乗り、皆さんが先頭に立って、会社をより活気のある素晴らしいものにしていきましょう」

MESSAGE > 04

人事は人の一生に関わる仕事

カゴメ株式会社　常務執行役員
カゴメアクシス株式会社
代表取締役社長

有沢 正人　●ありさわ まさと

慶應義塾大学商学部卒業後、1984年協和銀行（現りそな銀行）に入行。米国で経営学修士（MBA）取得後、主に人事、経営企画に携わる。2004年HOYA株式会社に入社。人事担当ディレクターとして全世界のグループ人事を統括、全世界共通の職務等級制度や評価制度の導入を手掛ける。2008年AIU損害保険株式会社（現AIG損害保険株式会社）に人事担当執行役員として入社し、日本独自のジョブグレーディング制度や評価制度を構築。2012年1月カゴメ株式会社に特別顧問として入社。2018年4月より常務執行役員CHO（最高人事責任者）に就任し、2023年10月より現職。

人事の改革は経営者の覚悟と人事との信頼関係あってこそ

　カゴメの常務執行役員の有沢正人氏といえば、2013年に役員に率先して職務等級制度、いわゆるジョブ型人事制度を導入し、人事のグローバル化を皮切りに、次々と経営改革に取り組んだことで知られる。

　年功制と決別し、①Pay for Job（仕事に対して支払う）、②Pay for Performance（成果に対して支払う）、③Pay for Differentiation（違いに対して支払う）の三つを基本ポリシーに公正な処遇の実現に尽力。役員に続いて2014年に部長層、15年に課長層にジョブ・グレードを導入した［図表1］。それだけではなく、専務以下の役員、部長、課長、担当者レベルまでのすべての社員が作成した「KPI評価シート」（設定目標）を全社員に公開し、透明性の確保も図った。

　当初、設定目標の公開には役員の一部から異論が出たが、結果的に導入した。これは言うまでもなく、経営者との厚い信頼関係と、それに基づく支援が

第5章　次代を担う人事パーソンへのメッセージ

図表 1 ● カゴメの人事制度改定プロセス

2013 年 4 月〜 **役員人事制度の構築**	2013 年　役員にジョブ・グレード制度を導入
2014 年 1 月〜 **グローバル人事制度の構築**	2014 年　部長層にジョブ・グレード制度を導入 2015 年　課長層にジョブ・グレード制度を導入
2016 年〜 **運用の仕組みの開発・充実、** **「生き方改革」の取り組み**	2017 年　•「働き方の改革とはつまり"生き方改革"である」 　　　　　という社長メッセージを発出 　　　　 • 在宅勤務制度を導入 　　　　 • HRBP の任命、運用を開始 2018 年　•「地域カード制度」を導入 2019 年　• 在宅勤務制度を「テレワーク勤務制度」へ改定 　　　　 • 副業制度を導入

あったからだ。実は 2012 年にカゴメに入社を決めた動機もそこにあった。有沢氏はこう語る。

「カゴメの会長と社長にお会いし、当時の西秀訓社長から『カゴメはグローバル化が遅れている。人事もまだまだ遅れている。グローバル化を人事から達成してくれないか』と言われたのです。この人はすごいなと思いました。普通、グローバル化を達成するのに人事から始めるという経営者はいません。これは面白いなと思い、他の会社からいくつかお誘いはありましたが、全部お断りして入社を決めました」

有沢氏は 1984 年に協和銀行（現りそな銀行）に入行。銀行マンとしてバブル崩壊前後の企業の盛衰を間近で体感し、その後は HOYA、AIG グループの人事責任者として多くの経営者を見てきた。その中で、人事改革を断行する上で大事なことは、経営者の覚悟と人事担当者との信頼関係であることを学んだ。

「人事担当者がいくら頑張っても、改革の方向性について社長の覚悟がぶれていたら絶対にうまくいきません。社長が人事施策に対して思い入れがなかったり、何かネガティブなことを言ったりする。例えば"人事はオペレーションだけでいいんじゃないか"と言うような社長では改革は進まず、絶対にうまくいきません。社長が先頭に立って改革への覚悟を示さない限り、改革は成功し

291

ない、ということを学びました」

人事との出会い

かく言う有沢氏が人事部に正式に配属となったのは30歳を過ぎてからだった。当時の銀行は役席（管理職相当）に就かないと人事部に行けず、入行時は京橋支店の内部担当としてスタート。人事部との出会いは、本店人事部が来店し、新人と面談する「臨店」の席だった。

「『何をやりたいの？』と聞かれ、『企画ですかね』と言うと『そういうのはつまんないな、もっと銀行員"らしくない"ことをやろうよ』と、ストレートな言い方をする人でした。話をしていて人事部にはすごい人がいるなと思い、いずれ人事部に行きたいと思うようになりました」

面談の相手は後に人事部長等を経て、りそな銀行社長になった水田廣行氏だった。有沢氏はその後、銀行からの指名で経営学修士（MBA）を取得するためアメリカのワシントン大学に留学。留学前の1年半、入試対策の勉強期間中は人事部に配属され、採用活動の手伝いを通じて人事部への配属希望が固まっていく。MBAコース2年目の選択式授業では、他の日本の都市銀行から派遣された留学生のほとんどがファイナンスを選択するのに対し、人的資源（ヒューマン・リソース）とマーケティングを選択した。

帰国後は当然、人事部に配属されるものと思っていたが、違った。赤坂支店勤務を命じられ、バブル崩壊後の不良債権処理と企業再生の実務に追われることとなった。有沢氏は当時をこう振り返る。

「最初は『MBAまで取ったのにどうして』という思いもあり、人事部に文句を言いに行きました。人事の担当者は『まあ、何というか、君もバブルの頃は散々いろんなことをやっただろう。その後始末をしてきてほしい。勉強にもなるよ』と優しく言われたのです。確かに収益優先で多少強引なこともやりましたし、そう言われると返す言葉もありません。行くと現場は戦場でした。会社更生法、和議、自己破産などの案件も多い。お客さんの会社に行き、朝7時から夜の11時まで、下手をすれば泊まり込みで再生計画案を作成しましたし、貸出金の回収では目の敵にされます。ドアを開けたら、いかついスーツ姿の男性に取り囲まれ、あっ、終わったなと。12時間ぐらい軟禁状態になったこともありました」

第 5 章　次代を担う人事パーソンへのメッセージ

　まさに修羅場の体験である。しかし有沢氏は、この経験は決して遠回りではなく、ここで得た多くの学びが後のキャリアにつながったという。

　「実は後から聞いた話では、留学時から人事部に配属されることは決まっていたそうです。しかし "有沢にはもう1回現場を経験させろ" と上から指示があったとのことでした。今から考えると、こんな教育の仕方もあるのかと思いますが、おかげでいろいろなことを学びました。会社を再生させる仕事でも、MBA のマーケティングで学んだ価格決定の方法や、差別化戦略によって取引先への競争優位をいかに築くかといった知識を実践することもできました。今にして思えば感謝しかありません」

人事の仕事の価値

　支店で修羅場を経験した2年後、正式に人事部に配属される。そこで有沢氏は、自身にとって "人事の仕事の本当の価値" を学ぶ体験をする。人事部で管理職・担当職の異動・昇進・昇格の全権限を持つ人事グループに入り、行員の人事異動を行う仕事に従事した。当時の銀行は人事部の人事グループの若手が管理職までの異動権限を持つなど、人事部の権限が非常に強かった。毎月人事異動が発生し、各月の人事異動の責任者として「異動チーフ」が任命される。人事部に配属されて間もない頃に有沢氏もチーフに任命され、1人で約300人の異動案を組み上げた。

　それを見た先輩から「この人はどうしてこのポジションに異動するのか」と質問された。理由を説明すると「それは分かった。では後任はなぜこの人なのか」「この人を将来どうしたいのか」と矢継ぎ早に質問が飛んでくる。一人ひとりについて一生懸命に説明したものの、20人目あたりで言葉に詰まってしまった。すると先輩は「有沢、お前は銀行を辞めろ」と言い放ったという。

　続けて「人事異動の意味が分かっているのか。人事異動は人の一生に関わる仕事だ。この人がどこの支店、どこの部署に行くかによって、その人の一生が変わる。その人だけじゃない。家族や親戚も影響を受ける。埼玉の支店と大阪の支店に行くのとでは人生が全く変わってしまう。お前にはその責任感がない。今すぐ辞めろ」と言った。

　こう言われた有沢氏は半べそをかきながら3日間徹夜して人事資料を読み込んで人事異動を組み直した。先輩は「やればできるじゃないか」と言った後

293

で、「人事異動はアートだ。一人ひとりの人事異動について、将来も見据えてどこからどう見ても全部説明がつくものでなければならない。覚えておけ」と語ってくれた。

ほぼすべての社員の異動権限を人事部が持つ中央集権的な風土は今では少なくなってきているが、それでも有沢氏の胸には、この先輩社員の言葉が深く胸に刻まれている。

「人事部ではなく銀行を辞めろとまで言われたのが衝撃でした。それだけ人事の仕事は崇高な仕事であり、人の一生に責任を持つ仕事であることを痛感しました。それは今でも変わりません。人事異動を考える際に『とりあえずこの人でいいか』という声が聞こえてきたら、『今、何て言った、そんないいかげんなことをするな』と怒ります。人の一生に責任を持つ仕事だという自覚に欠けているからです」

有沢氏の「人事は人の一生に責任を持つ仕事」という哲学は、冒頭で触れたカゴメの人事制度でも貫かれている。制度の公正さと透明性を追求し、KPI 評価シートでも目標設定や評価の客観性・定量性を重視し、恣意性を極力排除している。人の一生に責任を持つ仕事だからこそ、人事には公正さが大事であることを誰よりも知っているからだ。

三度の転職が人生のターニングポイント

「人の一生に責任を持つ仕事」という哲学はその後の経験と学びで、さらに進化し、研ぎ澄まされていく。有沢氏にとって人生のターニングポイントは、りそな銀行から HOYA、そして AIG グループ、カゴメと続く 3 回の転職だという。

銀行時代は人事部副部長として、年次研修から選択型研修への移行などの研修改革や、職務等級制度の導入による人事処遇制度改革も実施した。そして、協和銀行と埼玉銀行との統合に続いて、大和銀行との 2 度目の統合で 2002 年に新しく誕生することとなったりそな銀行では、合併人事も経験した。

HOYA は中央集権的な人事制度である銀行とは対照的で、国別かつ事業部ごとに人事制度が異なる企業だった。そこで人事機能最高責任者として着任し、世界各国の現場を飛び回って、職務等級制度の全世界一斉導入を果たした。

第5章　次代を担う人事パーソンへのメッセージ

続く AIG グループでは、銀行時代における改革推進の経験と、HOYA での
グローバルな取り組みの知見を活かし、外資系企業での人事制度構築に邁進
し、現職のカゴメでは冒頭で紹介したとおり、日本の伝統的企業でドラス
ティックに改革を進めてきた。

コミュニケーションと明るい未来を語る重要性

有沢氏は、渡り歩いた企業すべてで素晴らしい経営者に出会い、現場と経営
層とのコミュニケーションを徹底して大切にして、これまでのキャリアを築い
てきた。

「制度改革に必要なのは、やはりコミュニケーションです。万国どこに行っ
ても話せば分かる。なぜこのような人事制度を導入するのか、これを導入する
ことでこの先どうなるのか。明るい未来を語って聞かせる。また、経営陣に対
してもおかしいと思ったことははっきりと伝える。経営陣もやると決めたら、
強い意志と覚悟で変革を行う。これが何より大切です」

2003 年にりそな銀行は公的資金が投入され、実質国有化された。旧経営陣
が退陣し、東日本旅客鉄道の副社長だった細谷英二氏がりそなホールディング
スの会長に就任。細谷氏の銀行改革の下で、有沢氏は人材育成改革に着手し
た。細谷氏についてこう語る。

「銀行が国有化されるのは行員にとって初めてのことです。給与がカットさ
れ、ボーナスも全額支給されず、誰もが絶望している中で、細谷さんは未来を
語り続けました。人材育成に関する投資はほとんど削減されず、細谷さんは人
事課題を経営課題に引き上げ、一貫した態度を取ってくれたことで人事改革も
進めやすくなりました」

細谷氏をはじめ、決断力を持ち、目指すべき未来に向けて不断のメッセージ
を発信し続ける経営者がいてこそ、人事制度改革は成し遂げられるのだという
有沢氏の強い実感のこもった言葉である。

大ピンチのときほど改革のチャンス

有沢氏は常に「会社と社員はフェアで対等な関係であるべきだ」と言い続け
ている。フェアで対等な関係とは「社員は自分の能力やスキルを会社に提供
し、会社はそれに対して正当な対価を支払う」関係のことで、これを具現化す

295

るのが人事評価制度である。有沢氏はそのことをアメリカ留学時代に学んだ。しかし、当時の日本企業は上意下達型の風土で、上からの指示に唯々諾々と従い、それを遂行することで評価されて昇進するのが一般的で、フェアで対等な関係とはいえなかった。そのような中で銀行に公的資金が投入されるという逆境に立たされた。有沢氏は「今こそ制度を変えるチャンスだと思った」と言う。

「大ピンチのときほど改革のチャンスです。会社がうまくいっているときに何かを変えようとすると人は嫌がります。だからこそこのとき、りそなではフェアで対等な人事改革を推し進めるチャンスだと考えたのです」

この考え方は後の経験にも大いに活かされる。有沢氏が2回目の転職先としてAIU保険（現AIG損害保険）に入社したのが2008年。まさにリーマンショックの年であり、AIGグループは厳しい経営状況に陥っていた。結果、アメリカ政府から公的資金を受け、業務改善命令が下される窮地に立たされるが、"ピンチは改革のチャンス"という考えを胸に、有沢氏はここでも人事制度の構築に取り組んでいった。

フェアで対等な関係を構築するために

有沢氏は、会社と社員がフェアで対等な関係を構築するには、説明責任と納得性が不可欠だと指摘する。

「会社や上司が指示して何かやれというのではなく、どうしてこれをやらなければいけないのかについて社員に説明する義務、アカウンタビリティーがあると思います。カゴメのKPI評価シートでも説明責任を果たすことを求めています。説明責任が果たせないような施策は、私は基本的にやるべきではないと思っています。説明責任を果たして社員が納得する。それがフェアで対等な関係です。これは人事に携わる人であれば誰でも持つべき価値観だと思います」

しかし、有沢氏は人事制度改革の最終仕上げの段階でりそな銀行を去ることになる。人事制度改革以外にも、多くの行員の早期退職施策と再就職支援を手掛けていたからだ。

「自分の先輩や後輩、同期も含めてリストラをかなり行いました。国の業務改善命令の遂行にめどがついたら、銀行を辞める決意をしていました。仲間の

退職に関わった以上、自分だけ残って安穏としていられるほど私はずぶとくありません。自分のけじめとして辞めることにしたのです」

バブル崩壊後の数々のリストラ劇の中で、リストラが終了した時点で退職した人事部長も少なくなかった。有沢氏の場合も「人の一生に責任を持つ」「社員とフェアで対等な関係であり続ける」という信念に基づいた身の処し方ではなかったかと推察する。

カゴメの「生き方改革」

ところでカゴメでは、「働き方改革」ならぬ「生き方改革」を積極的に推進している［図表2］。有沢氏はこう語る。

「"働き方改革"という言葉には会社の論理が含まれています。つまり、少ない時間で大きなアウトプットを出しましょうという狙いがあります。しかし、働く個人にとっては単に労働時間を削るのではなく、"暮らし方改革"でもあります。分かりやすく言えば、家族全員が一緒にいられる時間を増やし、豊かに過ごせるようにするということですね。これらを内包して"生き方改革"と呼んでいます」

図表2● カゴメが推進する「生き方改革」

- 会社における"働き方改革"、個人における"暮らし方改革"がある
- それらを支える人事施策として、多様な働き方の推進が必要。
  すべての人がイキイキと働くことは、最終的に"生き方改革"へつながっていく

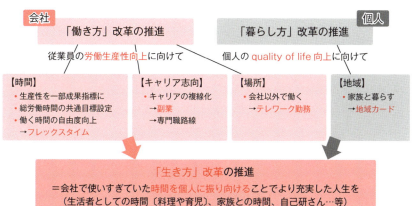

「生き方改革」の視点から、カゴメでは在宅勤務やテレワークを推奨し、スーパーフレックス制度も導入している。また、家庭の事情で現在の勤務地から動きたくない場合は一定期間勤務地を固定する「転勤回避制度」、本人の希望する勤務地ではない場合は希望勤務地へ転勤できる「配偶者帯同転勤制度」など、個人の希望に寄り添った各種制度をそろえている。有沢氏は「子どもがまだ小さいので動きたくない、あるいは家族と一緒に暮らしたいという理由で、働く時期と場所を選択するのは個人であり、生き方、暮らし方の決定権は個人にある」と語る。こうした制度にも「会社と社員はフェアで対等な関係」という考え方が貫かれている。

個人に主眼を置く「生き方改革」を始めようとしたきっかけについて、有沢氏はこんなエピソードを披露する。

「私と当時の社長が話をしていて『仕事をしている社員がどうも楽しそうではないように見える。プライベートが充実していないのではないか』と、意見が一致したのです。実際に社員に聞いてみると、単身赴任で家族に会えないとか、仕事が忙しく、毎日家に帰るのが遅いといった話がありました。土曜日の朝、寝床で子どもと目が合ったら、驚いた子どもがお母さんのところに走って行き、『ママ、知らないおじちゃんがいるよ！』と叫んだという話を聞いたとき、さすがにこれはまずいと思いました」

実は有沢氏も銀行時代に、人事部と総合企画部を兼務するなど多忙な日々を送った経験がある。午後７時まで総合企画部の仕事をこなし、それ以降は夜遅くまで人事部の仕事をする日々を送った。そしてある日、咳が止まらなくなり、銀行の医務室でレントゲンを撮ったら肺が真っ白。産業医が有沢氏の首根っこを捕まえて、総合企画部に出向き、「こんな働き方をしていたら有沢は死ぬぞ、休ませろ」と言って、その後、１カ月弱にわたり自宅療養をすることになった。この経験はさすがの有沢氏もこたえたようで、復帰後、上司の部長に「もう出世はいいです。身体が一番ですし、家族に迷惑はかけられません」と言ったという。

カゴメの生き方改革には、有沢氏のこうした過去の経験も投影されているように思える。

人事担当者へのメッセージ

　最後に有沢氏は人事の初任者に対してこんなメッセージをくれた。

　「やはり人事は、人の一生に責任を持つ仕事であることを自覚してほしいと思います。厳しい言い方ですが、そのためには良い意味での緊張感、使命感、責任感を持って仕事をしてほしい。それから"Have Fun"、人事の仕事を楽しむことです。私はこれまで銀行での支店営業や融資、総合企画の仕事などをいろいろやりましたが、人事ほど面白い仕事はないと思って一生の生業にしました。どうしてかといえば、例えば良い施策を打ったときは、みんながハッピーになるからです。こんな楽しい仕事はほかにはありません」

　どの会社でも、そこで働く人々がハッピーになることを目的にしてきたからこそ、強い信念で経営と一丸となり、数多くの人事制度改革に踏み切ることができたと語る有沢氏らしい言葉だ。

　また、経営学者ピーター・ドラッカーの言葉を引用し、リーダーとマネジメントの違いについてこう語る。

　「"Do the things right（正しくやる）"と"Do the right things（正しいことをやる）"は全く違います。前者はオペレーションのことで、ただのマネジメントにすぎません。後者がリーダーに求められることで、人事の皆さんにぜひ実践してほしいことです。正しいことを行うのは勇気がいります。リスクもあります。しかし、人事はそれだけの覚悟を持ち、度量を身に付けて改革にチャレンジしなければいけません。躊躇せず、トライしていきましょう」

　"若いときの苦労は買ってでもしろ"と言うが、買うまでもなく、苦労は向こうから舞い込んでくると話す有沢氏。そうしたとき、臆せず取り組み、何より楽しんで仕事に臨む心構えが大切だという想いがひしひしと伝わってくる。

　有沢氏は、"人の一生に責任を持つこと"を信条に、さまざまな経営者や社員との出会いを大切にしてきた。人事という天職を得て、どんな苦難があろうとも、会社と個人が幸せになる道を追求してきた有沢氏ならではのアドバイスである。

取材・文：溝上憲文（ジャーナリスト）

MESSAGE > 05

「人間を知る」ことこそ人事の本質
「人を育み、活かす」ポイントは "つながり、つなげる" こと

日揮ホールディングス株式会社
専務執行役員 CHRO

花田 琢也 ●はなだ たくや

1982年、日揮株式会社（現 日揮ホールディングス株式会社）に入社、石油・ガス分野の海外プロジェクトや事業開発分野に従事。1995年よりトヨタ自動車に出向、海外の自動車工場建設プロジェクトに参画。2002年、NTTグループとライフサイエンス系eコマース事業「トライアンフ21」を設立し、CEOに就任。2008年、日揮グループの海外EPC拠点 JGC Algeria S.p.A に赴任、CEOに就任。2012年帰国以降、石油・ガス分野の国際プロジェクト部長、事業開発本部長を経て、2017年より経営統括本部人財・組織開発部長に就任して人財開発に従事。2018年、データインテリジェンス本部長に就任、CDO（Chief Digital Officer）を務める。2019年、ホールディングス化を経て、常務執行役員、日揮グループCDOに就任。2021年、日揮グローバル エンジニアリングソリューションズセンター プレジデントに就任。2022年、日揮ホールディングス 専務執行役員に就任、CHRO兼CDOを務める。2023年4月から現職。

育成と運営を両立する部長職の三位一体改革

　多くの企業で管理職の機能不全が大きな問題になっている。ビジネス環境の急激な変化への対応や人材育成など人材マネジメントが重視される中、管理職に負担が集中し、組織の要である管理職の改革が大きな課題になっている。そこにメスを入れたのがエンジニアリング大手の日揮ホールディングスだ。
　花田琢也専務執行役員CHRO（最高人事責任者）は2022年、部長職のミッションを三つに分けた。経営戦略に基づいて組織運営を遂行する部門長と、人材育成やキャリア開発につながる異動を担当するキャリアデベロップメントマ

ネージャー（CDM）と、日々の業務を管理し、海外を含めたプロジェクトに人をアサインするプロジェクトコーディネーションマネージャー（PCM）の三つを設け、部長職を「三位一体」の機能に再編成した。

　花田氏は「部長職は経営戦略と社員をつなぐ結節点です。しっかりと機能しなければいけませんが、実際は部長1人にいろいろな責任がのしかかっている。このままでは絶対に疲弊してしまうなと思いました」と語る。そして改革のきっかけとなったのが、グローバル事業会社の外国人社長による「Mr. 花田、部長代行とは何をやるのだ。ミッションが不明確ではないか」という言葉だった。花田氏は、CDMとPCMという二つの役職の役割についてこう語る。

　「例えば、ある部署ではエンジニアを成長させるにはさまざまな仕事を経験するローテーションが必要であり、社内の各部門の越境も必要になります。それらを1人の部長が全部差配するのは大変です。そこで、部員一人ひとりの成長度合いを見極めながら成長を後押しするのがCDMの役割です。さらに、部員が持つスキルを見極めて、事業系のプロジェクトが求めるタスクに不可欠なスキルを持つ人材をアサインするのがPCMの仕事です。CDMとPCMが機能することで、事業の発展に資することにつながります」

　花田氏は、かねてから人事部門は人を管理する部門から戦略をつくる部門に変わらなければいけないという持論を有している。部長職の機能の再編成もまさに戦略人事の一環であり、ビジネスの現場を知悉する花田氏だからこそできた改革でもある。

新たな領域を開拓する原動力は、0から1をつくる挑戦心

　実は花田氏は、新卒入社時から人事畑を歩んできた人事プロパーではない。大学時代は土木工学を専攻し、1982年にエンジニアとして入社して以降、多彩な経験を重ねている。同社の主事業である石油・ガス分野の海外プロジェクト（EPC）に6年間従事した後、自ら希望して事業開発部門に異動。EPCに続く事業の柱をつくるため自動車をテーマとするオートパーク構想に参画する。その後、自動車分野におけるEPC事業立ち上げのため、花田氏は自ら希望してトヨタ自動車に出向し、海外の自動車工場建設プロジェクトにも参加している。社内越境だけではなく、社外の企業への越境経験もしている。

　それだけでは収まらない。2002年2月にはNTTグループのシステム開発

力と日揮のライフサイエンス系企業とのネットワークを背景に、インターネットを利用した企業向け購買システムを提供する「トライアンフ21」を設立し、自らCEOに就任している。花田氏は「自分で企画したので、それを実現するのは自分しかいない。当然やるしかない。日揮に戻ってくるつもりはなく、片道切符の覚悟でやりました」と語る。ところが2008年、トライアンフ21が軌道に乗ったところで、突然日揮本社に呼び戻され、日揮アルジェリア現地法人に赴任してCEOを務める。帰国後、プロジェクト部長、事業開発本部長を経て、人財・組織開発部長に就任するも、2018年にはデータインテリジェンス本部長（CDO）に就任。そして2021年からの日揮グローバル エンジニアリングソリューションズセンター プレジデントを経て、2022年4月にCDOとCHROを兼務するに至っている（2023年からCHRO専任）。

サラリーマンの枠を飛び越えた華々しい経歴ともいえるが、トライアンフ21から呼び戻されるまでは自ら志願し、選び取ったものだ。

「エンジニアリング会社に入ったとしても、もともとバックグラウンドのある土木工学だけをやるつもりはなく、0から1をつくるような新たな価値観みたいなものに挑戦したいという思いがありました。オートパークの事業開発も、石油・ガスは経験したので0から1をつくる仕事を経験したいとの思いで手を挙げました。トヨタ自動車への出向も同じですし、いろいろな価値観をしっかりと経験したかった。今どきの言葉で言えば、自分の軸みたいなものがあって、その軸が多層になっていく。そんなものを志向したのではないかと思いますが、飽きっぽいということもあるかもしれません（笑）」

アルジェリアへの赴任にしても、呼び戻した当時の役員には「中国に行って農業にチャレンジしたい」と伝えた。その役員は「わかった。農業とチャレンジングなところは認める。ただし、中国ではない。アルジェリアに行って農業をやればいいだろう」と言われ、決意したという。

エンジニアからさまざまな経験を経て人事の世界へ

常に未踏の地を開拓してきた花田氏だが、2017年に人財・組織開発部長に就任する。職を受けるに当たって戸惑いはなかったのかと聞くと「人事に対する親近感はもともとあった」と語る。

「当社には労働組合はありませんが、管理職も含んだ社員の生徒会のような

日揮協議会で、1993年に従業員代表を務め、人事と対峙した経験があります。人事とキャッチボールをしている中で、人事が何を検討しているのかを知る機会にもなりました。また、自分で立ち上げたトライアンフ21の社長時代は、社長が人事本部長みたいなものですから人事制度を自分でつくるという経験もしました。アルジェリアのCEOのときも、人事権を持つと同時に人事施策も考えないといけませんし、人事畑と結構近いところでやってきたような気がします」

それにしても、なぜプロパーではない花田氏を人事の責任者に起用したのか。

「経営トップからは『創立以来90年間、人事部長は事務方出身だが、エンジニアが80％超なので、人事部長はエンジニア出身でもよいはずだ』と言われました。叱咤激励で言いますと、事務系出身でも激励できるかもしれませんが、叱咤はできません。エンジニア出身なら『何をやっているのだ、10年前と同じことをやっているじゃないか』と率直に指摘することで鼓舞できます。トップとしてはエンジニアをしっかりと教育し、成長のシナリオを描いてほしいという期待があったのではないかと思います」

エンジニアであり、現場を知る花田氏だからこそ、人事の責任者になって以降、戦略人事の観点からビジネスの現場に踏み込んだ改革を相次いで打ち出せたのだろう。前述した部長職の三位一体改革もその一つである。

知識は入れるもの、知恵は出すもの

その花田氏が現在の自分を形づくったターニングポイントとは何だったのか。

最初は入社2年目に石油・ガスプロジェクトの工事でタイに赴任したときだった。当時は日本国内で設計した図面を基に現地で建設していたが、そのプロジェクトでは一部を現地で設計することになった。ところが、大学で設計の勉強を真剣にしてこなかったために知識が乏しく、客先側のコンサルタントであるイギリスの会社に何度も設計面でのダメ出しを食らった。そのため花田氏が担当する工事の工期も遅れてくる。そこで洋書を買い込んで猛勉強して、なんとか前に進み出した。ところが、今度は工事でつまずくことになる。

プラント正門に架かる橋のコンクリート工事で、地盤が軟弱であったため、コンクリートの重量に仮設杭が耐えられずに橋ごと川に沈めてしまった。次に、ガス受け入れ設備の桟橋の基礎杭を打つ際には杭打ち船を手配する必要が

あるが、一度失敗すると次のチャンスは3カ月後になる。慎重に設計した結果、杭長は15mとの計算結果になった。ところが下請けの地元の業者は「15mでは危ない、20mは必要だ」と言い張る。これは価格をつり上げようとしているに違いないと感じたが、失敗は許されないので、まあだまされてもいいと思って20mを採用した。しかし実際に杭を打ってみると、杭はあっという間に沈み始め、残り1m弱の高さでなんとか踏みとどまって止まった。この経験は一生を貫く教訓を残した。

「そのとき思ったのは、勉強して知識を得るのも大事ですが、何よりも現地の人間の経験や勘を活かしていかなければと思いました。現地の人の話をよく聞いた上で、知識を知恵に変えていかないと、知識だけでは物事はうまく運べないということです。一歩間違うとプロジェクトにとって最も大事な安全が脅かされることにもなります。その頃から『知識は入れるもの、知恵は出すもの』という言葉が自分の中に染み付きました。単に学ぶだけではなく、例えば経験知を持った人の意見を聞き、知識を知恵に変えていくことが重要なのだと知りました」

知識を得るのは努力すれば誰にでもできる。しかし知恵を出すには能動的に動き、現地現物に触れることでしか生まれない。トヨタ自動車への出向などその後の花田氏の軌跡は、タイでの経験と学びも作用しているのかもしれない。

多面的に人を見ることが「人間を知る」ということ

また、人事パーソンの素養にも通底する“人間を知る”ことの大切さも29歳の台湾駐在時に学んだ。

高雄にある既設プラントの拡張工事で初の現場責任者として1人で赴任した。毎朝バスと自転車で通勤し、過酷な現場だったが、頼る人は誰もいない。メールも携帯電話もなければ日本人もいない中、孤独な日々を強いられた。さすがに1人では厳しいと横浜の本社に増員を要請したところ、アシスタントとして年上のラテン系の営業マンが派遣されてきた。ところが相性が合わない。陽気で気さくな人柄は良いのだが、重要な打ち合わせをしていても「これはビッグプロブレムよ、花田さん」とニコニコしながら語る。それでいて自己顕示欲が結構強く、自分の実績を誇示するタイプだった。逆に彼の存在が疎ましくなり、以前にも増して心身共につらい状況に陥った。そんなときに読んだの

第5章　次代を担う人事パーソンへのメッセージ

が『「大将」の器』（PHP 研究所）という本だった。花田氏は語る。

「その本に豊臣秀吉の『人みな、われを含めてふびんなり』という一句がありました。陽気に振る舞っている彼も、本当は日本と南米のビジネスの架け橋になろうとやってきたのに、英語も通じない漢字圏の国に暮らし、しかも自分より年下の人間が責任者をやっている。そのとき、自分も不憫だけど彼も不憫だなと思ったら、パッと気持ちが晴れたのです。そして『不憫同士、仲良くやればいいじゃないか』と気が楽になりました。彼にも『俺はこういう性格だから、お前も言いたいことを言え』と伝え、それからは良いタッグを組んで仕事もうまくいくようになりました」

表面だけではない、相手の背後にある思いを知り、共感することで開けてくる景色もある。「人間を知る」ことに関して、花田氏は 20 代のときに似たような言葉を協力会社の役員から聞いている。その役員は「社内の素晴らしいプロジェクトマネージャーを見て、あの人はすごいな、素晴らしい人物だなと思うかもしれない。だが、会社の中での行動だけを見ていたらダメだ。会社ではいまいちと思われている人が、ひょっとしたら仕事以外では、家の仕事を完璧にこなし、地域では高い評価を得ているかもしれない。良い仕事人であることと、良い人間であることとは違う、それを見極める目を持て」と言い放ったという。

「イソップ物語に『人間は二つの袋を自分の前と後ろに持っている』という話があります。体の前は自分の長所の袋、背中には自分の欠点が入った袋がある。人は他人を見るとき、とかく背中にある袋にだけ目が行く。そして自分の背中にある袋は見えずに自分の前にある袋ばかりがよく見える。そのため自分の欠点は見えず、他人の欠点ばかりが見えるようになる。結果として、自分はできているのに相手はなぜだ、となる。相手を知るには相手の欠点でなく、正対して良いところを見る。そして人間性や人間力を見るには、生のコミュニケーションが絶対に重要だと思っています」

「人を育み、活かす」キーワードは "つながる、つなげる"

花田氏自身、社内だけではなく社外のさまざまな人と積極的に会うようにしている。「社外の人をつなげるのも、CHRO としての私のミッションだと思っています。社外の人との接点では、その人が勤めている企業だけでなく、その

人物と正対してつながり、その人を巻き込んで新たなコミュニティーの場を創るとか、まあいろいろなことを考えています」と語る。

こうした仕事や人との出会いを通じて、さまざまな経験を重ねた花田氏が大事にしている人事に対する価値観、哲学とは何か。それは「人を育み、活かす」ことだと言う。

「育み活かす上で重視しているキーワードは、"つながる、つなげる"ということです。一橋大学ビジネススクールの名和高司教授が生態系の進化をして『ゆらぎ、つなぎ、ずらし』と表現しています。動物もそうですが、新たな環境に置かれたとき、周りとの関係でゆらぎます。そのとき、自分の持つDNAとしっかりつなぎ、ずらして対応することで進化していく。これは企業の成長も同じです。会社を取り巻く環境がゆらいでいるとき、会社のDNA、つまり企業の持つコアコンピタンスをしっかりとつなぎ、その上でずらしながらビジネスの勝ち筋を追うことで成長する。つなぐ際に核となるのは人間です。社員がつないだ上で物事をずらして見ることができないと、新たなビジネスは生まれません。つながり、つなげることが一番重要だと思っています」

会社のDNAをつなぎ、ずらすことで、成長を生み出す人材を育み活かす。これが花田氏の人事哲学であり、最終目標である。2024年5月22日には、「つかむ・つなぐ・創る」（本質を「つかむ」、人と想いを「つなぐ」、そして、大きなウェーブを「創る」）をテーマに社内イベント「JGC People Day」を開催した [図表]。イベントのパンフレットには「企業を未来へと突き動かすのは"人"に他なりません」と銘打っている。自らの経験と、さまざまな人との出会いから得た、「人」の持つ可能性に対する花田氏のゆるぎない信念を想起させる。

傾聴力を高め、躍動感のある人事担当者であれ

変化の激しい時代に「人」と向き合う仕事をしている人事パーソンはどうあるべきかについて聞いた。

花田氏は「変わっていかなければいけないことと、変えてはいけないことなど、いろいろあると思いますが、人事部も多様性が絶対に必要になってきます。その中で事業系の人材を人事に入れることも絶対に必要でしょうし、また人事部員が事業系を経験することも必要です。社内の越境もぜひ前向きに取り

第5章　次代を担う人事パーソンへのメッセージ

図表 ● 同社における人事戦略の全体像「人財グランドデザイン2030」

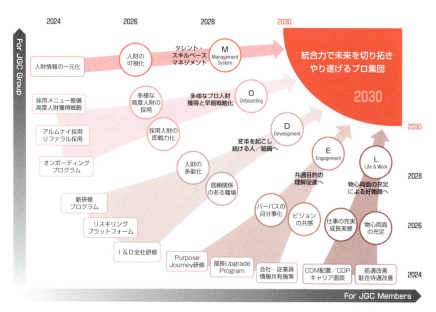

組んでいただきたい」と語る。

その上で二つ伝えたいことがあると言う。

「実は、人事部の人が越境すると戻ってきません。なぜか。それは外が楽しいからです。逆に言えば、外から誰もが来たくなるような人事部に変えていってほしい。誰もがワクワクするように変えるために、何を変えればよいのかについてみんなで考えてほしいと思います。もう一つは、先ほど申し上げた『DNAをつなぐ』上で大事なのは傾聴力だと思います。人の意見を真剣になって最後まで聞く。これはどの企業の人事部も持っているコアコンピタンスだと思います。そのことに自信を持ってもらいたいし、決して失ってはいけないものです。最後まで聞くこと、傾聴力を高めることで、相手のウォンツだけではなく、どこにシーズがあるかを捉えることもできます。シーズをつかめば、よりプロアクティブな施策も生まれるでしょう」

傾聴力を高め、ワクワクする躍動感のある人事担当者であってほしいとの願いが込められている。花田氏はこれまでの職業人生で越境を繰り返してきた。ワクワクする仕事を経験し、今を楽しむことの大切さを知るなど、そこから見えた景色や学んだことが花田氏の「軸」を形づくっている。そんな自分なりの「軸」を人事パーソン一人ひとりに持ってもらいたいとの思いが伝わってくる。

　時として逆境に陥ることもあるかもしれない。最後に、花田氏が愛してやまないアントニオ猪木の名言を引用した座右の銘で締めくくりたい。

　「人事の道は険しい道なれど、危ぶむなかれ、迷わず行けよ、行けば分かるさ！」

第6章

人事担当者の
年間業務スケジュール

浅川律子
ドリームサポート社会保険労務士法人 社会保険労務士

❶ 人事業務の全体像

　人事業務は、大きく分けると組織の成長と発展を促進する「人事部門」と、組織と従業員の間の良好な関係を維持するための基礎となる「労務部門」の二つの側面から成り立っている。

❶ 人事部門

　組織の競争力を高めるための戦略的な役割を果たす。これには、優秀な人材の採用、育成、異動、評価、報酬決定などが含まれる。採用では、組織のビジョンと目標に合った人材を見つけることが重要だ。育成では、従業員のスキルと能力を向上させるための教育と訓練を実施する。異動では、従業員の能力と組織のニーズを最適にマッチさせることが求められる。評価では、従業員のパフォーマンスを公正に判断し、モチベーションアップにつなげることが重要である。また、その評価から、適切な報酬を決定することが期待されている。

　つまり人事部門は、経営側が考える理想の人材像や組織の在り方につながるような施策を実現する部門であり、「攻め」と「守り」に分けるならば、人事部門は「攻め」の部分を担っているといえる。

❷ 労務部門

　従業員の福利厚生、安全衛生、労働時間管理、労使トラブルの防止・解決など、組織と従業員の間の良好な関係を維持するための役割を果たす。福利厚生では、社会保険等の手続きや給与計算をはじめとする法律で企業に義務づけられた法定福利厚生制度の提供などの業務が挙げられる。安全衛生では、従業員が安全で健康的に働けるよう、職場環境を整えることが重要である。労働時間管理では、従業員の労働時間を適切に管理し、過重労働を防ぐことが求められる。労務トラブルの防止・解決では、従業員と組織の間のルールを定め、未然にトラブルを防止したり、発生したトラブルに速やかに対応したりすることが大切である。

　労務部門は企業を支える土台といえる。人事部門を「攻め」とすると労務部門は「守り」であり、「できて当たり前」という高水準のオペレーションが求められる、非常に重要な業務である。

第6章　人事担当者の年間業務スケジュール

❷　人事部門の業務

❶ 採用

本章では大学卒採用について解説する。

少子化による採用難やグローバル化の影響により、近年では4月の新卒一括採用だけでない選択肢を示す企業も増えてきている。

新卒学生の就職・採用活動日程については、政府において、学生が学業に取り組む時間を確保しながら就職活動に取り組めるよう、「就職・採用活動日程に関する考え方」を取りまとめ、次の就職・採用活動日程を経済団体等に示し、遵守を要請している（2024年9月現在）。

- 広報活動開始：卒業・修了年度に入る直前の3月1日以降
- 採用選考活動開始：卒業・修了年度の6月1日以降
- 正式な内定日：卒業・修了年度の10月1日以降

一方、2025年卒の2024年3月1日現在の採用内定率（ディスコ調べ）は43.2％と前年同期実績（32.4％）を10.8ポイント上回っており、企業の選考のタイミングが早まっている様子がうかがえる。

［図表1］は、政府の示す日程を踏まえたスケジュール例だが、学生の動向や採用市場のトレンドを把握し、自社にとって適切なスケジュールを検討されたい。

Column

25年度卒から採用直結型インターンシップが解禁

2022年6月、政府は文部科学省・厚生労働省・経済産業省の合意による「インターンシップの推進に当たっての基本的考え方」（3省合意）を改正し、大学生等のキャリア形成支援に係る取り組みを4類型に整理し、［図表2］のタイプ3およびタイプ4が「インターンシップ」であるとしている。

一定の基準を満たすインターンシップ（タイプ3、タイプ4）を実施すれば、［図表2］の「主な特徴⑥」に記載のとおり、採用活動開始以降に限ってではあるが、インターンシップを通じて取得した学生

の情報を採用に利用できるようになる。2023年4月に政府が公表した「インターンシップを活用した就職・採用活動日程ルールの見直しについて」では、25年度卒業・修了以降の学生を対象に、現行の就職・採用活動日程ルールを原則としつつも、タイプ3のうち専門活用型インターンシップを実施した場合には、3月の広報活動開始以降の採用選考活動に学生情報を利用することが容認された。

詳細な規定や要件があるため、内容をよく確認の上、効果的に実施してほしい。

図表1 ● 新卒採用業務のスケジュール例

※政府の考え方に応じたスケジュール：企業が大学3年生を対象に採用活動を開始する6月以降のスケジュール例

	時　期	業　務	内　　容
大学3年	6～9月	①夏インターンシップ開催 ②採用広報・説明会準備	①上記【コラム】参照 ②自社が求める人材像を明確にした上で、戦略的に広報活動・説明会開催ができるよう設計していく
	10月～翌年2月	秋冬インターンシップ開催	上記【コラム】参照
	1～2月	採用体制の整備	面接官の選定や育成
大学3～4年	3～5月	①採用広報活動解禁 ②エントリーシート受付 ③説明会開催	①企業WEBサイト上の新卒採用ページ、または採用媒体ページの立ち上げ ②学生から志望動機や自己アピールを記入したエントリーシートの提出を受け付ける ③企業説明会の募集開始、実施
		適性検査	※企業の方針や選考手順により「面接前」「面接中」「面接後」等実施のタイミングが異なる
		書類選考	エントリーシート提出者から、面接に進める者の選考を行う
大学4年	6月	面接等選考活動	※政府から6月1日以降との要請があるものの、5月までに多くの企業が面接を開始している状況である
	6～7月	内々定出し	※早い企業は2～3月に内々定を出す
	10月	内定式	※政府の要請により、10月1日以降開催することが多い
	10月～翌年2月	内定者フォロー（内定者研修）	内定者同士や従業員との懇親会を開催し、人間関係構築を図るなど、内定者の不安を取り除くフォローを行う。内定者研修や内定者の親に内定同意の確認を取る「オヤカク」を実施する企業もある

第6章　人事担当者の年間業務スケジュール

図表2 ● 各類型の特徴

類型／主な特徴	タイプ1：オープン・カンパニー	タイプ2：キャリア教育	タイプ3：汎用的能力・専門活用型インターンシップ	タイプ4（試行）：高度専門型インターンシップ
①目的	個社や業界に関する情報提供・PR	働くことへの理解を深めるための教育	就業体験を通じて、学生にとっては自らの能力の見極め、企業にとっては学生の評価材料の取得	就業体験を通じて、学生にとっては実践力の向上、企業にとっては学生の評価材料の取得
②代表的ケース（主に想定されるもの）	企業・就職情報会社や大学キャリアセンターが主催するイベント・説明会	●大学等が主導する授業・産学協働プログラム（正課・正課外を問わない）●企業がCSRとして実施するプログラム	企業単独、大学等が企業あるいは地域コンソーシアムと連携して実施する、適性・汎用的能力ないしは専門性を重視したプログラム	●ジョブ型研究インターンシップ（自然科学分野の博士課程学生を対象に文科省・経団連が共同で試行中）●高度な専門性を重視した修士課程学生向けインターンシップ（仮称）（産学協議会で検討中）
③就業体験	なし	任意	必須 ★(a)就業体験要件 学生の参加期間の半分を超える日数を職場での就業体験に充てる （テレワークが常態化している場合は、テレワークも「職場」） ★(b)指導要件 就業体験では、職場の社員が学生を指導し、インターンシップ終了後、学生に対しフィードバックを行う	必須
④参加期間（所要日数）	超短期（単日）	授業・プログラムによって異なる	★(c)実施期間要件 (i)汎用的能力活用型は短期（5日間以上） (ii)専門活用型は長期（2週間以上）	●ジョブ型研究インターンシップ：長期（2カ月以上）●高度な専門性を重視した修士課程学生向けインターンシップ（仮称）：検討中
⑤実施時期	時間帯やオンラインの活用等、学業両立に配慮し、学士・修士・博士課程の全期間（年次不問）	学士・修士・博士課程の全期間（年次不問）。ただし、企業主催の場合は、時間帯やオンラインの活用等、学業両立に配慮	★(d)実施時期要件 学業との両立の観点から、「学部3年・4年ないしは修士1年・2年の長期休暇期間（夏休み、冬休み、入試休み・春休み） ただし、大学正課および博士課程は、上記に限定されない	—
⑥取得した学生情報の採用活動への利用	不可	不可	採用活動開始以降に限り、可	採用活動開始以降に限り、可

★(e)情報開示要件
タイプ3の実施に当たり、募集要項等に、以下の項目に関する情報を記載し、ホームページ等で公表
①プログラムの趣旨（目的）　②実施時期・期間、場所、募集人数、選抜方法、無給／有給等　③就業体験の内容（受け入れ職場に関する情報を含む）　④就業体験を行う際に必要な（求められる）能力　⑤インターンシップにおけるフィードバック　⑥採用活動開始以降に限り、インターンシップを通じて取得した学生情報を利用する旨（利用内容の記載は任意）　⑦当該年度のインターンシップ実施計画（時期・回数・規模等）　⑧インターンシップ実施に係る実績概要（過去2～3年程度）　⑨採用選考活動等の実績概要　※企業による公表のみ

資料出所：採用と大学教育の未来に関する産学協議会「産学で変えるこれからのインターンシップ ―学生のキャリア形成支援活動の推進―」を基に作成

313

2 教育・研修

　教育・研修を企画するには、まず研修の目的を明確にすることが大切だ。

　自社の従業員に求めるスキルや人材像を設定した上で、必要なカリキュラムを検討する。カリキュラムの内容により、OJT（職場内研修）、Off-JT（職場外研修）などの実施方法を選択する。OJT は実務に即した指導が可能であり、費用も安く抑えられるなどのメリットがある。一方、Off-JT は業務に必要な知識や考え方を体系的に学べるというメリットがある。企業独自の技術に関する研修は OJT で、その他は Off-JT で行うなど、効果的な方法を考えたい。

　また、実施方法についても、実際に集まって行うほか、昨今はオンライン参加型、動画視聴型と選択の幅が広がっている。それぞれのメリット・デメリットを考慮しつつ、最善の選択ができるとよいだろう。

　人事担当者の研修前後のオペレーションとしては、以下のとおりである。
①研修受講者の選定・事前案内
②（自社で開催する場合）研修会場のセッティング、司会進行、アンケート回収、後片付け
③研修受講者のアフターフォロー（スキル定着の仕組みづくり）
④研修内容の振り返りと改善

　教育・研修の年間スケジュールは、新入社員研修を除けば比較的柔軟に設定できる。階層別研修であれば、昇進前後のタイミングがよいだろう。可能であれば、業務の繁忙期は避けるなどの配慮もしたいところだ。[図表3] は教育・研修における年間スケジュールの例である。

　コンプライアンス違反やハラスメント行為の発生により、企業イメージに重大な影響を及ぼす事案が相次いでいることから、昨今コンプライアンス研修やハラスメント研修が注目されている。この研修は一度実施したら終わりではなく、定期的に繰り返し、内容を従業員に定着させることが重要である。年間研修スケジュールに組み入れ、定期的な開催に向けて仕組み化するとよい。

3 人事評価・異動

1 人事評価

　スキルや業務実績、勤務態度などにおいて、企業が定めた基準に基づき従業員を評価し、その従業員の給与や昇格・昇進を判断するものである。人事評価

第6章　人事担当者の年間業務スケジュール

図表3 ● 教育・研修における年間スケジュールの例

時　期	研修の種類	内　容
4月	新入社員研修	新入社員全体に向けて、あいさつや名刺交換、電話・メール応対等のビジネスマナー教育、企業理念の説明、企業の組織図やルールの説明および工場等の現場見学を行う。その後、配属先において、さらにOJTを実施する。人事と現場で連携を取り、新入社員の定着率向上のために丁寧なフォローを継続的に行うこともある
5月（または新入社員入社前）	先輩指導者研修（メンター研修）	新入社員の指導役・相談役となる従業員向け研修であり、新入社員の配属先の現場にいる入社2〜4年目あたりの従業員を対象とすることが多い。指導役としての心構えや新入社員への効果的な声掛けなどを学ぶ。新入社員の成長を支援することで、先輩指導者自身の指導力やリーダーシップ力の向上も期待できる
9月	シニア研修	定年前の従業員に対して行う。定年後再雇用に向けたガイダンスを行うほか、再雇用後の環境変化への対応や自分の強みの活用方法を解説する。リタイア後の生活設計などマネープランを含めることもある。目的に応じ、役職定年前に開催するなど、開催のタイミングもさまざまである
10月	新入社員フォローアップ研修	入社から半年後あたりに実施するケースが多い。入社から現時点までの学びや経験を振り返り、今後どう活かすかを検討したり、新入社員同士で悩みを共有し、課題解決のためのディスカッションを行ったりする
	内定者研修	内定を出した学生を対象に、入社前に行う。内定者の不安解消と内定辞退防止を目的に、企業や業務について理解を深める機会を提供したり、良好な人間関係を築けるよう、内定者同士や先輩社員との交流の機会を設けたりする
11月（10月〜翌年2月ごろ。繁忙期を避けた時期が望ましい）	階層別研修	中堅社員研修、係長研修、管理職研修など。各階層の従業員に求めるスキルや役割の認識を促す。スキルアップやマインドの育成のため、グループワークや実践演習を通じて具体的な成果を感じられるよう工夫する
翌年2月	採用担当者研修	面接を行う上での傾聴スキルや質問スキルを身に付けさせるほか、応募者に対するハラスメント行為（就活ハラスメント）防止のための教育等を行う
適宜	スキルアップ研修	ITや営業のスキル、専門的な技術などを向上させるための研修、プロジェクトマネジメント研修などが該当する
	コンプライアンス研修	社会人としての規範や倫理観、責任感を保つため、法令や社会における決まり、社内ルール（情報漏洩、不適切なSNS利用等の禁止事項）を理解させ、適切な行動を促す目的で実施する
	ハラスメント研修	ハラスメントの類型や、ハラスメントがもたらす悪影響を学び、自分の言動を振り返る機会を与える。また、ハラスメントを未然に防ぐ方法を考えさせる

の目的は査定だけではなく、組織目標（上位方針）とリンクした個人目標を設定し、その目標に向かって成長を促すことにより、人材を育成することにもある。

人事評価の年間スケジュール［図表4］は決まっていても、現場の従業員は日々の業務が忙しく、このとおりに進まないこともあり得る。人事評価結果の回収が遅れると、昇格や昇給の決定も遅れる原因となり、ひいては給与計算などのオペレーションにも影響を及ぼす可能性がある。

人事評価結果の回収について、紙やExcelファイルなどを基に行う場合、従業員数が多ければ時間を要する。近年は人事評価システムの登場によって、評価結果等の回収作業は楽になっているかもしれないが、人事担当者は期限までに必要な情報を集約できるよう、スケジュール管理を行い、必要に応じて現場へ提出を催促する場合もあるだろう。

❷異動

人事評価と並行して、異動業務が発生する。

異動とは、企業の中で従業員の配置・職位や勤務状態などを変更することである。異動の中でも、生活拠点の変更を伴うものを転勤という。いずれも、従業員に幅広く仕事を経験させることで、総合的な職務遂行能力の向上を目指したり、適材適所を実現したりすることが目的である。

近年、日本でも職務や勤務地域を限定して採用するケースが増えてきているが、依然として、特に新卒採用においては、異動があることを前提とした採用が多数派だろう。テレワークの普及など、働き方が多様化している昨今、転居を伴う異動を避けたいという従業員のニーズに配慮して転勤制度を見直す動きもある。2024年4月施行の改正省令により、労働条件通知書において、従前「雇入れ直後」の就業場所および従事すべき業務内容を明示していればよかったところ、中長期的な就業場所および従事すべき業務の「変更の範囲」も明示が必要となった。異動（転勤含む）の可能性については、労働者とあらかじめ認識を一致させておくことが重要である。

異動は従業員のストレスや不安を引き起こす可能性もあるため、適切なコミュニケーションとサポートが必要だ。異動が前提の雇用契約であれば、従業員は原則として企業の人事異動命令に従う義務があるが、従業員の納得感を高めるため、異動の意義や従業員への期待を伝えつつ、従業員から事前に同意を

第6章　人事担当者の年間業務スケジュール

図表 4 ● 人事評価・異動業務の年間スケジュールの例

【前提】
・事業年度：4月～翌年3月
・人事評価：年2回実施。評価対象期間は6カ月。対象期間は上期4～9月および下期10月～翌年3月
・賞与：6月と12月の年2回支給

時　期	業　務	内　容
4月	上期の目標設定および役割責任の確認	上期4～9月の目標設定、被評価者に求められる役割責任の説明
5月	夏季賞与の査定	
6月	夏季賞与の支給	
10月	人事評価の実施	上期4～9月を対象に、自己評価、1次評価、2次評価等を実施。最終評価決定機関で調整・決定
	評価結果の伝達	1次評価者より、被評価者へ評価結果を伝達
	下期の目標設定および役割責任の確認	下期10月～翌年3月の目標設定、被評価者に求められる役割責任の説明
11月	冬季賞与の査定	
12月	冬季賞与の支給	
翌年1～2月	異動準備	評価者からの推薦等と要員計画を勘案し、異動案を作成。異動対象者に打診
3月	人事評価の実施	下期10月～翌年3月および通期（4月～翌年3月）を対象に、自己評価、1次評価、2次評価等を実施。最終評価決定機関で調整・決定
	評価結果の伝達	1次評価者より、被評価者へ評価結果を伝達
	異動の内示	異動確定後、対象者の上長を通じて対象者へ内示
4月	昇格・昇給	年1回、期初に実施されることが多い
	異動の実施	次ページのとおり、異動に伴う手配では多岐にわたる業務が発生する
通年	評価者研修の実施	評価者の評価スキルを向上させるため、適切な評価方法や効果的なフィードバック方法を教育する。すべての評価者を対象に、毎年定期的に行うことが望ましい

得るコミュニケーションを行うことも考えられる。

　異動が確定した後、内示を行う。特に転居を伴う異動の場合、異動発令の1カ月前までには内示を出すのが通常である。

317

異動の内示後、異動対象者に正式な辞令を出す。また、社内掲示板やイントラネット等で異動先等を公表する。

　異動に伴う手配は、以下のとおり多岐にわたる。人事部門は、異動に関わるすべてのプロセスを管理し、従業員がスムーズに新しい職場に適応し、業務を円滑に進められるようにするための役割を担っている。

- 従業員情報データベースの変更、組織図の変更
- 社宅の手配
- 基本給や手当の変更
- 転勤費用の精算
- 名刺の手配、座席表や内線一覧の変更

3　労務部門の業務

　労務部門の業務は、従業員の勤務状況や労働時間、給与、福利厚生等を適切に管理し、働きやすい環境をつくるために行われ、以下のような要素が含まれる。

①勤怠管理：従業員の出勤・退勤時間、休日、休暇等を管理する

②給与管理：給与の計算、支払い、給与明細の作成等を行う

③福利厚生管理：健康保険、厚生年金保険、雇用保険等の社会保険手続きや、各種手当、退職金制度等の福利厚生に関する管理を行う

④労働安全衛生管理：従業員の健康と安全を確保するための施策を計画・実施する

⑤その他：就業規則、労働条件通知書等、労働契約上の管理を行う

　労務部門の担当者としては、これらに関する法令や仕組みを理解し、スケジュールどおり、正確・迅速に処理することが求められる [図表5]。労務部門の業務は、従業員が安心して気持ちよく働ける環境づくりの土台となるものである。逆にいえば、労務部門の業務に不備があると、企業への不信感に直結する。従業員数の多い企業であれば、給与計算や手続きの工数も多くなり、ともすれば、「作業」に陥りがちな業務もあるが、担当者は、自分の業務が従業員のモチベーションにつながり、ひいては企業の業績向上にもつながる重要な業務を担っていることを認識してほしい。

第 6 章　人事担当者の年間業務スケジュール

図表 5 ● 労務部門の業務の年間スケジュールの例

時　期	業　務	内　容
3 ～ 4 月	就業規則改定および届け出	就業規則を改定したら、労働組合もしくは過半数代表者の意見を聴取の上、所轄労働基準監督署に届け出て、従業員に内容を周知する
	時間外労働・休日労働に関する協定（36 協定）の締結および届け出	法定労働時間を超えて労働させたり、休日労働をさせたりする場合、あらかじめ労使で協定を締結し、所轄労働基準監督署に届け出る
	新入社員の入社前健康診断	入社後の配置や配慮を検討するため、入社前または入社直後に実施する。入社前 3 カ月以内の健康診断結果を提出することで代用可能
4 月	新入社員の社会保険、雇用保険取得手続き	①社会保険：健康保険・厚生年金保険被保険者資格取得届／健康保険被扶養者（異動）届を提出 ②雇用保険被保険者資格取得届を提出
	給与計算準備	給与システムに新入社員の情報を登録、在籍従業員の給与改定情報を登録
	雇用保険料率の改定	システムの設定変更
	労働者死傷病報告	1 ～ 3 月分を取りまとめて所轄労働基準監督署に報告（休業 4 日未満のもの）
	年次有給休暇の一斉付与	法律上は入社半年で付与、その後 1 年ごとに付与するが、管理の簡便化のため付与する時期を 4 月に統一し、一斉付与する場合もある
4 ～ 5 月	障害者雇用納付金申告書等の提出	障害者雇用納付金申告書等を各都道府県の申告申請窓口に提出する。常用雇用労働者が 100 人超の事業主は、法定雇用率に不足している障害者 1 人につき月額 5 万円の納付金が発生する
5 月	給与計算、夏季賞与計算	①新入社員の社会保険料控除開始 ②夏季賞与準備
6 月	夏季賞与支給	①夏季賞与計算、支給 ②賞与支払届を管轄の年金事務所に提出
	個人住民税特別徴収	住民税特別徴収額を新年度分に更新
	労働者派遣事業報告書の提出	6 月 1 日現在の状況報告および年度報告等を所轄都道府県労働局へ提出
	人的資本の情報開示	金融商品取引法 24 条の "有価証券を発行している企業" は、有価証券報告書へ女性管理職比率や男性の育児休業取得率、男女間賃金格差等を記載し、情報開示する義務があるため、根拠となるデータ収集が必要

319

時　期	業　務	内　　容
6～7月	雇用状況等報告書の提出	6月1日現在の高年齢者の雇用に関する状況および障害者の雇用に関する状況についての報告書を管轄の公共職業安定所に提出
	定時決定、労働保険の年度更新	①定時決定：4～6月に支給した給与により標準報酬月額および社会保険料の控除額が決定される。健康保険・厚生年金保険被保険者報酬月額算定基礎届を管轄の年金事務所に提出 ②労働保険の年度更新：前年度分の労働保険料を集計。金融機関、所轄都道府県労働局または労働基準監督署に申告書を提出し、労働保険料の納付を行う（第1期、7月10日までに納付）
7月	労働者死傷病報告	4～6月分を取りまとめて所轄労働基準監督署に報告（休業4日未満のもの）
	特例による源泉徴収税の納付	給与の支給人数が常時10人未満の場合。1～6月分の源泉徴収税をまとめて納付
	随時改定	固定的賃金に大幅な変動がある場合、定時決定を待たずに標準報酬月額を改定する。健康保険・厚生年金保険被保険者報酬月額変更届を管轄の年金事務所に提出（4月に昇給があったケースを想定）
9月	厚生年金保険料率の改定	システムの設定変更
	健康診断（9月に限らない）	①定期健康診断：年1回実施 ②特定業務従事者の健康診断：深夜業を含む業務等に従事する場合、6カ月以内ごとに1回実施
9～10月	労働保険料の納付（第2期）	10月31日までに納付
10月	健康診断実施後の業務	①健康診断結果の記録と保存（5年間） ②所見がある者への適切な医療機関受診の促しや、業務調整や配置転換の検討 ③常時50人以上の労働者を使用する場合、定期健康診断結果報告書を所轄労働基準監督署に提出 ④健康診断の結果を分析し、健康管理や健康増進のための施策を検討・実施する
	ストレスチェック（10月に限らない）	常時50人以上の労働者を使用する事業場は、労働者のメンタルヘルス不調を予防するために1年以内ごとに1回ストレスチェックをすることが義務づけられている
	ストレスチェック実施後の業務	①高ストレス者が申し出た場合の面接指導 ②面接指導結果の記録と保存（5年間） ③常時50人以上の労働者を使用する場合、検査結果等報告書を所轄労働基準監督署に提出 ④ストレスチェックの結果集計を基に、職場環境改善や予防的対策の検討、組織全体の健康戦略の方針を策定する

第6章　人事担当者の年間業務スケジュール

時　期	業　務	内　容
10月	給与計算	最低賃金確認。9月分給与における定時決定による報酬月額改定の反映、厚生年金保険料率の改定の反映（改定がある場合）
	労働者死傷病報告	7〜9月分を取りまとめて所轄労働基準監督署に報告（休業4日未満のもの）
11月	年次有給休暇（年5日取得義務）取得状況の確認	10労働日以上の年次有給休暇が付与される労働者について、そのうち5日は基準日から1年以内に取得させる義務がある。年度の途中で取得状況を確認し、未達の場合は取得を促す
	冬季賞与計算	冬季賞与準備
11〜12月	年末調整	年末調整資料（給与所得者の扶養控除等申告書など）の回収、年税額計算、年末調整結果の給与への反映、源泉徴収票の発行
12月	冬季賞与支給	①冬季賞与計算、支給 ②賞与支払届を管轄の年金事務所に提出
	年間勤務カレンダーの作成	年間休日日数・労働日数を勘案して翌年の勤務カレンダーを作成
12月〜翌年1月	労働保険料の納付（第3期）	1月31日までに納付
1月	年末調整後の事務	①給与支払報告書の作成・各市区町村への提出 ②法定調書の作成・所轄税務署への提出 ③新年分の給与所得者の扶養控除等申告書の回収
	特例による源泉徴収税の納付	給与の支給人数が常時10人未満の場合。7〜12月分の源泉徴収税をまとめて納付
	労働者死傷病報告	10〜12月分を取りまとめて所轄労働基準監督署に報告（休業4日未満のもの）
	春季労使交渉準備	①労働組合の要求、世間の動向、業界全体の動向の把握など情報収集 ②賃金の上限や譲歩可能な領域の検討。労使交渉の戦略検討 ③労働基準法や労働組合法等の理解
2月	春季労使交渉開始	①労働組合からの賃金改善や労働条件変更要求 ②労使交渉の進行
3月	春季労使交渉妥結	①労使交渉妥結後、労働協約や労使協定の締結 ②上記締結内容について、従業員説明
	新入社員受け入れ準備	①入社に当たっての伝達事項、入社までに用意する書類等の連絡 ②労働条件通知書や雇用契約書の準備 ③必要な物品を各部署に手配依頼

時　期	業　務	内　　　容
3月	健康保険料率（介護保険料率）の改定	システムの設定変更
毎月	月次給与計算	
	健康保険料・厚生年金保険料の納付	翌月末日までに納付
	源泉所得税の納付（特例対象以外の企業）	翌月 10 日までに納付
	住民税特別徴収税額の納付	翌月 10 日までに納付
	安全衛生委員会	①毎月 1 回以上開催 ②委員会の意見等と重要な議事の記録を 3 年間保存 ③委員会開催の都度、遅滞なく議事の概要を従業員に周知
不定期	身上異動に伴う手続き	結婚、住所変更等個人情報の変更に伴う手続き
	産休・育休関係の手続き	①制度に関する全体周知 ②出産予定者等の対象者への制度の個別周知 ③休業前の人員配置調整 ④出産手当金、出産育児一時金の申請 ⑤育児休業給付金の申請 ⑥育児休業中の社会保険料免除の申請 ⑦復帰後の労働条件等について、休業者との面談 ⑧育児休業等終了時報酬月額変更届・養育期間標準報酬月額特例申出書を管轄の年金事務所に提出
	介護休業関係の手続き	①申し出た従業員への社内制度説明 ②休業前の人員配置調整 ③介護休業給付金の申請
	私傷病休職者対応	①休職対象者との面談 ②休職対象者からの診断書受領 ③休職命令の発令 ④休職中の従業員への定期的な連絡 ⑤復帰に向けてのコミュニケーション、復帰後の労働条件検討
	労働者死傷病報告	休業 4 日以上の場合、労働災害が発生したら、遅滞なく所轄労働基準監督署に報告書を提出する

時　期	業　務	内　容
不定期	ハラスメント事案調査	①被害の相談を受けた場合、被害者に調査の意向を確認 ②当事者や関係者からの事実確認 ③ハラスメントの有無についての事実認定 ④調査結果を被害者へ通知 ⑤状況に応じて加害者を処分 ⑥状況に応じて加害者と被害者を引き離すなどの措置を講じる

図表6 ● 各種届の提出期限、提出先

手続きの種類	期　限	提出先
雇用保険被保険者資格取得届	入社月の翌月10日まで	公共職業安定所（大規模企業等の特定の法人については電子申請が義務）
健康保険・厚生年金保険被保険者資格取得届	入社から5日以内	年金事務所（または健康保険組合）
健康保険被扶養者（異動）届	異動があった日から5日以内	年金事務所（または健康保険組合）
国民年金第3号被保険者関係届	被保険者資格の取得または喪失の事実が生じた日から14日以内	年金事務所
雇用保険被保険者資格喪失届・雇用保険被保険者離職証明書	被保険者でなくなった日の翌日から10日以内	公共職業安定所（資格喪失届につき、大規模企業等の特定の法人については電子申請が義務）
健康保険・厚生年金保険被保険者資格喪失届	被保険者資格喪失の事実発生から5日以内	年金事務所（または健康保険組合）

　年間スケジュールと併せて、個々の手続きの期限を正確に把握する必要がある。例えば、厚生年金・健康保険資格取得の手続きが遅れると、保険料への反映が遅れ、納入すべき保険料にズレが生じることになる。このズレは遅れて修正されるが、混乱を引き起こす原因となるため、期限までに手続きを完了するようにしたい。

　毎月の主な手続きの期限と提出先は［図表6］のとおりである。

図表7 ● 年間業務スケジュール表の例

		4月	5月	6月	7月	8月
年間行事		春の全国交通安全運動（4月6～15日）	児童福祉週間（5月5～11日）禁煙週間（5月31～6月6日）	外国人雇用啓発月間 男女雇用機会均等月間 男女共同参画週間（6月23～29日）	全国安全週間（7月1～7日）	防災週間（8月30日～9月5日）
人事	採用	選考		夏インターンシップ開催 採用広報・説明会準備 面接、内々定出し		
	教育・研修	新入社員研修	先輩指導者研修（メンター研修）	スキルアップ研修 コンプライアンス研修 ハラスメント研修		
	人事評価	上期目標設定	夏季賞与査定			
	異動	異動実施 異動実施に伴う事務手続き				
労務	労使関係					
	賞与支払			賞与支給 賞与支払届		
	安全衛生	労働者死傷病報告（休業4日未満、1～3月分）			労働者死傷病報告（休業4日未満、4～6月分）	
	社保・労保・税務等	新入社員社会保険・雇用保険取得手続き 雇用保険料率改定 障害者雇用納付金申告書等の提出		個人住民税特別徴収 労働保険の年度更新 労働保険料の納付期限（第1期：7月10日まで）	定時決定	

第6章 人事担当者の年間業務スケジュール

9月	10月	11月	12月	1月	2月	3月
健康増進普及月間 職場の健康診断実施強化月間 障害者雇用支援月間 自殺予防週間（9月10～16日） 秋の全国交通安全運動（9月21～30日）	高年齢者就業支援月間 全国労働衛生週間（10月1～7日）	過労死等防止啓発月間 過重労働解消キャンペーン 人材開発促進月間 テレワーク月間 ねんきん月間	職場のハラスメント撲滅月間 障害者週間（12月3～9日） 人権週間（12月4～10日） 年末年始無災害運動（12月1日～1月15日）			自殺対策強化月間 女性の健康週間（3月1～8日）
	秋冬インターンシップ開催					採用広報解禁 説明会開催 選考
	内定式	内定者フォロー 内定者研修				新入社員 受け入れ準備
シニア研修	新入社員フォローアップ研修	階層別研修			採用担当者研修	
上期評価決定 評価のフィードバック、下期目標設定		冬季賞与査定		評価者研修		下期評価決定、昇格・昇給決定 評価のフィードバック
				異動の打診・内諾		異動内示 異動準備
				春季労使交渉		就業規則改定・届け出 36協定締結・届け出
			賞与支給 賞与支払届			
定期健康診断	健康診断結果の報告等 ストレスチェック					新入社員 入社前健診
	労働者死傷病報告（休業4日未満、7～9月分）			労働者死傷病報告（休業4日未満、10～12月分）		
		年末調整		給与支払報告書、法定調書の作成・提出		
厚生年金保険料率改定						健康保険料率・介護保険料率改定
	労働保険料の納付期限（第2期：10月31日まで）		労働保険料の納付期限（第3期：1月31日まで）			

325

4 その他の業務（法改正対応）

　人事担当者の業務の一つとして、法改正対応も挙げられる。人事労務の分野では毎年のように法改正が行われており、法律の施行時期までに対応できるよう、早め早めに準備をしなければならない。

　法改正に伴い、就業規則改定の必要が生じることもある。単に法改正があるから社内のルールを変更するのではなく、法改正をきっかけに、自社ではどのようなルールが適しているのか労使で話し合いながら検討することで、法令遵守と労使間のトラブル防止に努めたい。

5 年間業務スケジュールの留意点

1 年間業務スケジュールの把握

　人事担当者として多岐にわたる業務を効率的に進めていくためには、年間業務スケジュールを理解し、準備期間を含めて業務を適切に計画することが重要である。[図表7] のように表にすると、繁閑が把握でき、比較的余裕のある時期に研修を組み入れたり、繁忙期の準備に早めに取り掛かったりするなどの工夫ができる。業務の計画だけでなく、休暇を取りやすい時期も分かり、プライベートの計画も立てやすくなるだろう。業務に追われるのではなく、自らスケジュールをデザインし、働くときはしっかり働き、休むときはきちんと休むといったメリハリをつけ、高いレベルのパフォーマンスを発揮してほしい。

2 人員体制

　人事担当者の業務は迅速・正確な処理が多く求められる上、給与計算のように遅延が許されないものもある。業務が属人化すると、担当者が病気や離職等で不在になった場合、オペレーションが立ち行かなくなる。属人化を防ぐために、複数人による体制で業務を行うとよい。

　また、人事業務が高度化する中で、より重要な業務に集中するため、近年は給与計算や社会保険手続き等をアウトソーシングする企業も増えている。

　思わぬアクシデントが発生してもスケジュールどおりに業務が遂行できるよう、人員体制に工夫を凝らしたい。

第6章　人事担当者の年間業務スケジュール

浅川律子　あさかわ りつこ
ドリームサポート社会保険労務士法人 社会保険労務士
法学部卒業後、裁判所に入所。裁判官のサポート役として、裁判運営、司法修
習生の教材作成等に15年間従事。2018年ドリームサポート社会保険労務士法
人入社。2020年社会保険労務士登録。人事制度構築のコンサルティングを担
当し、社内でリーダー的な役割を果たしている。

カバーデザイン／株式会社パラドックス
印刷・製本／株式会社加藤文明社

第2版
人事担当者が知っておきたい、
10の基礎知識。8つの心構え。（基礎編）

2010年 7 月23日　初版発行
2024年12月 5 日　第 2 版発行

編　者　一般財団法人 労務行政研究所
発行所　株式会社 **労務行政**
　　　　〒141-0031　東京都品川区西五反田3-6-21
　　　　　　　　　　住友不動産西五反田ビル3階
　　　　TEL：03-3491-1231
　　　　FAX：03-3491-1299
　　　　https://www.rosei.jp/

ISBN978-4-8452-4473-7
定価はカバーに表示してあります。
本書内容の無断複写・転載を禁じます。
訂正が出ました場合、下記URLでお知らせします。
https://www.rosei.jp/store/book/teisei